« Vie et survie »

COMMENT DEVENIR SOURCIER ET GÉOBIOLOGUE

DANS LA MÊME COLLECTION

Jean-Paul Dillenseger : **Habitation et santé.**
Éléments d'architecture biologique.

Jacques La Maya : **La Médecine de l'habitat.**
Comment détecter et neutraliser les ondes nocives pour retrouver mieux-être et vitalité.

Adolphe Landspurg : **Comment devenir sourcier et géobiologue.**
La pratique de la radiesthésie vibratoire.

Max Ponce : **Les Ondes dans l'habitat.**
Leurs effets, comment les détecter et les traiter.

Alain Saury : **Le Manuel de la vie sauvage,** ou revivre par la nature.
Comprendre le temps – Marcher et s'orienter – Se chauffer – Boire et trouver l'eau – Cueillir – Cuisiner – Conserver – Apprivoiser, ou chasser et pêcher – Se loger – Fabriquer – Replanter – Soigner et sauver – Se nourrir subtilement…

Comment devenir sourcier et géobiologue

OUVRAGES DU MÊME AUTEUR

Alsace, terre de sourciers (La Nuée bleue/Éd. du Rhin ; 1990) (épuisé).

Hauts Lieux d'énergie d'Alsace, des Vosges et de la Forêt-Noire (La Nuée bleue/Éd. du Rhin ; 1992).

Taennchel, montagne des dieux (La Nuée bleue/Éd. du Rhin ; 1994) (épuisé).

Hauts Lieux d'énergie, le pays cathare (La Nuée bleue/Éd. du Rhin ; 1994).

Orte der Kraft im Lande der Katarer (La Nuée bleue/Éd. du Rhin ; 1994).

Orte der Kraft Schwarzwald und Vogesen (La Nuée bleue/Éd. du Rhin ; 1994).

Sourciers et science traditionnelle (Trédaniel ; 1996).

Hauts Lieux d'énergie en Suisse : circuits insolites et mesures sacrées (Trédaniel ; 1997).

Bretagne magique et vibratoire : circuits insolites et mesures sacrées (en collaboration avec Norbert L'Hostis) (Trédaniel ; 1999).

Traditions solaires au pays des Ballons et Belchen (La Nuée bleue/Éd. du Rhin ; 1999).

Comment devenir sourcier et géobiologue (Dangles ; 2003).

Adolphe Landspurg
(sourcier et géobiologue)

Comment devenir sourcier et géobiologue

La pratique de la radiesthésie vibratoire

Ouvrage publié sous la direction de Jean-Pierre Bayard

Éditions Dangles
18, rue Lavoisier
45800 SAINT-JEAN-DE-BRAYE

L'AUTEUR :

Né le 27 septembre 1940 à Soultz-Haut-Rhin, Adolphe Landspurg est le plus jeune d'une famille de sept enfants. Dès l'âge de 11 ans, il a été initié à l'art du sourcier par le maître sourcier alsacien Charles Zumstein, paysan, poète et menuisier (1867-1963).

En 1957, il s'engage dans la Marine nationale, qu'il quitte en janvier 1974 (il est alors premier maître honoraire) pour entrer dans l'Administration des douanes françaises. En juin 2002, il prend une retraite bien méritée, après 45 années de service.

Passionné de géobiologie, Adolphe Landspurg crée, en mars 1987, l'Association des sourciers de haute Alsace, qui deviendra plus tard l'Association des sourciers d'Alsace. Cette association, qui s'appelle désormais Sourciers et Géobiologues d'Europe, et dont l'auteur est président fondateur et honoraire, compte plus de sept cents membres.

Très actif sur le terrain, l'auteur a effectué, et effectue encore, de nombreuses recherches de sources, de cours d'eau souterrains et d'analyses d'ondes nocives, dans toutes sortes d'habitations.

Afin de transmettre son savoir, il participe régulièrement à des émissions radiophoniques (tant françaises qu'étrangères) et télévisées (TF1, Canal +, France 3, Süd-West-Funk 3...), et anime des conférences, ce qui fait d'Adolphe Landspurg un retraité fort occupé.

Marié et père de quatre enfants, il consacre le reste de son temps libre à toute sa petite famille.

ISSN : 0986-0762
ISBN : 2-7033-0553-2

Ressentir à l'aide d'une baguette de sourcier la puissance des forces qui montent de la Terre permet de comprendre que des énergies subtiles, invisibles mais bien présentes, nous animent et nous gouvernent.

L'art du sourcier, la radiesthésie et la géobiologie nous ouvrent une porte vers le monde des univers parallèles où tout est vibratoire.

Adolphe Landspurg.

Séminaire d'initation à l'art du sourcier et à la géobiologie.
(Soultz-Haut-Rhin.)

Introduction

En publiant cet ouvrage, j'ai voulu transmettre, aux jeunes générations de ce début du XXIe siècle, le savoir des anciens sourciers et permettre à certains secrets de la nature de ne pas être totalement perdus.

Après cinquante années de recherches et de mesures radiesthésiques au cœur de la nature, après avoir découvert des centaines de sources et cours d'eau souterrains, analysé un grand nombre de maisons, appartements, terrains, ateliers, magasins, bureaux…, détecté et harmonisé les ondes nocives dans des lieux de vie et de travail, j'ai mis ma sensibilité et mon expérience de sourcier-géobiologue au service de la communauté pour assurer la continuité d'une tradition vieille de quinze mille cinq cents ans. Ainsi, de nombreuses émissions sur le sujet, tant télévisées (TF1, Canal +, France 3, Süd-West-Funk 3) que radiophoniques (en France, en Suisse et en Allemagne), initient le public aux pratiques des sourciers et géobiologues, et de nombreux praticiens sont formés pour assurer la pérennité de ces pratiques et garantir une véritable relève parmi la génération montante.

Les sourciers sont au nombre des derniers gardiens des traditions liées aux secrets de la nature. Jadis, l'art du sourcier était classé parmi les arts divinatoires, et les sources faisaient l'objet de culte et de vénération. Au Moyen Âge, ils ont été diabolisés et injustement relégués au rang de sorciers et autres jeteurs de sort. Actuellement, cet art ancestral retrouve enfin sa vraie place, et les sourciers leur dignité. Avec le réchauffement de la planète et la pénurie d'eau potable, l'art renaissant du sourcier ne pourra qu'apporter un plus à la qualité de vie à laquelle nous aspirons tous.

En ce début du IIIe millénaire, l'art du sourcier, la radiesthésie, et cette nouvelle discipline qu'est la géobiologie, intéressent de plus en plus le grand public. Les nombreux sites Internet qui traitent, sur le plan mondial, de ces spécialités prouvent que cet art, plusieurs fois millénaire et issu de la tradition, a enfin retrouvé sa vraie place sur notre planète Terre, de plus en plus polluée. On le croyait oublié et perdu ; il est en train de renaître un peu partout dans le monde, espérant être un jour reconnu officiellement. En attendant, le mieux que nous puissions faire est de mettre notre réceptivité aux ondes telluriques au service de l'hydrologie, de l'archéologie, des associations, des communes, de la recherche médicale et de la science en général. En agissant ainsi, aujourd'hui, nous apportons une pierre à l'édifice, comme le faisaient autrefois nos prédécesseurs.

De nombreuses personnes – hommes, femmes et enfants – ignorent qu'elles possèdent le don du sourcier. En effet, nous sommes tous dotés, à notre naissance, d'un potentiel de magnétisme, grâce aux très fins cristaux de magnétite situés dans les tempes, les muscles oculaires, la nuque, les glandes surrénales, les genoux, les talons, ou encore dans notre cerveau. Les travaux des biologistes font supposer qu'il existe, dans le cerveau, une matière magnétique, dont la plus connue est la magnétite (Fe3 O4), et le tissu cérébral serait composé de cinq millions de cristaux de magnétite. L'homme naîtrait donc avec cette sensibilité, lui permettant de réagir aux modifications du champ magnétique terrestre, qu'il perdrait au fil des ans.

L'homme qui devient sourcier est sensible au millième du magnétisme terrestre, mais ce sens magnétique existe aussi chez l'animal, comme par exemple chez les oiseaux migrateurs. L'art du sourcier est exercé depuis que l'homme, guidé par des besoins matériels ou religieux, se déplace, se nourrit, chasse, pêche et maîtrise le feu : lors de chacun de ses déplacements, il avait besoin d'une eau pure et potable.

Même si une certaine sensibilité est indispensable au départ, l'art du sourcier se cultive et se travaille. Chaque homme un peu robuste et proche de la nature, ou chaque femme dégageant un tant soit peu de magnétisme, est capable de se servir de la baguette, du pendule ou des antennes en L. Lors de mes séminaires, seules deux personnes n'ont éprouvé aucun ressenti avec la baguette de sourcier; néanmoins, elles ont obtenu des résultats, quand on a mis à leur disposition des antennes très fines ou des baguettes en plastique très sensibles.

Jadis, de même qu'on allait voir la magnétiseuse pour soulager les maux, il était de coutume, dans les campagnes, d'aller chercher le sourcier du village avant de creuser un nouveau puits. On disait de ces hommes et de ces femmes qu'ils avaient le don de Dieu, et ils tenaient, au même titre que le maire, le curé, l'instituteur ou le boulanger, une place importante dans le village; ils étaient respectés et consultés régulièrement. En échange de leurs services, on leur donnait des produits de la ferme : œufs, légumes, fruits, fromage ou lard.

Malheureusement, cet art, vieux de plus de quinze mille ans, arrive encore de nos jours à être relégué parmi les sciences occultes et autres diableries moyenâgeuses. N'oublions pas que, il y a seulement quelques décennies, la sourcellerie était assimilée et confondue à de la sorcellerie de campagne. Les mentalités commençant à évoluer, elle reprend fort heureusement du galon, surtout depuis que des architectes et des médecins s'intéressent à cette vieille discipline par le biais d'une nouvelle science, la géobiologie. Il serait toutefois grand temps de la reconnaître en tant que vraie discipline utile et valorisante.

À la fin du IIe et au début du IIIe millénaire, les hôtes de cette minuscule planète Terre ont commencé à prendre conscience qu'ils pouvaient être, à tout moment, victimes de très graves pollutions provoquées par l'homme lui-même, de catastrophes nucléaires, d'empoisonnements alimentaires, de manipulations génétiques aux éventuelles conséquences graves, et confrontés au manque de cette eau potable indispensable à toute vie. Nous assistons donc, actuellement, à un vrai retour à la nature, et ce n'est pas trop tôt. L'homme vient enfin de découvrir qu'il peut gérer ses connaissances différemment. Après les guerres du XXe siècle pour le charbon, le caoutchouc et le pétrole, le XXIe siècle connaîtra certainement la bataille pour l'eau potable, et l'hydrogène contenu dans l'eau sera certainement une des nouvelles sources d'énergie pour la propulsion des véhicules, l'industrie et le chauffage des habitations.

Actuellement, dans les campagnes, les sourciers sont à nouveau sollicités par des gens qui ont pris conscience que l'eau pure et potable sera le bien le plus précieux dans les temps à venir. De plus en plus d'hommes et de femmes de tous âges, qui s'intéressent à nouveau à cet art ancestral en pleine renaissance, suivent des stages d'initiation à l'art du sourcier, à la radiesthésie et à la géobiologie.

À ce sujet, voilà ce qu'écrivait, en avril 2000, Gabriel de Freudenreich[1] : «La prise de conscience géobiologique qui se manifeste invite les architectes à prendre en compte ces notions par rapport au lieu et à l'implantation des constructions. La qualité des espaces qu'ils proposent, ainsi que la matérialisation de ceux-ci (technologies, techniques de mise en œuvre des matériaux, équipements électriques, ameublements, voire décor) déterminent la vibration du bâti qui a incidence sur l'équilibre des habitants. La médecine nous paraît également concernée par cette nouvelle approche. En effet, la prise en compte des indications de la géobiologie nous semble suscep-

1. Architecte, membre de la FAS (Fédération des architectes suisses), de la SIA (Société suisse des ingénieurs et des architectes) et de l'AGA (Associations genevoise des architectes), et géobiologue suisse aujourd'hui malheureusement disparu.

tible d'avoir une influence déterminante sur la manière de penser les bilans de santé. »

Et puisque de plus en plus de nos concitoyens s'ouvrent à l'art du sourcier, pourquoi ne pas imaginer que, parmi les futurs équipages d'astronautes débarquant sur la Lune, sur les planètes de notre système solaire ou leurs satellites, se trouve un homme ou une femme sachant pratiquer l'art du sourcier ? Une simple baguette en plastique, ne pesant que quelques grammes, pourrait alors être d'une très grande utilité pour repérer s'il existe d'éventuelles poches d'eau ou réserves de glace sous la surface de l'astre à explorer, à un endroit bien précis. La méthode serait simple, efficace et peu coûteuse.

Cet intérêt renaissant de l'art du sourcier m'a incité à proposer aujourd'hui ce nouvel ouvrage. Simple et abondamment illustré de gravures anciennes, il permettra tout d'abord au lecteur de faire un voyage dans le temps, en découvrant l'histoire de l'art du sourcier, de la préhistoire à nos jours, les grands événements, ainsi que les hommes et femmes célèbres qui ont marqué l'art du sourcier et la radiesthésie durant les deux derniers millénaires. Le lecteur apprendra ensuite à se servir de la baguette de sourcier, du lobe-antenne de Hartmann, de la règle-antenne de Lecher, du pendule, et à utiliser les nombreux graphiques inclus dans cet ouvrage. Au fil des pages, il lui sera possible de reconnaître les hauts lieux vibratoires qui régénèrent le corps et ouvrent l'esprit.

Ce livre lui permettra de découvrir tous les petits secrets, jalousement conservés par les anciens sourciers, qui lui permettront d'acquérir les bases de l'art du sourcier, de la radiesthésie, de la biocompatibilité et de la géobiologie.

Peut-être découvrira-t-il, à la lecture de cet ouvrage, un intérêt tout particulier pour la géobiologie, une discipline qui, pratiquée par des personnes honnêtes et compétentes, ne peut que générer du bien-être. Une chose est certaine, en s'adonnant à l'art du sourcier, il découvrira un passe-temps à la fois utile et passionnant.

Sauf indication contraire, les photographies et graphiques sont de l'auteur ou lui appartiennent.

PREMIERE PARTIE

L'art du sourcier à travers les âges

CHAPITRE I

L'art du sourcier dans l'Antiquité

L'ART DU SOURCIER, appelé jadis rhabdomancie (du grec *rhabdos,* baguette, et *manteia,* divination), est pratiqué depuis la plus haute antiquité par des hommes qui ont une connaissance parfaite de la nature et une très grande sensibilité pour capter les rayons telluriques émanant du sous-sol.

Au même titre que la maîtrise du feu, le tir à l'arc, les premières peintures ou sculptures et la construction des mégalithes[1], la rhabdomancie a sa place parmi les principaux événements scientifiques et culturels survenus durant la préhistoire.

1. La fonction sacrée du bâton de sourcier

Le bâton a toujours représenté chez les Anciens la puissance surnaturelle : il avait des dons divinatoires et permettait de découvrir des sources. Utilisé, dès la plus haute antiquité, comme outil, arme ou symbole, le bâton – dénommé aussi baguette ou verge – représentait le symbole extérieur de la puissance temporelle ou des pouvoirs surnaturels. Son sym-

1. Du grec *megas* (grand) et *lithos* (pierre).

bole, investi d'une puissance surnaturelle magique, a été perpétué par la crosse de l'évêque, le bâton de maréchal et le sceptre royal.

De nos jours, mis à part la baguette symbolique du prestidigitateur ou celle de la capitaine des majorettes, seule la baguette du sourcier a conservé sa fonction sacrée d'intermédiaire entre l'homme et les choses cachées. La baguette fourchue, ou bâton de sourcier taillé dans de l'amandier, l'olivier, le saule ou le noisetier, servait jadis aux prêtres ou aux chefs de tribus qui avaient suffisamment de don et de sensibilité pour détecter les cours d'eau souterrains ou les filons de minerais. En pratiquant la divination par la baguette, les sourciers de l'Antiquité croyaient qu'ils recevaient la réponse à leurs questions directement de Dieu.

Les deux symboles nordiques de la vie naissante, « Aske » et « Edda », étaient les équivalents d'Adam et Ève. Ces deux symboles, qui représentent deux baguettes de sourcier en bois de frêne, ont toujours été disposés dans un environnement où il y avait de l'eau. Edda était la déesse de la sagesse.

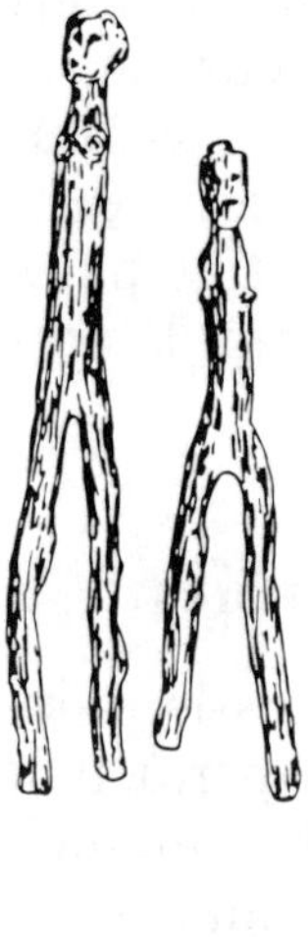

Aske et Edda, symboles nordiques de la vie naissante.

2. L'emplacement des lieux mégalithiques en Europe

Lorsqu'on analyse et effectue les mesures radiesthésiques des lieux mégalithiques en Europe, on peut constater que ces premiers monuments païens de l'Histoire étaient élevés en des lieux fastes, choisis par des hommes maîtrisant parfaitement l'art du sourcier et connaissant la science des rayonnements. En effet, tous ces monuments mégalithiques ont été construits avec des blocs de pierre polarisés et placés sur des croisements de failles et de cours d'eau souterrains.

Cette acupuncture de la Terre en des lieux souvent hautement vibratoires avait une signification religieuse mais servait également à équilibrer l'environnement. Cette pratique géobiologique était bénéfique pour les cultures comme pour la santé des habitants.

3. Situer l'art du sourcier dans la préhistoire

On ne sait que peu de chose de l'enseignement donné jadis dans les collèges de druides, sinon qu'il était oral et durait vingt années. Au nombre des instances religieuses du culte druidique figuraient les druides, les bardes et les vates ou ovates. Ces derniers comportaient dans leurs rangs des astrologues, des voyants, des médecins ainsi que des sourciers.

Voici quelques repères dans le temps, pour situer l'art du sourcier dans la préhistoire :

➠ **15000 av. J.-C.**

Premières manifestations du chamanisme.

➠ **13500 av. J.-C.**

L'homme s'installe au Maghreb. On découvre les premières traces de l'art du sourcier en Afrique du Sud et au Togo (recherches de puits, de mines d'étain, tradition orale).
Un pendule en dent de morse, dont la cordelette en peau écorchée était encore en état, a été découvert par un archéologue dans une tombe esquimaude. L'objet a été classé parmi ceux ayant un rapport avec la magie et la

religion, pas parmi des poids servant à lester les filets et les lignes de pêche. L'archéologue nomma ce pendule « pierre porte-bonheur ».
Les pendules devaient être utilisés pour détecter la présence des morses, des phoques et des poissons sous la banquise. La culture esquimaude n'était pas limitée à l'Alaska ou au Groenland, elle s'étendait à toutes les régions d'Amérique du Nord qui allaient de l'océan Pacifique à l'océan Atlantique.
Quand les peuples explorateurs du nord de l'Europe arrivèrent sur les côtes est d'Amérique du Nord, ils aperçurent des esquimaux dans des pirogues en peau. Dans la même région, on a trouvé des milliers de pendules en dent de morse dans les tombes des Indiens. Les Indiens du Canada et d'Amérique du Nord appelés « Peaux-Rouges », dont la culture daterait d'au moins dix mille ans, avaient comme coutume d'enterrer leurs morts avec un pendule.

Pendule en dent de morse découvert dans la tombe d'un Inuit.

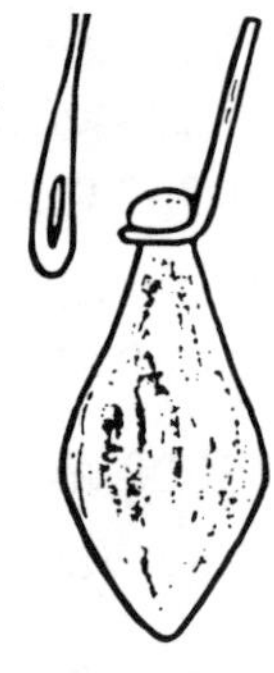

Pendule avec son système d'attache de la cordelette utilisé par les Indiens « Peaux-Rouges » d'Amérique, il y a dix mille ans.

➠ 6000 av. J.-C.

Parmi les personnages gravés sur les rochers du Tassili, dans le nord du Sahara en Algérie, certains représentent des sourciers.

Représentation des « grosses têtes » sur les rochers du Tassili.
L'homme qui tient un bâton muni d'un crochet en son milieu pourrait être un sourcier.

Les archéologues qui ont effectué des fouilles dans les montagnes de Floride, peuplées jadis par les Indiens « Peaux-Rouges », ont trouvé des pendules ayant 5 000 ans d'âge.

4800 av. J.-C.

Construction des mégalithes et du tumulus de Kerkado en Bretagne.

4600 av. J.-C.

Début de la construction du tumulus de Barnenez en Bretagne. Le climat se refroidit.

4500 av. J.-C.

Le mégalithisme s'étend jusqu'au sud-ouest de l'Espagne.

Dolmen de la Creu del Cobertella a Rosas (Catalogne, Espagne).

Romanyà de la Selva (région de Girona, Catalogne, Espagne).

➡ **4250 av. J.-C.**

Construction du tumulus Saint-Michel à Carnac en Bretagne.

➡ **4000 av. J.-C.**

Le peuple des mégalithes occupe l'Europe orientale. Construction du dolmen de Kermario et du tertre du Manio en Bretagne.

➡ **3800 av. J.-C.**

L'empire des mégalithes s'étend de la Suède jusqu'à l'île de Malte. Apparition des premiers temples de Ggantija, Mnajdra, Ta'Hagrat et Tarxien à Malte, entre 3800 et 3600 av. J.-C.

➡ **3500 av. J.-C.**

L'âge du bronze. Construction des dolmens en Languedoc et en Provence, et des alignements de menhirs à Carnac en Bretagne. Construction des dolmens au Golan en

Israël. Navigation et commerce maritime. Apogée du mégalithisme. On élève des centaines de dolmens en Palestine. Apparition en Corse des dolmens et des menhirs comportant des gravures.

Dolmen du Vieil Homme (Villeneuve-Minervois, Aude).

3000 av. J.-C.

L'Égypte des pharaons nous laisse des sculptures, des fresques ou des papyrus montrant des prêtres maniant la baguette de sourcier.
Lors des fouilles dans les pyramides, on a trouvé parmi les objets funéraires des boules de bois trouées qui servaient de pendules aux prêtres. Un pendule en grès a été

Sur la reproduction de ce papyrus, on aperçoit deux prêtres égyptiens utilisant une baguette tressée pliable pour détecter l'eau souterraine.

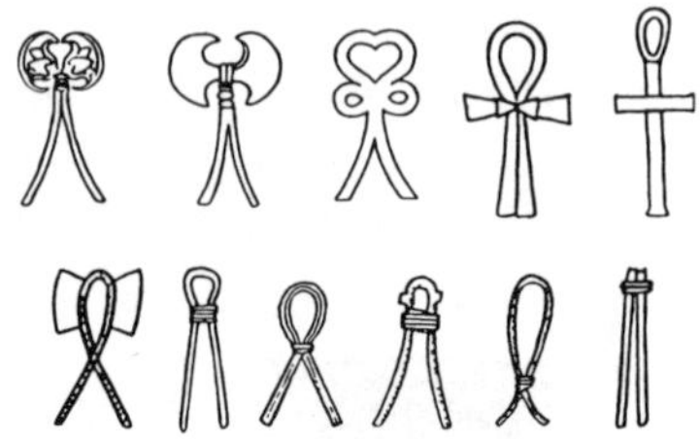

Les différentes formes de la baguette divinatoire « Sa » de l'ancienne Égypte.

Pharaons de Basse et Haute-Égypte et leurs instruments de divination.

trouvé dans un sarcophage de la Vallée des Rois. Lors de nos expériences radiesthésiques, nous avons constaté que les pyramides, les hiéroglyphes ainsi que les pendules dits « égyptiens » en grès ou en bois émettent des ondes dues à leurs formes. Le pharaon Akhenaton tenait dans ses mains un instrument qui ressemblait à un fléau pour battre le grain ou à un fouet. En fait, cet instrument était une sorte de pendule, constitué par une plante de la famille des lupins dénommée Lupinus termis. *Cette plante, mangée par les pauvres gens, était un symbole de sensibilité et de générosité. En croissant, elle suivait la course du soleil même quand le ciel était couvert, ce qui la liait mystiquement avec l'astre du jour. Le hiéroglyphe égyptien symbole du soleil est constitué par la partie basse*

Le pharaon Akhenaton et son pendule.

qui représente trois cosses de lupin et la partie haute qui représente le rayonnement du soleil.
Le lupin était utilisé par les pharaons comme un pendule, pour obtenir des réponses positives ou négatives aux questions qu'ils lui posaient. Quand leur pendule s'agitait ou avait un léger tremblement, ce mouvement qu'ils appelaient hanu *était interprété comme étant une réponse positive. Quand il n'y avait pas de tremblement, donc pas de* hanu, *la réponse était négative. Quand les prêtres égyptiens interrogeaient les statues représentant des divinités, ils se servaient de ce pendule. Ce n'était évidemment pas les statues qui leur donnaient les réponses, mais leur pendule. On ne mettait pas en doute l'effet du* hanu. *Cette pratique du pendule servait même pour juger si telle ou telle personne accusée devait rester en vie ou être condamnée à mort. Le pharaon Ramsès II se servait de deux pendules nommés* Amun *et* Aten, *le plus gros des deux étant* Amun.

Ramsès II et ses instruments de divination.

Les pendules *Amun* et *Aten.*

Une reine égyptienne avec la plante *Lupinus termis* servant de pendule.

Le pharaon et ses attributs divinatoires : le sceptre en forme de tige de lotus et le pendule.
Dessin Charles Plaisant.

Un prêtre égyptien avec son pendule fait avec un bâton, auquel sont attachées trois cosses de pois de lupin.

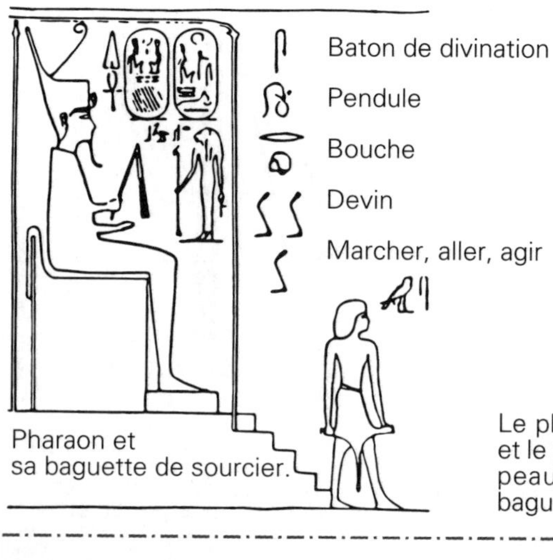

Pharaon et sa baguette de sourcier.

Le pharaon avec son pendule et le prêtre de Sem vêtu d'une peau de léopard maniant la baguette de sourcier.

2600 av. J.-C.

Apogée de la civilisation sumérienne. Khéops, roi d'Égypte de la IVe dynastie, fait élever la grande pyramide de Gizeh. Khephren, roi d'Égypte de la IVe dynastie, successeur de Khéops, fait construire la deuxième pyramide de Gizeh.

Pendule égyptien de la XXXe dynastie, trouvé dans les bandages d'une momie à Abydos en Égypte.

2500 av. J.-C.

Construction de dolmens à Bahreïn-Dilmun par les Sumériens.

2400 av. J.-C.

Le sanctuaire du culte solaire de Stonehenge, à Wiltshire en Grande-Bretagne, va subir de nombreux arrangements successifs. Le peuple des mégalithes émigre en Corse, en Sardaigne et en Tunisie.
Les Hittites, peuple indo-européen, avaient constitué entre les XXe et XIIe s. av. J.-C. un empire puissant en Anatolie centrale. La puissance hittite atteignit son apogée au XIVe et XIIIe s. av. J.-C., quand elle s'opposa à Ramsès II et son armée, lors de la bataille de Qadesh. L'Empire hittite disparut au XIIIe s. av. J.-C. avec l'invasion des Peuples de la Mer.

2200 av. J.-C.

Achèvement des travaux à Stonehenge.
Dynastie des Hsia en Chine.
L'empereur de Chine, Kuang Yu (Yu le Grand) de la dynastie des Hsia (2205-2197 av. J.-C.) se fit remarquer auprès de son peuple par ses recherches de cavernes, failles et trésors. Il est représenté sur un haut-relief chinois

L'empereur de Chine Yu le Grand, muni de sa baguette de sourcier.
Sculpture sur bois chinoise de 1821, reproduisant le haut-relief datant de 147 apr. J.-C.

datant de 147 apr. J.-C., tenant dans sa main droite une fourche à deux branches parallèles. L'inscription sur le haut-relief dit ceci : « Yu de la dynastie des Hsia fut célèbre par la science des gisements des sources, il décelait les objets cachés, il sut régler judicieusement les travaux de la terre en accord avec les diverses saisons. »
La fourche que tient en main l'empereur Kuang Yu ressemble au vav *des Phéniciens, qui symbolise le lotus, plante poussant dans l'eau. Ce symbole, probablement vieux de plus de trois mille ans, a été trouvé dans l'ancien Canaan. On le trouve également chez les Indiens Hopis et Cherokee d'Amérique du Nord où il est dénommé* waw *ou* wa. *Curieusement, les mots anglais*

Le symbole phénicien *vav* représenté ci-contre est le même que le symbole *waw* des Indiens Hopis et Cherokee d'Amérique du Nord.

Le symbole du *vav* représenté ci-contre est égyptien et se prononce *sa*. Il était déjà utilisé en 3000 av. J.-C. Il indique tout ce qui est bon et qui promeut la vie.

water *et allemand* wasser *désignant l'eau commencent tous les deux par* wa.

➠ 2000 av. J.-C.

Un bâton fourchu est représenté sur les colonnes du temple de Babylone. Construction de la tour (ziggourat) de la cité antique d'Ur en basse Mésopotamie. D'après la sainte Bible, Ur serait la patrie d'Abraham. Apparition des statues menhirs, représentation primitive de la forme humaine à Filitosa en Corse. À Sumer, en basse Mésopotamie, on utilisait une antenne en forme de L (associée au dieu des eaux douces souterraines) pour la recherche des cours d'eau souterrains. Sur une tablette découverte à Larsa sur les rives de l'Euphrate, qui se trouve actuellement au musée du Louvre à Paris, on peut apercevoir une représentation du dieu mésopotamien Ea, nom babylonien du dieu Enki[2]*, tenant une antenne*

Le dieu sourcier Ea cherchant un cours d'eau souterrain à l'aide d'une antenne en L.

2. Dieu sumérien seigneur des eaux souterraines et du sol, maître des sciences, des industries, de la sagesse, de la magie et de la médecine. Sa fille Nanshe, déesse des sources et des rivières, vénérée à Éridu et à Lagash, avait pour symbole un vase dans lequel nageait un poisson (Nadia Julien : *Grand Dictionnaire des symboles et des mythes* [Marabout, Alleur, Belgique ; 1997]).

Le dieu mésopotamien des eaux Ea ou Enki représenté sous plusieurs apparences.

en L ou Lal *dans sa main gauche. Pour montrer qu'il cherche bien une source, il verse symboliquement de l'eau avec la main droite.*

Ce dieu apparaît sur de nombreuses tablettes et des sceaux en terre cuite. Sur l'une de ces tablettes, il a plusieurs apparences : il est représenté par un cours d'eau souterrain, une rivière poissonneuse, un dieu duquel de l'eau s'échappe de la tête et des épaules, un dieu-sourcier qui tient une antenne en L dans sa main gauche et qui pointe son doigt en direction d'une source jaillissante.

Une ancienne gravure représente le roi-prêtre hittite tenant dans sa main droite une tige de fleur de lotus suivi d'un guerrier et d'un sourcier tenant dans sa main

Le roi prêtre hittite suivi d'un guerrier et d'un sourcier tenant une antenne en L.

Sourciers de l'Antiquité se servant de la tige de lotus comme baguette divinatoire.

Anciennes pièces de monnaie comportant chacune une tige de lotus.
En haut à droite, on voit la tige de lotus et une jarre.

Les évêques chrétiens utilisent la crosse en forme de tige de lotus comme symbole d'autorité.

gauche une antenne en forme de L (Lal). *Le sourcier exerce son art divinatoire par la grâce de Dieu, représenté par un symbole ovale en deux parties par un trait vertical qui ressemble au chiffre 8, symbole de l'infini.*
Le bâton augural utilisé par les sourciers hittites ressemblait au sceptre du pharaon ou à une crosse d'évêque.

Scène d'une jarre grecque représentant une équipe de sourciers cherchant de l'eau avec la tige de lotus.

Autour du bassin méditerranéen, des anciennes pièces de monnaie, des mosaïques et des peintures montrent le symbole de la tige de lotus utilisée comme baguette de sourcier.

1900 av. J.-C.

Un bas-relief montre un sourcier hittite.
Un sourcier de la civilisation minoenne (Crète) ayant exercé son art pendant l'âge du bronze est représenté au musée du Caire. Il tient dans sa main gauche une baguette divinatoire ressemblant à la tige de lotus ou au sceptre du pharaon, pour chercher un cours d'eau souterrain ; il a dans la main droite une jarre remplie d'eau servant de témoin pour exercer sa divination.

Sourcier de la civilisation minoenne.

➠ 1500 av. J.-C.

Les brahmanes de l'Inde étudient la science des rayonnements. Lors de la découverte par les archéologues d'une très ancienne épave de bateau, à Ulu Burun en Turquie, un objet insolite a été mis à jour, puis classé comme « pierre d'usage très peu courant, dont la fonction est inconnue ». En fait, cet objet était un pendule en pierre dont la boucle inférieure représente l'extrémité d'une tige de lotus. Ce pendule a été daté du XIVe s. av. J.-C.

Pendule en pierre daté du XIVe s. av. J.-C., découvert dans l'épave d'un bateau à Ulu Burun en Turquie.

➠ 1250 av. J.-C.

Moïse confectionne une baguette de sourcier[3].

➠ 1000 av. J.-C.

Les Chaldéens vouent un culte à une déesse protectrice des sourciers.

Les Phéniciens se servent de pendules pour la navigation.

Les anciens Étrusques, peuple qui apparut en Toscane (Italie centrale) au VIIIe s. av. J.-C., utilisaient une baguette divinatoire qui ressemblait au sceptre du pharaon. Cette baguette était certainement une tige de

Couple de sourciers étrusques exerçant leur art.

3. Rapport de Flavius Josèphe (Jérusalem, vers 37 apr. J.-C et v. 100 apr. J.-C.) historien juif et auteur de *La Guerre des Juifs* et *Les Antiquités judaïques*.

fleur de lotus dont l'extrémité se terminait en forme de point d'interrogation.

➠ 800 av. J.-C.

En Grèce, à Delphes, un temple était voué à Apollon, dieu des arts, de la beauté et de la divination, qui rendait des oracles par la bouche d'une voyante, la Pythie. Cette prophétesse se servait d'un pendule pour répondre aux questions de ses consultants. Delphes rayonna sur tout le monde antique du VIIe s. av. J.-C. jusqu'à l'époque romaine. Dans la mythologie grecque, Athéna utilisait une baguette magique pour rajeunir ou vieillir Ulysse.
Le geste simple qui, du temps de Moïse, consistait à avancer sur le terrain en exerçant une traction sur un bâton mis sous tension entre les deux mains, est encore accompli de nos jours par les sourciers des îles du Pacifique.
La baguette d'amandier utilisée par Moïse est l'héritière de la baguette magique d'Asclépios, le dieu guérisseur, vénéré à Épidaure, fils d'Apollon, dont le nom signifie « celui qui prend en main la baguette magique ».
Au VIe s. av. J.-C., le prophète Ézéchiel rapporte dans l'Ancien Testament (Ézéchiel, chap. XXI) que « le roi de Babylone avait recours à la divination en lançant des flèches et en interrogeant les téraphim ».
Les prêtres utilisaient la baguette tressée des anciens Égyptiens pour chercher de l'eau et pratiquer la divination. Les Romains appelaient les baguettes en tige de lotus lituus.
Au IVe s. av. J.-C., le prophète Osée était, paraît-il, scandalisé par les moyens divinatoires utilisés par les Juifs. Il est dit au verset 12 du chapitre IV de son livre : « Mon peuple interroge des souches de bois, et leurs bâtons leur font des révélations. »
Les anciens Grecs utilisaient également une baguette divinatoire qui ressemblait à la baguette tressée des Égyptiens. Apollon offrit à Hermès, dieu grec des voyageurs, des marchands et des voleurs et messager des dieux, une baguette magique en échange de la lyre. Cette baguette,

Sourcier étrusque du IVe s. av. J.-C.

sous la forme du caducée, possédait la faculté d'endormir et de réveiller les hommes. Elle sera l'insigne des héros et des messagers se réclamant de son patronage. Hermès brandissait son caducée chaque fois qu'il voulait déchaîner les éléments ou envoyer une âme en enfer.
Le dieu romain Mercure, dieu du commerce et des voyageurs, correspondant à l'Hermès des Grecs, est représenté tenant dans la main gauche un caducée, son principal attribut. Ce caducée, qui est probablement inspiré de la baguette tressée des Égyptiens, est formé d'une baguette de laurier ou d'olivier surmontée de deux ailes et entourée de deux serpents entrelacés.
Les sorciers et autres jeteurs de sort se servaient de leur baguette pour transmettre leur force surnaturelle et maléfique.

Le dieu grec Hermès portant un agneau et tenant sa baguette divinatoire.

Le dieu romain Mercure tenant son caducée.

*Dans l'*Odyssée, *Homère parle de la magicienne Circé, qui métamorphosa les compagnons d'Ulysse en pourceaux, et de Médée, la magicienne légendaire du cycle des Argonautes. Circé et Médée ne pouvaient se passer de leur baguette dans leurs pratiques magiques.*

Pythagore, philosophe et mathématicien grec, possédait une baguette divinatoire, tout comme Zoroastre, réformateur du mazdéisme.

Les Romains utilisaient la baguette pour chercher des sources et pour implanter leurs cités et villas. Romulus, fondateur de la ville de Rome en 753 av. J.-C., prophétisait avec un bâton augural. Le choix du site de la capitale de l'Empire romain a été fait par un augure étrusque qui, placé au sommet d'une colline, désigna à l'aide de sa baguette de sourcier la zone ou les influences seraient les plus propices à l'implantation de la ville. Cette légende indique que Rome a été implantée par des sourciers-géomanciens qui savaient déjà reconnaître les lieux bénéfiques et connaissaient les forces telluriques.

Cicéron fait allusion(4) *à un proverbe sur les « chercheurs de trésors s'aidant de la baguette ».*

Pendant les expéditions en Gaule et en Germanie, durant les années 58 à 51 av. J.-C., les armées romaines étaient précédées de légionnaires pratiquant l'art du sourcier, chargés de détecter les sources d'eau potable pour assurer le ravitaillement des légionnaires et des chevaux. Ces soldats découvrirent de nombreuses sources thermales.

Les Germains, quant à eux, utilisaient une fourche taillée dans du coudrier pour détecter les sources et cours d'eau souterrains.

Ce sont les fins cristaux de magnétite que l'homme possède au bout des doigts qui ont toujours permis aux sourciers d'avoir cette sensibilité particulière. Le geste ancestral du sourcier se pratique soit à mains nues soit à l'aide d'un bâton ou d'une fourche en bois.

---

4. Dans son ouvrage intitulé *De la divination.*

CHAPITRE II

Les sourciers au cours des deux derniers millénaires

1. L'art du sourcier au cours du Ier millénaire apr. J.-C.

À cette période, nous trouvons des traces de l'art du sourcier dans les contes et légendes ainsi que dans les écrits officiels.

➠ 100 apr. J.-C.

Moïse ou Mosché, libérateur et législateur d'Israël, est né en Égypte. Élevé à la cour des pharaons comme l'un des leurs, il a certainement été initié aux arts divinatoires. Selon saint Paul, Moïse était un grand magicien. On parle dans la Bible de la transformation du bâton de Moïse en serpent (Exode, chap. XVII). Une image symbolique tirée de la Bible nous apprend que Moïse, ayant rassemblé son peuple devant la pierre d'Horeb dans le désert du Sinaï, leva la main et frappa deux fois la pierre avec son bâton. Il en sortit de l'eau en abondance qui permit d'abreuver le peuple et les bêtes.
En fait, le bâton en bois d'amandier dont se servait Moïse pour chercher de l'eau dans le désert du Sinaï n'était qu'une simple baguette divinatoire, ou bâton de sourcier.

➠ Vers 150 apr. J.-C.

Les prêtres de l'Empire romain pratiquaient la divination à l'aide d'un pendule, et nous trouvons une allusion à la baguette de sourcier dans les écrits de Tertullien (v. 155 - v. 255).

➠ Vers 370 apr. J.-C.

L'historien latin Ammianus Marcellinus (330-390) relate une méthode pour pratiquer des oracles à l'aide d'un pendule. Il raconte que sous le règne de l'empereur de Byzance (364-378), Flavius Valens, plusieurs hommes de haut rang furent accusés d'avoir cherché à connaître le nom du successeur de l'empereur par la magie du pendule. L'un des conjurés tenait entre le pouce et l'index un fil, au bout duquel était suspendu un anneau. Il faisait osciller ce pendule improvisé au-dessus d'un récipient sur lequel étaient gravées les lettres de l'alphabet grec. Après avoir oscillé sur plusieurs lettres, le pendule indiqua aux conjurés le nom formé par les lettres, ce qui donnait Theodosius.
L'empereur fut averti de cet oracle par ses espions et, pour éviter que la prophétie ne se réalise, il fit exécuter son brillant général Theodosius l'Ancien !
À la mort de Flavius Valens, Gratien (Flavius Gratianus), empereur romain d'Occident de 375 à 383, nomma empereur le fils du général exécuté, qui s'appelait également Theodosius ! La voyance faite par les conjurés à l'aide du pendule se réalisait quand même !
C'est Théodose Ier[1]*, empereur romain de 379 à 395, qui publia en 391 l'édit de Thessalonique qui fit de la religion chrétienne la religion officielle de l'Empire romain. En 392, le paganisme fut officiellement proscrit en tant que religion d'État. Une longue période de silence s'ensuit et on n'entend plus parler de la* virgula divina,

1. Dit le Grand (né à Causa en Espagne en 347 et mort en 395).

la baguette divinatoire, ni du pendule, car l'Église fait la chasse aux sourciers qu'elle assimile à des sorciers.

➠ Vers 680 apr. J.-C.

D'après la légende, Odile, fille d'Athic ou Étichon duc d'Alsace, frappe un rocher de son bâton et fait jaillir une source, qui existe encore de nos jours, pour sauver de la déshydratation un vieillard qui grimpait jusqu'au couvent d'Altitona pour implorer la guérison de son enfant aveugle. Altitona, dénommé actuellement mont Sainte-Odile, est un haut lieu d'énergie, célèbre pour son couvent, son enceinte mégalithique, le mur païen et sa source réputée bienfaisante pour les maux des yeux.

Statue représentant sainte Odile tenant son bâton augural.
Couvent du mont Sainte-Odile (Bas-Rhin).

➠ Vers 880 apr. J.-C.

La baguette de sourcier est mentionnée dans la chanson des Nibelungen. Au Moyen Âge, la sourcellerie était reléguée parmi les pratiques de la sorcellerie. On nommait la baguette de sourcier virgula mercurialis *ou baguette magique. En Allemagne, on cite la* Wunsciligerta [2] *comme étant un attribut du dieu Wotan. Alfred le Grand (Alfred The Great), roi des Anglo-Saxons de 878 à 899, fut appelé* The True Teller, *le diseur de vérité, et* Man of Learning, *l'homme du savoir. Réputé pour sa sagesse, il était, comme d'autres rois d'autrefois, également sourcier. En 1693, un bijou gravé représentant le roi Alfred le Grand et sa baguette de sourcier fut découvert. Ce bijou, trouvé à Somerset en Angleterre, est conservé au Ashmollean Museum où il fait partie de la collection de l'art anglo-saxon.*

Le roi des Anglo-Saxons, Alfred le Grand, tenant sa baguette de sourcier.

2. L'art du sourcier au cours du IIe millénaire apr. J.-C.

➠ Au XIe s. apr. J.-C.

Un manuscrit du XIe siècle mentionne la baguette et le pendule parmi les instruments couramment utilisés en sourcellerie.

2. *Wunsciligerta* est l'ancienne forme de *Wunschelruter* qui désigne la baguette de sourcier.

➠ Au XIIe s. apr. J.-C.

Au XIIe siècle, on trouve des allusions à la radiesthésie dans les écrits d'Hildegarde von Bingen. En 1326, le pape Jean XXII condamne dans une bulle l'utilisation d'un anneau suspendu au bout d'un fil comme pratique diabolique. L'Église et la science officielle ont combattu l'art du sourcier jusqu'à la fin du XIXe siècle.

➠ Vers 1500 apr. J.-C.

En 1515, la faculté théologique de l'université de Vienne en Autriche porte plainte contre un sourcier.
En 1521, le moine bénédictin Basilio Valentin, célèbre alchimiste, fait paraître un ouvrage intitulé Novum Testamentum *(Le Nouveau Testament), dans lequel il décrit les sept types de baguettes utilisées par les mineurs autrichiens pour découvrir les filons de minéraux ou de charbon.*

Sourciers du Moyen Âge.

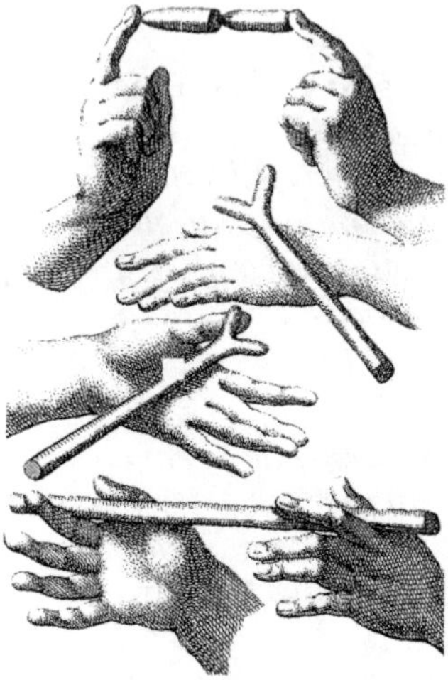

Quatre façons de tenir une baguette de sourcier au Moyen Âge.

En 1521, Martin Luther condamne l'usage de la baguette de sourcier, qu'il soupçonne de servir d'intermédiaire dans un commerce illicite entre l'homme et le diable.

Un des plus vieux grimoires de magie, intitulé Le Véritable Dragon rouge[3], *indique la méthode pour couper la baguette divinatoire de noisetier au soleil levant selon un certain rituel : « Dès le moment que le soleil paraît sur l'horizon, vous prenez de la main gauche une baguette vierge de noisetier sauvage et la coupez de la droite en trois coups, disant : "Je te ramasse au nom d'Eloim, Mitraton, Adonay et Semphoras, afin que tu ayes la vertu de la verge de Moyse et de Jacob, pour découvrir tout ce que je voudrais savoir" ; et pour la faire tourner, il faut dire, la tenant serrée dans ses mains par les deux bouts qui font la fourche : "Je te commande au nom d'Eloim, Murathon, Adonay et Semiphoras de me révéler, etc." » (p. 83-84).*

« Après avoir prononcé ces grandes et terribles paroles, et ayant toujours la vue du côté du soleil levant, vous achè-

3. Paru en 1521.

verez de couper votre baguette, et l'emporterez dans votre chambre ; ensuite vous chercherez un morceau de bois que vous rendrez de même grosseur que les deux bouts de la véritable et porterez cette dernière chez un serrurier pour faire ferrer les deux petites branches fourchues avec la lame d'acier qui a servi à égorger la victime. Faites attention que les deux bouts soient un peu aigus lorsqu'ils seront posés sur le morceau de bois. Le tout étant ainsi exécuté, vous retournerez à la maison et mettrez ladite ferrure vous-même à la véritable baguette. Vous prendrez ensuite une pierre d'aimant que vous ferez chauffer pour aimanter les deux pointes de votre baguette en prononçant les paroles suivantes : "Par la puissance du grand Adonay, Eloim, Ariel et Jehovam, je te commande d'unir et d'attirer toutes les matières que je voudrai ; par la puissance du grand Adonay, Eloim, Ariel et Jehovam, je te commande suivant l'incompatibilité du feu et de l'eau, de séparer toutes matières, comme elles furent séparées le jour de la Création du monde". »

Dans Le Véritable Dragon rouge, *on invoque toujours l'usage de la verge foudroyante pour trouver les trésors. Halluciné, l'évocateur croit voir l'esprit du Malin, le diable Lucifuge, mais en réalité, il suit le chemin sur lequel il est guidé par ses perceptions. « Le petit peuple », dira Vallemont*[4]*, ne pouvant s'imaginer que la Nature employât des agents qui ne fussent pas visibles et palpables, a attribué aux sorciers et aux démons tous les effets dont il ne pouvait pas développer le mécanisme. L'auteur ne doute point que les fourbes et charlatans n'aient enveloppé ce don de la nature sous des cérémonies extravagantes.*

En 1530, le médecin minéralogiste et savant Georg Bauer dit Agricola (1494-1555), fait paraître un traité de métallurgie intitulé De re metallica. *On trouve dans cet ouvrage des techniques de recherche et d'exploitation des mines ainsi que des gravures où on aperçoit des*

4. *La Physique occulte* (1693).

mineurs en train de creuser et des sourciers cherchant des filons à l'aide de la baguette. Agricola dépeint l'art de rechercher des filons de minerai à l'aide de la baguette comme une curiosité et conclut que seuls des mineurs, gens sans religion, peuvent s'adonner à de telles pratiques.

La recherche de mines par les sourciers est plus délicate que la recherche de sources.
La baguette divinatoire et l'exploitation des mines au XVIe siècle.
Sebastian Münster Cosmographia universalis (Bâle ; 1544).

Mineurs au travail et sourciers indiquant les endroits des gisements.
Extrait de l'ouvrage De re metallica d'Agricola *(1556).*

➠ Vers 1550 apr. J.-C.

À la même époque, en Saxe, à l'Académie des mines de Freiberg, les sourciers connaissent une certaine respectabilité. C'est là qu'est conservé le portrait du directeur des Mines, Christophe von Schonberg (1554-1608), qui se fit peindre avec sa baguette en main.
En 1584, l'alchimiste Gaspard Peucer (1525-1602) publie un Traité des principaux genres de divination.

➠ Vers 1600 apr. J.-C.

De 1602 à 1640, à l'époque du règne du roi de France Henri IV (1553-1610) puis de sa veuve, la régente Marie de Médicis, Jean du Chastelet, baron de Beausoleil et d'Auffembach, noble minéralogiste originaire du Brabant, et son épouse Martine de Bertereau, noble Berrichonne parlant plusieurs langues, découvrirent à l'aide de leurs baguettes de sourcier plus de cent cinquante mines d'or, d'argent, de plomb, de métaux, de minéraux et de pierres précieuses en France, en Allemagne, en Hongrie, en Espagne et en Bolivie.
Dans un texte officiel, il était mentionné : « Vous avez trouvé et découvert nombre de mines d'or et d'argent, plomb et autres minéraux et demi-minéraux, même des pierres précieuses tant fines que communes, desquelles il peut revenir grande utilité à Sa Majesté et à la chose publique. »
Ils consignèrent les résultats de leurs travaux dans un ouvrage intitulé La Restitution de Pluton.
Les sept baguettes utilisées par les deux sourciers pour effectuer leurs recherches avaient de curieuses appellations : la lumineuse pour l'or; la sautante pour le cuivre; l'éblouissante pour l'argent; la battante pour l'étain; la trépidante pour le plomb; la tombante pour le fer; la relevante pour le mercure. Après tous ces succès dans les recherches, ils demandèrent une indemnité au Cardinal pour les recherches des mines qu'ils avaient trouvées et

aussi de pouvoir jouir des concessions ratifiées préalablement par le Conseil.
L'Église et le cardinal de Richelieu accusèrent le couple de s'adonner à des pratiques mystérieuses et d'être des suppôts de Satan. Le couple de Beausoleil fut condamné à la prison à vie. Jean du Chastelet, baron de Beausoleil, mourut à la Bastille en 1645, et son épouse à la prison de Vincennes en 1642.

➠ Vers 1620-1630 apr. J.-C.

En 1631, le père jésuite Athanasius Kircher (1602-1680) passionné par l'Égypte ancienne, mentionne le pendule pour la recherche de l'or.
Lorsque, au XVIe siècle, les conquistadors espagnols arrivèrent en Amérique centrale et en Amérique du Nord, ils furent étonnés de constater que les Indiens possédaient de nombreux objets de culte en or et en argent. Ils commencèrent par leur confisquer ces bijoux, puis partirent à la recherche de mines d'or. C'est un fait reconnu que plusieurs de ces mines de cuivre, d'or et d'argent ont été découvertes grâce à l'utilisation de baguettes divinatoires spéciales, les « aiguilles plongeantes ». Pour trouver les mines souterraines, les conquistadors-sourciers se plaçaient sur un terrain à explorer en tenant une aiguille plongeante dans chaque main orientée à quarante-cinq degrés. S'il y avait un filon de minerai souterrain, les

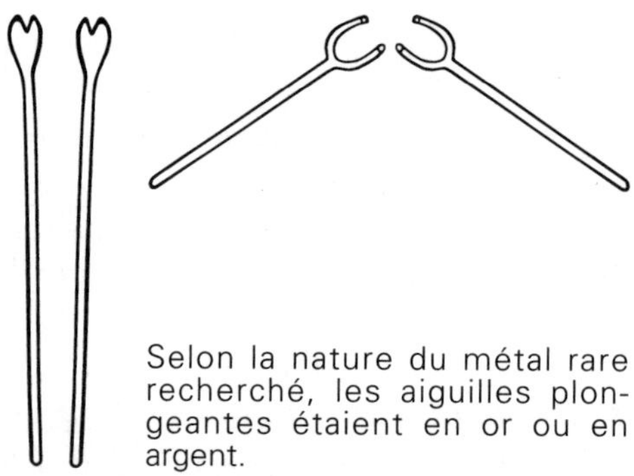

Selon la nature du métal rare recherché, les aiguilles plongeantes étaient en or ou en argent.

Deux conquistadors-sourciers en action avec leurs aiguilles plongeantes.
Dessin Erika Barret.

aiguilles indiquaient sa direction. Ils marchaient ensuite dans cette direction jusqu'à ce que les aiguilles se mettent à plonger vers le bas. Selon la nature du minerai recherché, les conquistadors-sourciers se servaient d'aiguilles en cuivre, en or ou en argent. La forme de la terminaison de leurs aiguilles plongeantes ressemble beaucoup au symbole dérivé du lotus du vav *phénicien, du* waw *des Indiens Hopis et Cherokee d'Amérique du Nord, et du symbole égyptien du* vav.

Pendant la guerre de Trente Ans (1618-1648), on employa avec succès des sourciers pour chercher les trésors cachés.

Le sourcier paysan (XVIIe siècle).
Abbé de Vallemont : La Physique occulte *(Paris ; 1693).*

Exploration d'une aire minière au XVIIe siècle à l'aide de la baguette divinatoire par des mineurs-sourciers de Bohème.
Georg Engelhard von Löhneyss Bericht vom Bergkwerck (Gedruckt zum Zellerfeldt; 1617).

Vers 1650 apr. J.-C.

En 1653, l'Académie des sciences reçoit un mémoire sur la baguette divinatoire, mémoire qui va attirer plus tard l'attention des savants Boussigault, Babinet et Chevreul qui optent en faveur de la rhabdomancie. En 1655, le père jésuite Jean François fait publier le Traité de la science des eaux. *En 1659, le père Gaspard Schott (Allemagne) déclare que la baguette de sourcier est l'instrument du démon.*

En 1675, Jacques le Royer, avocat rouennais, juge des gabelles, publie un ouvrage intitulé Traité du bâton universel, *dans lequel il manifeste son enthousiasme pour la baguette divinatoire qui sert à découvrir les choses cachées.*

En 1678 paraît le Traité de pratique minière *du marquis de la Fratta-el-Montalbano. Sur une ancienne gravure extraite de cet ouvrage, on peut apercevoir la taille,*

Thaumaturgus Physicus.
Magiae Universalis Natura et Artis.
P. Gaspar Schott (1659).

la confection et l'utilisation de baguettes de sourciers au lever du soleil.

Vers 1690 apr. J.-C.

Sous le règne du roi Louis XIV, un paysan de Saint-Véran, près de Saint-Marcellin en Dauphiné, Jacques Aymar, dit l'« homme à la baguette », fit beaucoup parler de lui.
Ce paysan riche, simple, sage, pieux, honnête et estimé de tous s'était spécialisé dans la recherche des criminels. Déjà en 1688, il découvrit un criminel à l'aide de sa baguette de coudrier. Le 5 juillet 1692, à Lyon, place Neuve-Saint-Jean, un marchand de vin et son épouse furent trouvés assassinés dans leur cellier, taillés en morceaux à l'aide d'un hachoir de boucher. Le mobile du crime était le vol. Pendant l'enquête, les hommes de la maréchaussée constatèrent qu'il manquait 130 écus, 8 louis d'or et une ceinture précieuse en argent. Ils attribuèrent le crime à un ou des voleurs pris de panique, mais furent incapables de trouver le moindre indice. Comme la justice piétinait dans cette affaire et que l'opi-

nion publique s'inquiétait, les autorités firent appel à Jacques Aymar pour les aider dans leurs recherches. Ils le firent venir à Lyon et l'emmenèrent dans la cave ou avaient été trouvés les corps des victimes. Muni de sa baguette de coudrier, Jacques Aymar commença sa recherche en transpirant à grosses gouttes. Ensuite, en arrivant à un certain endroit de la cave, sa baguette se mit à tourner. Quand les hommes de la maréchaussée lui dirent que l'endroit où sa baguette avait réagi correspondait bel et bien à la place où avaient été trouvés les deux corps, il s'imprégna du lieu et le visualisa bien dans sa mémoire. Il sortit ensuite de la cave et, sous l'œil ahuri des badauds, se dirigea, guidé par sa baguette, vers la demeure de l'archevêque qu'il contourna pour arriver à un octroi conduisant à un pont sur le Rhône fermé pour la nuit. Le lendemain, Jacques Aymar et la maréchaussée continuèrent leurs investigations. Ils traversèrent le pont, longèrent la rive en suivant le cours du fleuve. Arrivés devant la maison d'un jardinier, Aymar se dirigea vers la porte principale. En entrant, il aperçut une bouteille de vin vide sur la table, la prit et la plaça sous son pied. À ce moment-là, la baguette se mit à tournoyer, et Jacques Aymar sut qu'il était sur la bonne piste. Sa baguette se mit ensuite à tournoyer au-dessus de la table et de trois chaises, ce qui lui confirma que les assassins étaient trois, et qu'ils avaient consommé une bouteille de vin sur cette table. Les policiers interrogèrent les enfants du jardinier âgés de 9 et 10 ans. Comme ils avaient oublié de fermer la porte la veille pendant l'absence de leur père, ils se turent tout d'abord de peur qu'il ne les punisse, puis avouèrent que la veille, trois hommes s'étaient soudainement introduits dans la maison et avaient hâtivement bu la bouteille de vin pour s'enfuir à toutes jambes le long du Rhône en suivant le cours du fleuve. Jacques Aymar et les policiers continuèrent leur route jusqu'à Beaucaire, près de Tarascon, après un arrêt au camp militaire de Sablon, en aval de Vienne, où Aymar avait détecté la présence des trois hommes. À Beaucaire, il conduisit les policiers à la prison municipale. Après les formalités d'usage, un gardien fit aligner devant lui treize prisonniers récemment incarcérés. Passant devant chacun d'entre eux muni de sa baguette, Aymar lui désigna un prisonnier, un bossu. Il s'avéra que ce prisonnier dénommé Joseph Arnoul venait d'être arrêté une heure auparavant pour un petit larcin. À la question : « Cet homme a-t-il joué un rôle dans le crime de Lyon ? » la baguette réagit et la réponse fut positive. À la question : « Est-ce qu'il tenait le rôle principal dans ce crime ? » la baguette ne réagit pas et la réponse fut négative. Le suspect fut ramené à Lyon, où il nia d'abord vigoureusement avoir jamais mis les pieds. Les policiers lui firent refaire le même chemin que celui emprunté par Jacques Aymar au début de l'enquête. Il fut alors confronté à des témoins qui le reconnurent. Il finit par craquer et avouer les faits qui lui étaient reprochés. Il n'avait pas participé de façon active au crime comme l'avait si bien détecté Jacques Aymar à l'aide de sa baguette, mais avait fait le guet pour ses complices, deux Provençaux qui étaient, eux, les assassins. À la suite de ces aveux, le procureur du roi demanda à Jacques Aymar de suivre la trace des criminels. Il continua sa poursuite accompagné d'une troupe d'archers. Arrivés sur les quais du port de Toulon, Jacques Aymar guida les archers vers une taverne dans laquelle les deux assassins avaient effectivement dîné la veille de leur embarquement pour le port italien de Gênes. Comme les deux Provençaux avaient quitté les eaux territoriales du royaume, ils ne pouvaient plus être appréhendés, et la poursuite prit fin.

Joseph Arnoul, le bossu, fut roué le 30 août 1692 sur la place des Terraux à Lyon. Son jugement fut lu en public, juste en face de la cave à vins appartenant au couple assassiné.

Les trente juges qui condamnèrent Joseph Arnoul à la peine de mort ont reconnu que Jacques Aymar avait suivi le bossu fugitif à la trace sur quarante-cinq lieues.

Cette ancienne gravure est censée représenter Jacques Aymar, le célèbre sourcier détective dauphinois.
Abbé de Vallemont : La Physique occulte *(Paris ; 1693).*

Cette affaire a été suivie par des personnalités officielles : le docteur Panthot, doyen du Collège de médecine de Lyon, qui rédigea le rapport officiel pour Daquin, premier médecin du roi ; le docteur Chauvin qui fit la même chose pour le docteur Bourdelot, second médecin du roi. D'autres hommes, spécialistes de l'enquête judiciaire ou de l'observation scientifique, tel de Vaginay, procureur du roi, l'intendant de Bérulle ou encore le physicien de Montgivrel se portèrent garants des faits qui viennent d'être résumés.

La renommée de Jacques Aymar parvint jusqu'à Paris, à la cour du roi. Le prince de Condé l'invita pour venir en sa demeure, et c'est ainsi que Jacques Aymar, paysan sourcier dauphinois, fut transporté en chaise de poste à Paris le 21 janvier 1693, avec quelques affaires personnelles et sa fameuse baguette de sourcier. Mis à l'épreuve devant des scientifiques, il fut confondu par le moine savant bénédictin Mabillon et par des membres de l'Académie des sciences. Ridiculisé par le « Tout-Paris », Jacques Aymar s'en retourna dans son Dauphiné natal. Sa réputation ne cessa de se répandre et il connut succès

après succès. Pour une fois, le proverbe « nul n'est prophète en son pays » s'avérait inexact.
Dans son ouvrage intitulé La Physique occulte *ou* Traité de la baguette divinatoire *(1693), le père jésuite Le Lorrain, docteur en théologie et professeur de physique au collège Louis-Le-Grand, connu sous le pseudonyme d'abbé de Vallemont, parle de Jacques Aymar, le célèbre sourcier détective dauphinois. Il indique également les quatre manières différentes pour tenir la baguette de sourcier. Suite à une enquête de l'Inquisition, le livre fut mis à l'Index par arrêt du 26 octobre 1701. Voici ce que l'abbé de Vallemont écrivait en 1693 dans* La Physique occulte *à propos de la façon d'opérer de Jacques Aymar : « Car comme les corpuscules qui s'élèvent des sources d'eau et des minières imprègnent la baguette, étant attirés par ceux que lui a communiqués Jacques Aymar en la touchant, de même les corpuscules qui s'exhalent par la transpiration insensible du corps d'un scélérat fugitif inondent pareillement la baguette, qui est déjà comme aimantée par le contact des mains du paysan, imprégné en tout premier par l'impression qu'il a prise sur le lieu où la tragique histoire s'est passée. »*
En 1693, l'auteur Jean Nicolas de Grenoble fait paraître un ouvrage intitulé L'Art de trouver les sources, *dans lequel il fait la description de l'art du sourcier.*

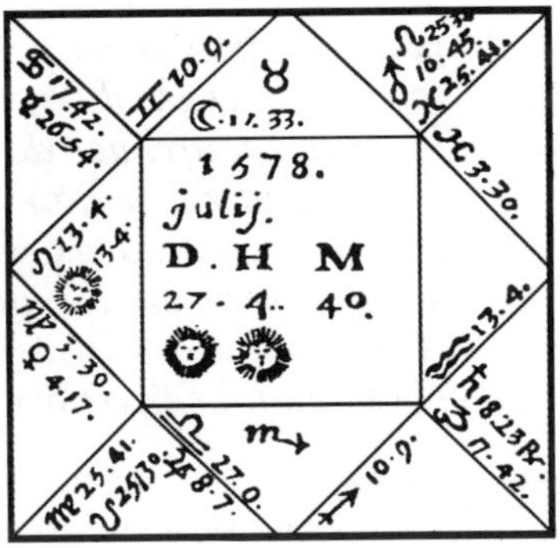

« Face du Ciel, sous laquelle il faut couper la baguette divinatoire, pour chercher l'or, les minières d'or, les marcassites, la pierre d'azur, les talcs dorez, la pierre solaire & les autres choses qui sont sous l'influence du soleil. »
Abbé de Vallemont : La Physique occulte *(Paris ; 1693).*

Sourcier du XVIIe siècle.
Abbé de Vallemont : La Physique occulte *(Paris ; 1693).*

Méthode du père Kircher.
Variante instable de l'Abbé de Vallemont : La Physique occulte *(Paris ; 1693).*

Dans un ouvrage intitulé Pantomysterium[5], *Johann Gottfried Zeidler décrit la téléradiesthésie, technique qui consiste à pratiquer la recherche radiesthésique à distance. Dans ce livre, qui s'appelait en fait* Pantomysterium ou nouveauté de l'année dans l'art du sourcier, instrument, dans la recherche humaine de la science cachée, *une ancienne gravure montre la panoplie du sourcier. Dans cette collection d'instruments originaux et insolites, on trouve un livre ouvert, deux baguettes fourchues de sourcier en bois, un saucisson, un éteignoir à bougies, un couteau et une fourchette placés en croix, deux pipes dont le tuyau de l'une tient dans le fourneau de l'autre, une baguette en métal tordu et une paire de ciseaux. Sur la table sont alignés des tenailles, un casse-noix, une scie et une spirale.*

5. Paru en 1700 à Halle en Saxe (Allemagne).

Trois dessins nous montrent qu'on pouvait se servir d'une façon insolite d'un saucisson, d'un éteignoir à bougies ou d'une paire de ciseaux. Il est dit dans cet ouvrage qu'on pouvait se servir d'un saucisson pour chercher une veine d'eau et que celui-ci se tordrait et se casserait en arrivant à la verticale d'un cours d'eau souterrain. L'auteur précisait bien que le saucisson, l'éteignoir à bougies et les ciseaux étaient des « instruments passables » pour la « corporation des sourciers ».

Trois façons plutôt originales pour pratiquer l'art du sourcier.
Johann Gottfried Zeidler : Pantomysterium *(1700).*

➠ Vers 1700 apr. J.-C.

Sur une ancienne gravure tirée de l'ouvrage de Balthasar Rössler Speculum metallurgiae politissimum *(1700), où trois sourciers sont en train d'expertiser un terrain à l'aide de leur baguette en V pendant qu'un homme plante des piquets au premier plan et que deux mineurs avec leurs outils supervisent les travaux.*
En ce temps-là, on attribuait la réaction de la baguette aux œuvres du diable. En 1701, les ouvrages traitant de la baguette de sourcier sont mis à l'Index par un tribunal de l'Inquisition de Rome, et les sourciers sont excommuniés.
Sur une autre gravure tirée de l'ouvrage de T. Albinus intitulé Das Entlarvte Idolum *« L'Idole démasquée » paru en 1704, on aperçoit une prairie où œuvrent des sourciers, dont certains sont des diablotins. Au premier*

Trois sourciers indiquent des filons aux mineurs
Ancienne gravure extraite de l'ouvrage de Balthasar Rössler : Speculum metallurgiae politissimum *(1700).*

Sourcier du XVIIIe siècle.
Bergkostümbuch Chr. Weigel (1712).

Das Entlarvte Idolum.
L'Idole démasquée *de T. Albinus (1704).*

plan, un ecclésiastique enlève le masque à un pratiquant de la baguette qui a le visage et les cornes du diable.
Entrer en contact, à l'aide d'une baguette, avec les forces telluriques, ces rayons provenant des profondeurs de la Terre, était perçu jadis comme un acte diabolique. Les histoires de sourciers relatés dans les gazettes n'arrangeaient pas les choses, et les « médias » de l'époque avaient déjà une énorme influence sur l'opinion publique.
Au début du XVIIIe siècle, les sourciers sont à la mode en Allemagne. À l'occasion de son mariage avec la princesse Josepha d'Autriche, le prince Frédéric Auguste de Saxe fait frapper sur sa médaille de mariage une pièce en argent représentant un petit ange « l'Amour » tenant entre ses mains une baguette de sourcier.

➠ Vers 1750 apr. J.-C.

Le poète allemand Goethe (1749-1832) s'intéresse à l'art du sourcier et au pendule.
De 1761 à 1881, l'abbé Richard prospecte dans une grande partie de l'Europe mais aussi en Palestine, en Tunisie, en Égypte et au Liban. Il avait le don de voir couler l'eau souterraine comme si elle était en surface.
En 1772, La Gazette de France *parle d'un pâtre provençal, dénommé Jean-Jacques Parangue, qui voyait l'eau souterraine couler dans les profondeurs aussi nettement que celle qui était en surface.*

Sourcier du XVIIIe siècle.
Geschichte der Erde J. C. Kruger (1746).

J'ai moi-même rencontré un sourcier qui a ce don de voir couler l'eau souterraine et j'ai pu le voir opérer. Il avance sur le terrain en faisant un contact avec le pouce et l'index et, à l'emplacement où coule l'eau souterraine, il aperçoit des couleurs comme une sorte de petit arc-en-ciel. Nous l'avons mis à l'épreuve, et avons effectivement pu constater qu'il obtenait de cette façon les mêmes résultats que nous autres sourciers à l'aide de notre baguette.

➠ Vers 1780 apr. J.-C.

Les sourciers étaient souvent traités d'imposteurs. Ainsi, en 1782, un dénommé Barthélemy Bléton, paysan, sourcier dauphinois, a su intéresser le docteur Thouvenel, personnage connu et estimé à la Cour. Devenu une curiosité, il fut appelé par la reine Marie-Antoinette pour chercher les sources qui alimenteront plus tard le Trianon. Par la suite, Barthélemy Bléton fut accusé d'imposture par l'astronome Joseph Jérôme de Lalande (1732-1807) qui attribuait les mouvements de la baguette à de la tromperie ou à de l'autosuggestion. Pour chercher de l'eau souterraine, Bléton utilisait un bâton

Méthode française utilisée par Bléton.
Abbé de Vallemont : La Physique occulte *(Paris ; 1693).*

La baguette en arc de cercle était utilisée par les sourciers aux XVIIe et XVIIIe siècles.
Dessin Erika Barret.

Recherche d'un cours d'eau souterrain avec une baguette de sourcier en osier tenue en arc de cercle.

de 1 m de long qu'il tenait entre ses mains en exerçant une traction paumes tournées vers le haut ou vers le bas. Quand il arrivait à la verticale de la rive, le bâton se tordait et tournait dans un sens. En arrivant au centre du cours d'eau souterrain, le bâton tournait dans le sens opposé. Quand le sourcier arrivait à l'autre bord du cours d'eau souterrain, le bâton se tordait à nouveau dans l'autre sens. Cette méthode, qui n'est plus utilisée en Europe, est encore appliquée dans certaines îles de l'océan Pacifique.

Aux XVIIe et XVIIIe siècles, les sourciers français se servaient beaucoup de la baguette en arc de cercle. Pour ce faire, le sourcier avance sur le terrain en tenant une branche d'osier pliée entre ses mains. En arrivant à la verticale d'une rive de cours d'eau souterrain, la branche d'osier va tirer vers le haut ou vers le bas, selon que le sourcier sera en début ou à la fin de la rive.

Un autre sourcier dénommé Pennet, aussi doué que Bléton, acquit une renommée en Italie où l'avait emmené le docteur Thouvenel qui fuyait les troubles dus à la Révolution française. Pennet travailla sous le contrôle des plus réputés des savants de l'époque : Amoretti, Fortis et Spallanzani. Chacun des savants consigna les résultats obtenus, que ce soit pour la découverte des eaux souterraines ou des métaux, dans des textes officiels où Pennet était désigné comme « hydroscope » ou « métalloscope ».

➠ Vers 1790 apr. J.-C.

En 1792, le docteur Pierre Thouvenel constate que les cours d'eau souterrains dégagent de l'électricité et que c'est l'influence de cette électricité souterraine qui commande les mouvements de la baguette.
En 1798, le docteur Antoine Gerboin, professeur à l'École spéciale de médecine de Strasbourg, inspiré des travaux de Gray et Wheler, étudie les mouvements du pendule. C'est en rendant visite à un ami, le capitaine Ulliac qui avait fait des campagnes aux Indes et à La Réunion, que le docteur Gerboin a pu voir les réactions provoquées par un pendule. Le fils du capitaine devait tenir entre ses doigts un fil au bout duquel pendait une sphère creuse taillée dans un bois colonial contenant des graines exotiques, avec la consigne de ne pas bouger. Malgré tous ses efforts pour rester immobile, le pendule se mettait à osciller et prenait un mouvement circulaire. Le même phénomène eut lieu quand le pendule fut mis entre les mains de Mme Ulliac, du docteur Gerboin et de M. Desgranges, assistant du docteur Gerboin présent ce soir-là. Antoine Gerboin s'intéressa à ce phénomène et consigna les résultats de ses

Sourcier du XVIIIe siècle.

analyses dans un ouvrage intitulé Recherches expérimentales sur un nouveau mode d'action électrique [6]. *Le chimiste français Eugène Chevreul (1786-1889) avait observé qu'un pendule qu'il tenait entre le pouce et l'index de sa main droite se mettait en giration à chaque fois qu'on lui soumettait du mercure. Il avait compris que le pendule ne tournait pas par sa propre volonté mais sous l'effet du mercure. Il se passionna pour le phénomène et commença à rédiger un traité du pendule. Il eut l'idée de se bander les yeux et, dès lors, le pendule ne bougea plus. Chevreul pensa alors qu'il avait pris ses désirs pour des réalités, et mit son traité au feu. En 1810, il conclut que le pendule est fallacieux. En 1853, il publie un livre intitulé* Baguettes, Pendules, Tables tournantes, *dans lequel il condamne ces trois pratiques.*

➠ Vers 1820 apr. J.-C.

En 1826, le comte Jean de Tristan, auteur du livre Recherche sur quelques effluves terrestres, *désigne la baguette de sourcier sous le nom de «furcelle». Ce nom fut repris vers la fin du XX*e *siècle par le professeur Yves Rocard, dont nous parlerons un peu plus loin. Après trente années d'études physiques, le comte Jean de Tristan reconnaît que la baguette de sourcier est une «détectrice de vibrations». D'après l'hypothèse du comte de Tristan, le sourcier capte l'électricité qui sort du sol, passe par sa baguette et se décompose en deux fluides, le fluide positif allant dans sa main droite et le fluide négatif dans sa main gauche. C'est le déséquilibre entre ces deux fluides qui provoquerait la mise en rotation de la furcelle. En 1829, l'ingénieur en chef des Mines Héricart de Thury, hydrologue, qui dressa la topographie des catacombes sous la ville de Paris et développa la technique des puits artésiens, condamne l'art du sourcier comme*

---

6. Levrault (1808).

une « pratique archaïque, espèce d'astrologie souterraine ».
Curieusement, dans la seconde moitié du XIXe siècle et au début du XXe siècle, les prêtres ou curés pratiquant l'art du sourcier ont toujours été pris au sérieux et moins contestés que les laïcs, malgré l'interdiction de l'Église. Plusieurs publications paraissent à ces époques.

➠ Vers 1850 apr. J.-C.

En 1856 paraît un livre intitulé L'Art de découvrir les sources *dont l'auteur est l'abbé Paramelle (1790-1875), curé de Saint-Céré dans le Lot. Un procès-verbal de la préfecture du Lot daté de 1843 mentionne que sur 338 puits qui ont été creusés sur l'indication de l'abbé Paramelle, 305 ont pu être utilisés.*
En 1863, l'abbé Carrié publie à Saintes, un ouvrage intitulé Hydroscopographie et métalloscopographie *dans lequel il mentionne « le fluide impondérable et les courants électromagnétiques qui traversent sans difficulté les couches du sous-sol quelles que soient leur nature et leur consistance ».*

Sourcier au XIXe siècle.
F. Phippen : A Narrative of Practical Experiments *(1853).*

En 1872, l'abbé Lombard, sourcier, avait le même don que l'abbé Richard, et le pâtre provençal Jean-Jacques Parangue cent ans auparavant.

➠ Vers 1890 apr. J.-C.

En 1890, l'abbé Bouly (1865-1958), ancien curé de Hardelot-Plage, station balnéaire du Pas-de-Calais, surnommé le « père de la radiesthésie », et son ami l'abbé Bayard, professeur aux facultés catholiques de Lille, baptisent l'art du sourcier renaissant du nom de « radiesthésie ». Ce nom qui signifie sensibilité aux rayons, est composé du mot latin radius *(rayon) et du mot grec* aisthêsis *(sensibilité). L'abbé Bouly était un excellent radiesthésiste. Pendant la Première Guerre mondiale, il repéra avec beaucoup de précision des objets enfouis, dont des mines encore actives.*
À la fin du siècle dernier, les autres appellations de l'art du sourcier ou sourcellerie étaient la rhabdomancie, la pallomancie, ou divination par le pendule, la cryptesthésie, la cryptogamie (recherche de ce qui est sous terre), la radioscopie, la radiotellurie (Dr Regnault), la radiobiologie ou encore la radiophysique métagnomie (Boriac). Actuellement, au début du XXIe siècle, les seules appellations utilisées sont art du sourcier, radiesthésie et géobiologie.
L'abbé Alexis Mermet (1866-1937) fils et petit-fils de sourciers savoyards réputés, curé à Le Landeron (canton de Neuchâtel) puis à Saint-Prex (canton de Vaud) en Suisse, a été l'un des pionniers de la radiesthésie moderne. Auteur du livre Comment j'opère, *l'abbé Mermet a découvert de nombreuses sources thermales. Après avoir repris les travaux de ses prédécesseurs, l'abbé Paramelle, le frère Théodoras et l'abbé Racineux, curé de Pornic (Loire-Atlantique), il découvre de nombreux sites archéologiques. On dit que pour ces travaux, il agissait sur commande du pape. Il retrouvait grâce à son pendule les corps des personnes disparues, suicidées, ou des victimes d'assassinat. On prétend qu'il aurait retrouvé*

la trace des derniers survivants d'une expédition au pôle Nord. L'abbé Mermet préférait le pendule à la baguette, dont il disait qu'elle démarrait après un état de tension, alors que le pendule se mettait en giration dès que le pied droit était en bonne position. Selon lui, le courant radiesthésique rentrait par le pied droit, traversait le corps et sortait par la main droite tenant le pendule.
Le sourcier allemand Kai von Bülow défend son art dans une revue réputée. On lui doit la découverte des sources minérales de Podebrad en Bohème.

➠ Vers 1910 apr. J.-C.

En 1910, un disciple de l'abbé Mermet, l'abbé Kuenzle, curé de Zizers, petite ville au nord de Chur dans le canton des Grisons en Suisse, utilise la radiesthésie pour le traitement des maladies par les plantes (phytothérapie).
En 1911 est institué le premier Congrès des sourciers à Hanovre en Allemagne. La même année, le conseiller de l'Amirauté, Franzius, ingénieur célèbre, fonde le « Verband zur Klarung der Wünschelrutenfrage » (Association sur l'explication des questions concernant la baguette de sourcier).
En 1913, un congrès qui rassemble des étudiants et des sourciers se réunit à Paris. La même année, le docteur Beyer de Berlin crée en Allemagne une association dénommée « Internationaler Verein der Wünschelrutenforscher » (« Union internationale des sourciers »). Il fait paraître une revue, intitulée Zeitschrift für Wünschelruterforschung. *De nombreux sourciers tchèques adhèrent à cette association.*
En 1914, l'ingénieur Friedrich Braikovilch fonde une association de sourciers à Vienne, en Autriche.
En 1919, l'abbé Bouly (1865-1958) crée, sur la demande de Léon Delattre, l'Association française et internationale des amis de la radiesthésie dont le comité d'honneur comprend de nombreuses personnalités du monde scientifique, religieux et littéraire, dont : d'Arsonval, membre de l'Académie des sciences ; Édouard

Branly membre de l'Institut; le docteur Bosset de l'université de Lausanne; le commandant de la Bastide; Colette, de l'académie Goncourt; Delandres, de l'Académie des sciences; le docteur Beillère, ancien président de l'Académie de médecine; l'abbé Mermet; Lakhowski; Louis Turenne, ingénieur ECP; le docteur Peyré, inventeur du réseau Peyré; Armand Viré, docteur ès sciences, directeur du Laboratoire de biologie souterraine au Muséum de Paris, etc. Les ingénieurs polytechniciens Gorceix, Brard, Voillaume, les pharmaciens G. Lesours et Blanchard, MM. Henry de France, Antoine Bovis et maître Charles Brouard sont au nombre des pionniers de la radiesthésie de l'époque contemporaine.

Fauveau de Courmelles crée une association internationale des médecins radiesthésistes et une section médicale au sein de l'Association française et internationale des amis de la radiesthésie.

Les autres groupements de radiesthésistes qui se constituent à la même époque sont l'Association scientifique française de radiesthésie et la Société de radiesthésie du Maroc.

Deux religieux, le père Bourdoux et le père Jurion, s'intéressent à la radiesthésie médicale. Le père Bourdoux, ancien missionnaire au Matto Grosso au Brésil, choisissait les plantes médicinales guérisseuses à l'aide de son pendule, alors que le père Jurion se servait du pendule pour choisir les médicaments homéopathiques. Après avoir guéri de nombreuses personnes, le père Jurion a comparu à plusieurs reprises devant la justice pour exercice illégal de la médecine.

➠ Vers 1920 apr. J.-C.

En 1920, le député hollandais van Kol et Mlle Tusnelda Stein fondent une association hollandaise de sourciers. Le baron allemand Graf Gustav von Pohl, originaire de Dachau, auteur du livre intitulé Erdstrahlen als Krebsereger *« Rayons telluriques comme stimulateur de cancer », est un des pionniers de la géobiologie en Europe.*

Le 21 octobre 1921, le sourcier Louis Probst, muni d'un pendule, d'une baguette de sourcier et d'un petit appareil de son invention qu'il a nommé « détecteur », découvre l'existence de galeries souterraines dans le cimetière d'Évry, en présence de MM. Deslandres et G. Lemoine. Après la consultation des plans, les témoins peuvent voir que le sourcier avait vu juste. À côté du cimetière, Louis Probst détecte une cavité qu'il estime à 56 m de profondeur. Le Service des carrières indique qu'il existe à cet endroit précis une carrière à deux étages dont la profondeur totale est d'environ 60 m.
En 1925, Alfred Lambert fonde la « Maison de la radiesthésie[7] *» à Paris.*
Le vicomte Henri de France (1872-1974), surnommé l'« aristocrate de la radiesthésie », et son fils s'intéressent à cette discipline. Joseph Treive (1877-1946), spécialiste dans la prospection à distance, et l'ingénieur belge Victor Mertens sont de grands radiesthésistes.
En 1927, Georges Lakovski explique dans son ouvrage intitulé Contributions à l'étiologie du cancer *les rai-*

L'abbé Lambert coauteur du livre *Le Mystère du sourcier* a découvert de nombreuses sources.
Dessin Charles Plaisant.

7. La Maison de la radiesthésie est une boutique qui offre actuellement un choix considérable d'ouvrages et de matériel dans le domaine de l'astrologie, de la voyance, des tarots, du magnétisme, de la magie et de la radiesthésie..

sons pour lesquelles la radiation cosmique est affectée par la nature du sol.

Vers 1930 apr. J.-C.

En 1931, paraît le premier numéro du Bulletin de l'Association des amis de la radiesthésie. *En 1931, des congrès réunissant des sourciers se sont tenus à Vérone et à Rimini en Italie, et à Bad Rothenfelde en Allemagne, ville d'eau où le docteur Beyer avait trouvé une source d'eau minérale.*

L'association italienne de rhabdomancie « Ente Geo-Rabdico Italiano » fait paraître une revue intitulée Rassigna Geo-Rabdica Italiano.

En 1932, un congrès international de rhabdomancie et de géophysique a lieu à Vérone.

Du 24 au 27 avril 1932, lors de la foire d'Avignon, et d'après une idée de M. Charles Maisonneuve, résidant en Avignon, le docteur Jules Regnault, ex-professeur à l'École de médecine navale de Toulon, présida un Congrès international de radiotelluristes et de sourciers. Parmi les personnalités qui font partie du bureau technique se trouvent le vicomte Henry de France, président de l'Association des amis de la radiesthésie, le docteur Beyer de Berlin, président de l'« Internationaler Verein der Wünschelrutenforscher », le chevalier Alberto De Vita de Rome, président de l'Association italienne « Ente Geo-Rabdico Italiano », le docteur Raoul Braun-Fernwald de Vienne (Autriche) et M. Bartolome Dardier-Pericàs, professeur de géologie à l'Institut national de Tarragone (Espagne). Le bureau technique se compose également des personnalités suivantes : docteur Charmont de Plombières (Vosges), hydrologue ; Maurice Larvaron, professeur d'agriculture à Rennes ; Henri Mager, prospecteur à Paris ; L. Marcel, professeur de géologie et hydrologue à Toulon ; lieutenant-colonel comte de Marsay ; Armand Viré, docteur ès sciences, directeur honoraire de l'École des hautes études, ancien président de la Société archéologique de France et Charles Maison-

neuve, ancien pharmacien, trésorier du Congrès. Le but de ce bureau est de centraliser, contrôler et coordonner divers procédés concernant l'étude de la radioactivité générale, avec des applications particulières telles que la recherche des eaux souterraines, la prospection du sous-sol, l'adaptation de la culture et du terrain, les prévisions météorologiques, l'étude des divers états physiologiques ou pathologiques des êtres vivants, ou encore la sélection des graines et des semences.

En 1933, le vicomte Henry de France donne ses premières conférences sur la radiesthésie et rédige son premier article dans la revue L'Étudiant catholique[8]. *Il fait paraître une revue mensuelle de téléradiesthésie :* La Prospection à distance.

En 1933, Émile Christophe, auteur du livre Tu seras sourcier, *invente la radiesthésie mentale. Il considère qu'il existe un rayon mental entre le radiesthésiste et le « corps pensé ». Spécialiste de la téléradiesthésie, il travaille sur plan et obtient les mêmes résultats que s'il se trouvait sur le terrain.*

C'est à l'ingénieur Voillaume que l'on doit l'expression « rayon mental » : il a, en effet, démontré que tout être vivant pouvait émettre des rayons sur une matière ciblée, qui en émet d'autres, à son tour.

Pendant la Seconde Guerre mondiale, les Allemands craignaient les pratiquants de la radiesthésie qu'ils soupçonnaient d'espionnage. Les militaires anglais utilisaient les sourciers (dowsers) *pour rechercher des points d'eau près de leurs campements et pour contrôler le matériel électrique et mécanique.*

En 1936, le commandant Chrétien a observé que les rayons telluriques pouvaient être à l'origine de certains cancers.

En 1937, le docteur Peyré découvre un réseau tellurique formé par un quadrillage orienté nord-sud et est-ouest,

8. Édition *La Revue des indépendants.*

constitué en théorie de carrés de 7 à 8 m de côté. Ce réseau, dénommé réseau Peyré, qui entraîne des perturbations au niveau géomagnétique, a été signalé au Congrès international de la presse scientifique, le 8 octobre 1937, à Paris.

➠ Vers 1950 apr. J.-C.

En 1948 et 1949, le docteur Ernst Hartmann[9] *découvre un nouveau quadrillage tellurique à l'intérieur du réseau Peyré. Cette grille est appelée réseau Hartmann ou réseau H. En théorie, dans l'hémisphère Nord, les segments nord-sud de ce quadrillage mesurent environ 2 m, et les segments est-ouest 2,50 m pour 21 cm de large. C'est en 1951, à l'âge de 11 ans, que j'ai été initié à l'art du sourcier par le maître sourcier alsacien Charles Zumstein, qui était également paysan, menuisier, dramaturge et romancier (1867-1963). Je l'ai rencontré durant les vacances de Pâques, à Sondersdorf, un petit village du Sundgau, où il était venu assisté de son neveu par alliance Charles Schirk, analyser les ondes nocives de la maison d'un cousin de mon père, mort d'une maladie incurable. Intrigué par ces deux hommes qui se promenaient de long en large dans le restaurant et la cuisine munis d'une baguette en laiton en forme de V, je leur ai demandé ce qu'ils y cherchaient. Ils m'ont répondu qu'ils cherchaient des veines d'eau. Je me suis alors amusé avec mon petit cousin à leur montrer l'eau du robinet de la cuisine en riant très fort et en leur disant sur un ton moqueur et ironique : « Vous cherchez de l'eau mais il y en a ici ! » Sans se vexer, M. Schirk nous prêta sa baguette et nous montra comment la tenir en exerçant une légère traction. Alors que la baguette n'avait aucune*

9. Médecin allemand, né en 1925, diplômé de l'université de Heidelberg, installé à Waldkatzenbach près d'Eberbach am Neckar. Le docteur Hartmann a publié plusieurs ouvrages dont le plus connu est *Krankheit als Standortproblem* « La maladie en tant que problème du lieu de vie » (2 vol., Éd. Haus Verlag à Heidelberg).

réaction entre les mains de mon petit cousin, elle devenait vivante et tournait entre mes mains à certains endroits précis, à tel point que M. Schirck, très étonné et intrigué, me fit recommencer à plusieurs reprises pour s'assurer que j'avais moi aussi le don du sourcier. Il me présenta ensuite à Charles Zumstein en lui disant : «Meister des Chend het Magnet», ce qui signifie en dialecte alsacien du Sundgau : «Maître, cet enfant a du magnétisme». Le maître sourcier me demanda alors mon nom. Comme je parlais le dialecte alsacien avec un accent différent de l'accent rude et guttural des Sundgauviens(10)*, je lui indiquais mon nom et mon prénom. Alors il me félicita et m'initia à l'art du sourcier. À cet instant, le maître alsacien, alors âgé de 84 ans, qui n'avait pas d'enfants, ne pouvait pas se douter qu'il était en train de transmettre avec amour la connaissance de son art à un garçon de 11 ans qui, en l'an 2000, quarante-neuf ans plus tard, allait créer une des plus importantes associations de sourciers et géobiologues existant en Europe*(11)*.*

Le vieux maître avait toujours eu des idées d'avant-garde, par exemple, avant 1914, il conduisait déjà sa première automobile. Originaire de Magstatt-le-Bas (Haut-Rhin), il avait été sollicité pour faire de la prospection pétrolière en Angleterre et à Madagascar. En octobre 1933, il avait été invité avec son neveu chez le major Baget, dans son domaine à Londres, Rolhampton, où ils firent les preuves de leur talent. Charles Zumstein et Charles Schirck avaient déposé un brevet pour un déviateur de rayons telluriques, appelé «Deviator», qu'ils plaçaient dans les maisons, dans les écuries ou les étables pour protéger les habitants et les animaux des ondes nocives émises par les cours d'eau souterrains. Cet appa-

10. Le Sundgau a été occupé jadis par un peuple germanique, les Rauraques. Ce mot, qui vient certainement de *rau Rachen* (gosier rude), prouve que les habitants de cette région avaient un langage et un accent guttural.

11. Association sourciers et géobiologues d'Europe (4, rue Jean-Jaurès, 68360 Soultz-Haut-Rhin).

reil est constitué d'un cylindre en métal duquel dépasse, à chaque extrémité, un gros solénoïde en cuivre. Le « Deviator » contient des enroulements en cuivre, de la limaille de fer et du plâtre.
En 1951, lors des grandes vacances que je passais chez ma sœur, dans le petit village de Gunsbach dans la vallée de Munster, j'ai plusieurs fois rencontré un autre vieil homme aux moustaches grises et portant un vieux chapeau, à la sortie de l'église catholique, qui servait également de temple protestant. Ce vieillard au manteau usé, que les journalistes français, suisses et allemands venaient photographier pendant ses vacances en Alsace, m'impressionnait beaucoup. Il s'agissait du docteur Albert Schweitzer, médecin, théologien protestant et musicologue français(12).
En 1952, un médecin allemand, le docteur Curry, découvre un réseau de rayons telluriques constitué d'un quadrillage orienté nord-est, sud-ouest et nord-ouest, sud-est magnétique. Ce réseau, qui coupe en diagonale les réseaux Peyré et Hartmann, est composé de quadrilatères dont les côtés, d'une longueur moyenne de 8 m et de 40 cm de large, varient de 4 à 16 m. Il subit les mêmes déformations que le réseau Hartmann les nuits de pleine lune, la veille des séismes ou des éruptions volcaniques, et à la verticale des cours d'eau souterrains. Le réseau Curry est appelé « premier réseau diagonal ».
Le physicien Lucien Romani, directeur technique des laboratoires Eiffel à Paris, a détecté un quadrillage de rayons telluriques beaucoup plus resserré.
Le réseau Romani correspond à des damiers de 1,10 m à 1,50 m de côté.
Le chercheur belge Walter Kunnen a mis en évidence un réseau global de 40 m de côté environ, qui englobe les réseaux Hartmann et Curry.

12. Kaysersberg, 1875-Lambaréné, 1965.

Vers 1960 apr. J.-C.

En 1960, Anton Benker découvre un réseau de 10 m de côté qui se juxtapose avec le réseau Hartmann (4 x 2 m = 8 m et 5 x 2 m = 10 m). Ce réseau se détecte à l'aide de l'antenne de Lecher réglée sur 82 mm. La sortie de ces rayons est perpendiculaire au sol et sa hauteur est de 10 m, d'où son appellation : « système cubique Benker ».

Le réseau Peyré contient douze quadrillages Hartmann ; le réseau Hartmann contient deux quadrillages Romani.

Le réseau Wissmann, ou « deuxième réseau diagonal », se compose de quadrilatères de 11 m de côté et de 50 cm de large. Il est orienté nord-est sud-ouest magnétique et nord-ouest sud-est magnétique ; il subit les mêmes déformations que les réseaux Hartmann et Curry. Ce sont les points de croisement du réseau Wissmann qui attirent la foudre.

Les réseaux Hartmann, Curry et Wissmann se détectent à l'aide d'une baguette de sourcier en plastique en forme de V, munie de repères de couleurs, et à l'aide de la règle-antenne graduée appelée « antenne de Lecher » (physicien allemand, 1856-1926). Ces deux appareils de détection radiesthésiques ont été étalonnés et mis au point par le physicien allemand Reinhard Schneider. L'antenne de Lecher a été étudiée puis élaborée à partir des fils de Lecher.

Le réseau Hartmann se détecte à l'aide du lobe-antenne Hartmann – nous verrons plus loin comment se servir de cet instrument. On peut également détecter ce réseau à l'aide des antennes en L ou de l'antenne de Lecher.

À la fin de la Seconde Guerre mondiale, de nombreux radiesthésistes mettent leur sensibilité au service de la communauté pour détecter du matériel de guerre caché ou enfoui dans le sol.

En 1967, lors de la guerre du Viêt Nam, les marines, *les fameux fusiliers marins américains, ont utilisé des antennes en forme de L mises au point par l'ingénieur arpenteur et sergent dans le corps des* marines *Louis*

J. Matacia. C'est dans le camp d'entraînement de Quantico en Virginie (États-Unis) que Louis Matacia apprenait aux marines *comment détecter les cavités camouflées, les souterrains ou les structures cachées. Ces antennes, formées de deux tiges en laiton courbé en forme de L, avaient une longueur de 66 cm pour les parties servant d'antenne de détection et de 19 cm pour les tiges tenues dans les mains. Les* marines *devaient avancer sur le terrain pour détecter une cavité, en tenant en main les côtés courts et de manière à ce que les parties les plus longues soient parallèles au sol. Dès qu'ils arrivaient à quelques mètres d'une cavité cachée, les deux antennes se mettaient à pivoter vers sa direction, pour s'ouvrir enfin en arrivant à sa verticale.*

Je me suis fabriqué des antennes métalliques en L, dites de Matacia, en respectant les proportions indiquées par Louis Matacia, et j'ai testé cette méthode avec succès sur plusieurs cavités et souterrains. Grâce à cet outil, les marines *ont put détecter les structures souterraines et autres objectifs lors des trois derniers jours de l'opération «Independance», à 5 km à l'ouest de An Hoa. Toutefois, comme le principe scientifique était inconnu, les responsables de l'état-major ont abandonné ce moyen de détection.*

Après la Seconde Guerre mondiale et jusqu'en 1967, les frères Servranx[13]*, qui étudient la radiesthésie et la radionique en laboratoire, inventent de nombreux appareils, planches et dessins radiesthésiques, ce qui permet au grand public d'avoir accès à cet art ancestral.*

Le professeur Yves Rocard[14] *était un géophysicien français de réputation internationale. Agrégé de physique, docteur en mathématiques, ancien directeur du laboratoire de physique de l'École normale supérieure, il com-*

---

13. Auteurs et éditeurs en Belgique.

14. Né le 22 mai 1903 à Vannes (Morbihan) et décédé à l'âge de 89 ans, Yves Rocard est également l'auteur des ouvrages *Les Sourciers* (coll. «Que sais-je ?», PUF ; 1991), *Le Pendule explorateur* (Erg ; 1983), *La Science et les Sourciers : baguettes, pendules, biomagnétisme* (Dunod ; 1999).

mence à s'intéresser à l'art du sourcier, après avoir vu, à 55 ans, un maçon manipuler la baguette de coudrier. S'étant rendu compte qu'il était lui-même sensible à ce phénomène, il décida de l'étudier scientifiquement. Ce savant, à qui l'on doit les inventions du système de radio-atterrissage sans visibilité et de la lampe radio à chauffage indirect, a été l'un des premiers en France à étudier les semi-conducteurs et la radioastronomie. Il a contribué, en tant que chercheur à la Société radiotechnique, à la mise au point de nouveaux types de lampes radio et de radiophares pour l'aviation.
Membre du comité directeur du Commissariat à l'énergie atomique, il a été le grand spécialiste de la détection sismique et des essais nucléaires. Il a participé à la mise au point des bombes A et H françaises. Atteint par des problèmes de surdité, il a été l'un des meilleurs spécialistes mondiaux de l'acoustique. En 1934, lors de la traversée de l'Atlantique par Bellonte et Coste, l'annonce de leur réussite est diffusée place de la Concorde à Paris par un haut-parleur super puissant mis au point par Yves

Charles Zumstein (1867-1963).
Paysan menuisier dramaturge romancier et maître sourcier alsacien qui initia l'auteur à l'art du sourcier en 1951.
Photo offerte à l'auteur par la Société d'histoire de la Hochkirch.

Rocard. C'est également lui qui a fait les études de la stabilité dans le vent. On lui doit également le calcul des structures du pont de Tancarville. En 1967, dans la cour des Invalides à Paris, il a reçu, des mains du général de Gaulle, les insignes de commandeur de la Légion d'honneur.

Dans son ouvrage intitulé Le Signal du sourcier[15], *le professeur Rocard indique que les sourciers détectent non pas la présence de l'eau souterraine, mais de minimes anomalies ou bosses magnétiques, souvent liées au passage des sources ou des cours d'eau souterrains. Scientifiquement, on peut donc prouver que le signal du sourcier n'est pas dû à un phénomène paranormal mais au fait que le sourcier est sensible au 1/1000e du magnétisme terrestre.*

---

15. Paru chez Dunod (1962).

DEUXIEME PARTIE :

La radiesthésie dans la pratique quotidienne

*« Eau tu n'as ni goût, ni couleur, ni arôme…
Tu n'es pas nécessaire à la vie. Tu es la vie. »*
Antoine de Saint-Exupéry.

« C'est une infirmité que de ne pas être sourcier. »
Yves Rocard.

CHAPITRE III

Comment devenir sourcier et radiesthésiste ?

L'EAU, C'EST LA VIE ; elle représente l'élément biologique par excellence, puisqu'elle est le constituant principal indispensable à chaque être vivant ; n'oublions pas que les premiers organismes vivants apparus sur Terre sont nés dans l'eau il y a deux milliards d'années.

Le corps humain, d'un poids moyen de 70 kg, contient environ 60 à 70 % d'eau, soit plus de 45 kg. Les eaux souterraines qui circulent dans les profondeurs de la Terre peuvent être comparées au sang de notre planète : elles sont courantes ou stagnantes. L'eau souterraine se déplace en partant des grands réservoirs aquifères que constituent les lacs souterrains des hautes montagnes, puis descend vers les vallées suivant des pentes et des trajectoires empruntant les voies offertes par les interstices des couches et des failles. Elle peut remonter, suivant le principe des vases communicants, vers une montagne moins haute, pour redescendre à nouveau vers la vallée sous forme de filets ou de cours d'eau souterrains.

La source est l'un des exutoires des gisements des cours d'eau souterrains. Les infiltrations des eaux de pluie et la fonte des neiges constituent les principales réserves aquifères. Les principaux terrains aquifères sont les alluvions, les couches superficielles ou profondes de roches sédimentaires perméables, les plateaux et massifs calcaires karstiques et les massifs de roches cristallines. En Alsace, la nappe phréatique, alimentée par les réserves importantes d'eau provenant des lacs souterrains des Alpes et par les filets et cours d'eau souterrains venant des Vosges, se déplace lentement du sud vers le nord dans les couches de gravillon et de sable.

1. Êtes-vous un sourcier potentiel ?

Lors d'une sortie en montagne avec une classe d'école primaire, nous avons tenté d'inculquer aux élèves les premiers rudiments d'initiation à l'art du sourcier. Sur vingt-sept élèves présents, vingt-trois possédaient en eux suffisamment de magnétisme pour réagir à la baguette de sourcier. Ce phénomène s'explique par le fait que la majorité des enfants en bonne santé emmagasinent un très grand potentiel d'énergie et de magnétisme, qui va leur permettre de crier, de courir et d'être pleins de vitalité.

En fait, nous avons tous en nous de très fins cristaux de magnétite, localisés généralement au bout des doigts, dans les coudes et même dans le cerveau, comme l'ont démontré des savants américains. Ces cristaux permettent aux sourciers d'être sensibles au 1/1000e du magnétisme terrestre et de ressentir ces bosses magnétiques à mains nues ou à l'aide de leurs instruments. Peut-être le sourcier sent-il le courant d'électrons émis par la pointe de sa baguette ? Les scientifiques mesurent ces variations du magnétisme terrestre à l'aide d'un magnétomètre à protons. Si, en avançant en âge, l'homme perd cette sensibilité au magnétisme qu'il avait étant jeune, les personnes en contact permanent avec la nature – agriculteurs, maraîchers, viticulteurs, bûcherons ou marins… – conservent, elles, ce magnétisme. D'ailleurs, on trouvait jadis, dans chaque village, un homme proche de la nature qui avait ce fameux « don » de sourcier ou de magnétiseur.

a) Testez votre sensibilité au magnétisme

Voici trois méthodes pour vérifier votre sensibilité aux rayons telluriques et tester votre potentiel de magnétisme :

➠ Confectionnez deux antennes en L avec des tiges en laiton de 3 mm de diamètre, en ayant soin de laisser un côté de l'angle droit à 15 cm par exemple, et l'autre à 30 cm. Vous devrez ensuite avancer sur le terrain en tenant le côté court de ces antennes dans vos mains, en les maintenant parallèles au sol et parallèles entre elles avec un écart de 20 cm. Quand elles arriveront à la verticale d'un cours d'eau souterrain, les antennes en L se croiseront. Sur les chantiers, les ouvriers se servent souvent de baguettes de soudure pour confectionner des antennes en L qui leur permettent de détecter les canalisations souterraines… Chacun d'entre nous peut, un jour, s'entraîner à tenir entre ses mains une baguette de sourcier ou un pendule.

➠ Si vous êtes sur le terrain et que vous voulez chercher un cours d'eau souterrain, il vous suffit de marcher en faisant osciller une montre à gousset, un anneau ou un poids suspendu à une ficelle ou à une chaînette, qui vous servira de pendule. Pour obtenir un résultat, il faut avancer en tenant la chaînette ou la ficelle entre le pouce et l'index et en lui donnant un mouvement d'oscillation initial d'avant en arrière. Dans la pratique, il faut laisser un espace de 5 cm entre le pouce et l'index et la partie haute du pendule, et garder le reste de la ficelle ou de la chaînette dans le creux de la main. Quand il passera à la verticale d'un cours d'eau souterrain, le pendule changera de direction et se mettra à tourner en rond, parce que le cerveau enregistrera à ce moment-là un changement du magnétisme du sous-sol. Cette réaction permet de déduire que cette variation du magnétisme ou de l'électricité du sous-sol a une influence psychophysique sur notre mental et provoque un changement de mouvement du pendule.

➠ Vous pouvez aussi prendre un bâton en bois et le poser en équilibre sur le plat de votre main. Quand vous avancerez sur le terrain avec ce bâton, il sera déséquilibré et tombera à terre dès que vous passerez à la verticale d'un cours d'eau souterrain. Cette méthode était déjà utilisée au Moyen Âge.

Méthode de Roger Sire.
Abbé de Vallemont : La Physique occulte *(Paris ; 1693).*

Ces expériences vous permettront de découvrir si oui ou non vous avez du magnétisme, donc celui du sourcier. Essayez de pratiquer par vous-même et vous serez convaincu. Dès que vous commencerez à percevoir ces forces issues de la Terre, vous aurez accès à une autre connaissance : celle qui ouvre la voie vers les « sciences-frontières », les *Grenzwissenschaften* des Allemands.

b) Établissez votre propre convention mentale

Pour établir sa propre convention mentale, chacun peut faire l'expérience qui consiste à vérifier sur une photographie si une personne est vivante ou morte. Pour cela, il faudra prendre deux photographies : celle d'une personne vivante, et celle d'une personne décédée.

➠ En tenant son pendule au-dessus de la photo de la personne vivante, on pose mentalement ou à voix haute la question suivante : « Cette personne est-elle réellement en vie ? » Le pendule commencera à osciller, puis à tourner, par exemple, de gauche à droite, dans le sens des aiguilles d'une montre. On saura alors que, dans sa propre convention mentale, l'oscillation dextrogyre du pendule signifie « oui », donc qu'elle est positive.

➠ Si, lorsqu'on tient son pendule au-dessus de la photo d'un ancêtre décédé, il tourne de droite à gauche, dans le sens inverse des aiguilles d'une montre, cette rotation confirmera que dans sa propre convention mentale, le sens lévogyre du pendule signifie « non », donc qu'il est négatif.

➠ Si, en revanche, le pendule tourne de droite à gauche au-dessus de la photo de la personne vivante et de gauche à droite au-dessus de la photo de la personne décédée, cela indiquera que, dans sa convention mentale, l'oscillation lévogyre du pendule signifie « oui » et l'oscillation dextrogyre signifie « non ». Il revient à chacun de déterminer sa propre convention mentale.

On pourra ensuite se tester et renouveler cet exercice en effectuant des recherches au pendule, à titre personnel, sur des personnes disparues dont les photographies paraissent dans les journaux, et voir si le résultat de ses analyses correspond à la réalité une fois la personne disparue retrouvée.

Lors des deux dernières guerres mondiales, les épouses des soldats partis au front utilisaient leur alliance qu'elles suspendaient au bout d'un fil à coudre et tenaient ce pendule de fortune au-dessus de la photographie de leur époux pour savoir s'il était toujours en vie ou non.

c) Protégez-vous des ondes négatives

Les sourciers radiesthésistes et géobiologues arrivent à reconnaître les bons endroits avant même de les mesurer pour confirmer leur intuition. Toutefois, les plus sensibles d'entre eux ressentent comme un malaise dans leur corps lorsqu'ils se trouvent dans une zone ou une maison géopathogène.

En effet, il arrive que les intervenants ressentent une grande fatigue, qui se manifeste généralement par des maux de tête, une modification de la pression sanguine, des fourmillements dans les mains ou les avant-bras, ou encore par des problèmes cardiaques. Il arrive même que certains sourciers et magnétiseurs en tombent gravement malades.

Cette fatigue et ces malaises sont causés par une pratique intensive et quotidienne, à l'aide de la baguette et du pendule, sur des zones telluriquement perturbées, pas encore bien connues et analysées. Sur de tels lieux, notre corps énergétique emmagasine les mauvaises énergies qui peuvent, à la longue, générer une gêne respiratoire, une accélération du rythme cardiaque, une sensation de vertige, une fatigue des yeux ou une déshydratation.

Pour pallier ce problème de fatigue, j'ai remplacé la baguette en acier avec des poignées en cuivre et celle en laiton, par une baguette graduée en plastique qui permet d'obtenir les mêmes résultats.

Le docteur Preiss[1] a expliqué l'influence que peuvent subir les sourciers et radiesthésistes lors de leurs recherches, et ses propres recherches sur les champs magnétiques l'ont contraint à réviser sa façon de concevoir les phénomènes.

Au cours des années, il devenait évident pour lui qu'il fatiguait de plus en plus après un travail avec la baguette, et il a cité quelques exemples vécus qui méritent réflexion.

➡ Il s'est fait faire une analyse de sang, à son domicile, avant et après un travail avec la baguette : alors que l'analyse préalable ne présentait aucune anomalie particulière, après le travail, il a pu constater une infection du sang sans aucun autre facteur extérieur. Vingt-quatre heures plus tard, une troisième analyse révélait que cette infection avait totalement disparu.

➡ Après avoir porté sur lui deux jours de suite, au même endroit, une baguette en laiton, un médecin lui fit passer une radioscopie : à l'endroit de l'application de la baguette, une trace d'inflammation de 5 cm de long était nettement visible sur les deux côtes.

1. Lors d'une conférence à Paris pendant un congrès du Syndicat national des sourciers radiesthésistes et magnétiseurs. Le docteur Preiss est docteur en psychologie et président du « Forschungkreiss für Geobiologie » (cercle de recherches en géobiologie).

Il interrompit ses travaux de radiesthésie pendant deux semaines, puis refit un nouveau contrôle : la radio ne présentait plus de traces. Il cita également le cas d'un de ses collègues qui, bien que prévenu des risques encourus, plaçait toujours sa baguette en laiton dans la poche de son veston. Après quelques années, il dut subir l'ablation d'un morceau d'intestin, à l'endroit précis où il mettait régulièrement sa baguette.

Nombreux sont ceux qui glissent leur baguette de sourcier en laiton dans la ceinture ou dans une poche intérieure de leur veste. Ce geste est bien sûr à éviter, de même qu'il faut éviter que la baguette ne vienne frapper la poitrine ou que les coudes aient un contact direct avec votre corps : toutes les énergies négatives des rayons montant du sol s'accumuleraient sur vous, à l'endroit même de la réaction de la baguette.

Pour entreprendre un travail radiesthésique, il ne faut pas avoir absorbé d'alcool ni de médicaments (calmants ou antidouleurs), et être physiquement et psychiquement en forme.

Différentes protections empêchent de subir les effets négatifs de la pratique radiesthésique :

➠ Lavez-vous les mains et les avant-bras immédiatement après un travail radiesthésique, et prenez une douche en rentrant à votre domicile. La coutume veut, en France, qu'on offre un verre au brave sourcier qui vient de s'épuiser en cherchant l'eau souterraine ! Cette pratique conviviale fait que le sourcier oublie souvent de demander au propriétaire s'il peut aller se laver les mains.

➠ Frottez-vous les mains, les tempes, le front et les vertèbres cervicales avec une pierre brute en ambre jaune, inhalez ensuite son parfum, puis mettez-la dans la poche de votre veste ou de votre pantalon pendant les recherches. Une fois le travail radiesthésique terminé, il faut purifier l'ambre jaune et les instruments en les passant pendant 3 min sous l'eau courante du robinet.

➠ Protégez-vous mentalement, en vous imaginant à l'abri dans une bulle, une espèce de carapace qui permettra de recueillir les informations recherchées tout en empêchant au rayonnement nocif de vous atteindre. Lorsque, pendant l'expertise d'une maison, vous avez l'impression que, au bout d'un moment, la personne qui a demandé l'intervention pompe votre énergie, il suffit d'imaginer et de visualiser un buisson de roses entre elle et vous ; les roses sont belles, sentent bon mais, surtout, elles ont des épines !

➠ Votre nourriture devra être riche en vitamines, en oligo-éléments (si possible de culture biologique), et surtout être très vibratoire. Vous devrez boire beaucoup de tisanes et d'eau minérale à très bonne vibration.

➠ Si vous êtes croyants, prier vous permettra d'élever votre vibration.

➠ Si vous vous sentez fatigué après une pratique radiesthésique, vous pourrez enlacer un arbre (bouleau, châtaignier, érable, épicéa, mélèze, pin, sapin) en le touchant avec le front. Vous pourrez également plaquer votre dos contre l'arbre en appliquant votre main droite sur le plexus solaire et la paume de la main gauche touchant à la fois le bas de votre dos et plaquée contre l'arbre.

➠ N'hésitez pas, dès que vous ressentez une fatigue lors de vos analyses, de vous arrêter aussitôt, car il en va de votre santé.

2. Le principe de la radiesthésie

La radiesthésie est fondée sur le principe qui veut que tout corps émette des radiations. C'est cette discipline qui permet d'interpréter les rayonnements ou radiations invisibles émises par la Terre ou quelque objet exposé à la lumière du soleil et qui, à l'exception des corps radioactifs, échappe aux savants.

La radiesthésie permet, comme son nom l'indique (sensibilité aux rayons), à des personnes hypersensibles de détecter, à l'aide d'un pendule ou d'une baguette, les cours d'eau souterrains, leur profondeur et leur débit. Elle favorise le travail sur plan, et la recherche de ce qui est dissimulé ou enfoui, comme par exemple des objets perdus. D'après une étude faite au début du siècle, 80 % des humains seraient sensibles à la baguette ou au pendule.

Autrefois, on utilisait la radiesthésie pour détecter les maladies, établir des diagnostics, repérer le tracé et la profondeur des gisements de métaux ou du pétrole sous ses trois états – solide, liquide et gazeux –, pour rechercher des trésors cachés, détecter des œufs mâles ou femelles, fécondés ou non, pour retrouver à distance une personne disparue, un objet volé ou un criminel, avec reconstitution du trajet suivi. On l'utilisait également en archéologie.

Actuellement, compte tenu des progrès scientifiques et des appareils et instruments de plus en plus sophistiqués, la radiesthésie n'est plus utilisée que dans la recherche des cours d'eau souterrains, des canalisations, failles, cavités ou anciennes mines. Certains radiesthésistes très doués sont capables de rechercher sur plan des personnes disparues en prenant comme témoin leur photographie. Mais les sourciers radiesthésistes et géobiologues sont de plus en plus sollicités par des agriculteurs et des particuliers qui souhaitent creuser des puits, ou encore par des fermiers de la montagne à la recherche de filets d'eau souterrains et de nouveaux captages. Ils procèdent également à l'analyse géobiologique des terrains avant une construction et à la détection et l'harmonisation des ondes nocives dans les appartements, bureaux, ateliers et maisons.

Les instruments couramment utilisés dans la pratique de la radiesthésie et de la géobiologie sont la baguette et le pendule, l'antenne de Lecher, le lobe-antenne de Hartmann et des cadrans ou graphiques gradués.

Tous les corps minéraux ou vivants émettent des rayonnements ; les astres, les planètes, le Soleil, la Lune, la Terre, les métaux enfouis, le pétrole ou l'eau souterraine ont tous leur propre rayonnement caractéristique.

Déjà en 1852, le docteur Léger, un médecin français habitant à Londres, affirmait que les minéraux, les végétaux, les animaux et, en général, tous les corps de la nature, étaient doués de propriétés rayonnantes spéciales. Puis en 1854, Louis Lucas, chimiste français, reconnaissait que tous les corps de la nature étaient doués d'une puissance rayonnante propre à chaque corps.

Entre 1862 et 1869, c'est au tour du baron de Reichenbach de conclure, après avoir étudié les vibrations des corps, qu'une force était universellement associée à toute matière. À cette force, il donna le nom d'*Od,* terme qui pour lui signifiait « qui pénètre tout ».

À partir de 1900, et cela pendant cinquante années, Louis Turenne, un ingénieur constructeur parisien, fit de très nombreuses découvertes en radiesthésie. Selon lui, la matière émettait des rayonnements horizontaux et verticaux sous l'influence du magnétisme terrestre.

En 1907, Henri Mager certifia que tous les corps, tant minéraux, que végétaux ou animaux, émettaient des radiations.

Le professeur Marcel Boll, lui, pense que tous les solides émettent un rayonnement qui devient visible pour peu que la température soit suffisamment élevée, et qu'à tout rayonnement correspond une onde.

On a longtemps opposé la radiesthésie physique expérimentale à la radiesthésie psychique mentale, même si les deux écoles obtenaient les mêmes résultats.

La troisième école, à laquelle j'adhère, consiste à s'appuyer à la fois sur l'intuition, le raisonnement et l'expérience. À force de me servir d'un pendule et de petits tableaux gradués, par exemple le biomètre de Bovis, je peux établir un diagnostic rapide de la bonne ou de la mauvaise vibration d'une maison, sans même l'avoir analysée à l'aide de ma baguette, de mes antennes en L ou de mon antenne de Lecher. Si un appareil scientifique étalonné, autre que le pendule, permettait de détecter la vibration, l'onde de vie d'une habitation ou d'un lieu de travail, on pourrait facilement comparer les résultats et constater la justesse de la radiesthésie.

Quoi qu'il en soit, depuis que les planchers des maisons ne sont plus, comme autrefois, isolés au niveau tellurique par des scories ou du torchis, on continue malheureusement de construire des maisons ou des immeubles dans des lieux souvent géopathogènes, et on ne se décide à faire appel au sourcier ou au géobiologue qu'au bout de quelques années, souvent à la suite d'un grave problème de santé.

3. Les instruments habituels des sourciers et leur utilisation

a) La baguette de sourcier

Pour pratiquer l'art du sourcier selon la méthode ancestrale, coupez une fourche en coudrier, noisetier, saule ou amandier, selon la région où vous habitez, et taillez-la pour obtenir la forme d'un V majuscule. Les branches souples mesureront environ 40 cm de long, et le bout dépassera d'une dizaine de centimètres de long ; la fourche et le bout formeront un Y.

Le sourcier, qui aura saisi sa baguette fermement entre ses deux mains, va avancer sur le terrain en formant un V. Il va progresser lentement, en exerçant une légère pression pour maintenir sa baguette en équilibre instable parallèle au sol, les doigts fermés, les paumes tournées vers le haut. Lorsqu'il passera à la verticale d'une rive ou d'un cours d'eau souterrain, sa baguette réagira : elle va se relever et rester relevée tant que le sourcier marchera au-dessus du cours d'eau souterrain, et elle s'abais-

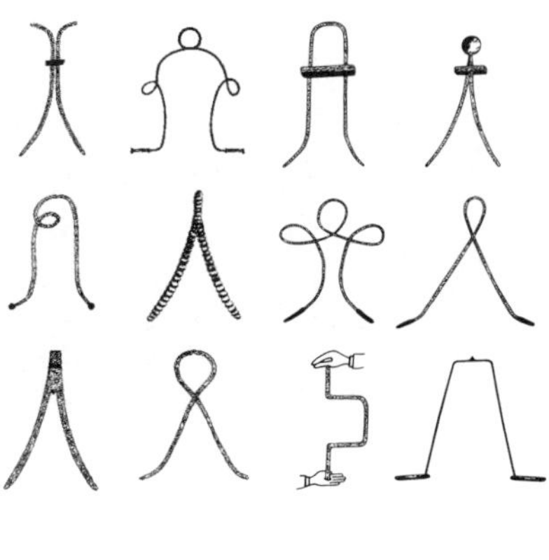

Anciennes baguettes de sourcier.
Dessin Jean-Marie Renckly.

sera dès qu'il aura franchi la rive. Il ne lui restera plus alors qu'à planter des piquets qui lui permettront de déterminer la largeur de la rive. En effet, un bon sourcier peut déterminer les rives d'un cours d'eau, sa largeur, le sens de son courant, sa profondeur ainsi que son débit.

La fourche en coudrier était, comme nous l'avons précisé, le matériau favori des anciens sourciers. De nos jours, cette baguette de sourcier est taillée dans d'autres matériaux : en fanons de baleine, en acier, en laiton ou en plastique. Depuis une quinzaine d'années, on utilise aussi avec succès une baguette qui comporte des repères en couleur indiquant, par moyen mémotechnique, les différents rayons telluriques recherchés, selon que le petit doigt effleure telle ou telle couleur.

Sur cette baguette, dont les deux branches mesurent 50 cm de long et 5 mm de diamètre, et dont les deux brins sont reliés par un embout en aluminium, chaque branche a une indication précise :

➠ La branche gauche comporte un repère brun (qui correspond à une faille, à un souterrain ou à une cavité), un repère bleu (qui

Recherche d'un cours d'eau souterrain lors d'un séminaire à Soultz-Haut-Rhin.

Comment tenir la baguette de sourcier. Méthode française de rhabdomancie.
Abbé de Vallemont : La Physique occulte *(Paris ; 1693).*

représente le début de la rive), un repère vert (qui indique la ligne de force du passage de l'eau souterraine).

➠ La branche droite comporte un repère blanc (qui correspond au passage à la verticale d'un rayon tellurique Wissmann), un repère rouge (indiquant un rayon Curry) et un repère jaune (représentant un rayon Hartmann).

La baguette de sourcier n'émet aucun « signal » sur l'eau dormante, ni sur l'eau qui coule (rivière ou canalisation étanche). Les cours d'eau souterrains font naître des potentiels électrocinétiques qui vont faire circuler, dans la terre, des courants électriques et créer un très faible champ magnétique. Certains dispositifs peuvent enregistrer ces variations. Le sourcier, qui possède naturellement en lui un tel dispositif, est sensible aux très faibles variations du champ magnétique terrestre quand il passe d'une zone neutre à une zone perturbée située à la verticale d'un cours d'eau souterrain.

Le même phénomène expliquerait pourquoi les sourciers d'antan trouvaient les veines de minerai de métal : comme les veines d'eau souterraines, elles sont souvent associées à des failles géologiques ou à des zones de fracture du sous-sol et,

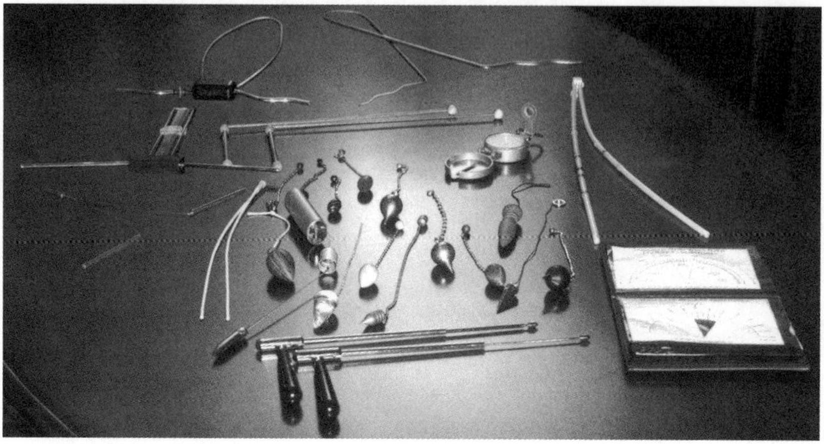

Les instruments du sourcier.

comme elles, elles vont créer un très faible champ magnétique que le sourcier détectera.

b) Le pendule

Le pendule, instrument de détection sensible aux rayons telluriques, est utilisé depuis la plus haute antiquité. Les pendules, trouvés lors des fouilles effectuées dans les pyramides et sur les sites où vécurent des peuples de l'Antiquité, ont été classés parmi les objets rituels ou les objets ayant rapport avec la magie.

Le pendule est une petite boule en bois, en métal ou en pierre, suspendue à une ficelle ou à une chaînette, que le radiesthésiste tient entre le pouce et l'index, de 10 à 15 cm de long. Depuis la fin du XVIIIe et le début du XIXe siècle, le pendule a suscité un regain d'intérêt et, en 1936, existaient trois mille modèles de pendules.

Les radiesthésistes français célèbres du début du XIXe siècle utilisaient parfois des pendules originaux :

➠ M. Armand Viré avait fabriqué un pendule avec une boule d'ivoire.
➠ M. Duverny utilisait une breloque d'or sphérique.
➠ Le docteur Jules Regnault se servait d'un pendule composé d'une ampoule contenant du mercure.
➠ Le chanoine Lucchini se servait, lui, d'un pendule fait d'une tige de métal.
➠ M. Larvaron avait créé un pendule en bois peint noirci à l'encre de Chine contenant un enroulement métallique de 20 cm.
➠ Le pendule de Mme Mersseman, dit « pendule magique », était constitué de cinq ou six pièces de nickel attachées ensemble par un fil ordinaire ou d'acier.
➠ Le célèbre pendule creux de l'abbé Mermet était fabriqué en métal, avec un chapeau qu'on pouvait dévisser pour y introduire un échantillon témoin d'eau, d'or, etc. De nos jours, le pendule creux de l'abbé Mermet est fabriqué en matière plastique noire.
➠ L'abbé Ferran utilisait un pendule à poids variable, qui comportait un plateau de balance sur lequel il plaçait des poids.
➠ M. Pitois, ingénieur de l'aéronautique, avait confectionné un pendule avec un fil de fer malléable enroulé sur une aiguille à tricoter de façon à obtenir une spirale.
➠ M. Voillaume se servait d'un pendule noir réglable ressemblant à une règle à calculer verticale. Selon lui, chaque millimètre de la règle correspondait à une raie du spectre solaire, ce qui permettait d'établir un meilleur contact avec les ondes et les radiations radiesthésiques.

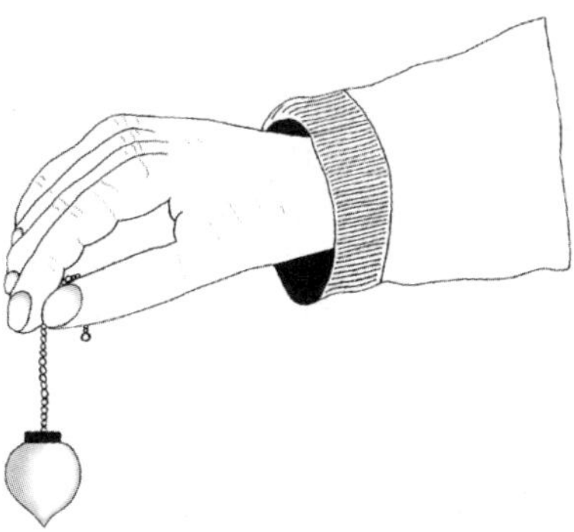

Comment tenir le pendule.
Dessin Marc Landspurg.

- Pour détecter les cavités et les souterrains, le vicomte Henry de France et M. Lacroix-à-l'Henry se servaient de pendules faits avec un fil suspendu à des ampoules électriques.
- Léon et Armelle de Bélizal utilisaient des pendules sphériques sur lesquels étaient peints les symboles chinois du Yin et du Yang.
- Le commandant en second du paquebot Normandie avait inventé son propre pendule qui ressemblait à un étrier renversé « Pendule EMPA » (ÉlectroMagnétique Paul Augarde).
- M. Treyre se servait d'un pendule sphérique muni de branches comme une étoile tandis que Alfred Lambert et Jean-Pol de Kersaint utilisaient des pendules sphériques.

Dans la pratique, le sourcier tient le pendule entre le pouce et l'index, de la main droite pour les droitiers, de la main gauche pour les gauchers, et garde ce qui reste de la chaînette ou de la ficelle enfermé dans la main par les trois autres doigts. Pour obtenir une réponse rapide, l'espace qui sépare la partie supérieure du pendule du pouce et de l'index doit correspondre à la largeur de trois doigts.

Voici trois méthodes pour détecter un cours d'eau souterrain avec un pendule :

- Les radiesthésistes avancent sur le terrain en faisant osciller volontairement leur pendule. Quand ils arrivent au-dessus du cours d'eau souterrain, leur pendule cesse d'osciller pour tourner en indiquant le sens du courant.
- Une autre méthode consiste à avancer sur le terrain en tenant le pendule entre le pouce et l'index, le bras plié ou tendu, et à surveiller le moment où le pendule va se mettre à tourner. Normalement, quand il se trouve à la verticale de la veine d'eau souterraine.
- Le radiesthésiste peut aussi avancer en faisant tourner le pendule volontairement de la main droite et en plaçant la main gauche 10 cm en dessous de la main droite, paume tournée vers le haut.

Lorsqu'il passe au-dessus d'une veine d'eau souterraine, le pendule s'arrête de tourner, puis il tourne dans le sens contraire.

En pratique, il vaut mieux se servir de la baguette de sourcier, des antennes en L ou de l'antenne de Lecher pour faire des recherches sur un terrain agricole d'une grande superficie. Quelques sourciers de campagne se servent encore d'un pendule ou d'une montre à gousset pour détecter les cours d'eau souterrains.

c) Les antennes en L

Le sourcier peut détecter une veine d'eau souterraine à l'aide de deux antennes en forme de L. Ces antennes sont fabriquées avec deux tiges en laiton, courbées en angle droit, avec un côté deux fois plus long que l'autre (20/10, 24/12, 30/15, etc.)

En pratique, le sourcier avance lentement sur le terrain en tenant le côté court des antennes en L dans ses mains, les poings fermés, les branches longues parallèles entre elles et

Recherche d'une rive d'un cours d'eau souterrain à l'aide de deux antennes en L.
Les antennes utilisées sont constituées de deux tiges en laiton courbées en angle droit, qui pivotent autour d'un tube creux en cuivre d'un diamètre légèrement supérieur. Les parties verticales en cuivre, tenues entre les mains, restent fixes alors que les tiges à angle droit en laiton sont mobiles autour de l'axe.

parallèles au sol. La distance qui sépare les deux mains est généralement de 30 cm. Quand le sourcier arrive à la verticale des rives d'un cours d'eau souterrain, les antennes en L se referment.

Sur les chantiers, les sourciers amateurs se servent souvent, pour repérer un cours d'eau souterrain, un tuyau enterré ou un câble électrique souterrain, de deux électrodes pour soudure à âme, en fer ou en acier, qu'ils auront pris soin de courber en antennes en L.

d) L'antenne de Lecher

Les géobiologues utilisent une règle-antenne graduée de Lecher, constituée d'une réglette graduée de 0 à 20 cm et munie d'un curseur mobile et de deux petits bras en laiton ayant juste la largeur des mains. La réglette, en matière plastique, est entourée d'un petit tube en laiton creux. La réglette ainsi que son support en laiton sont solidaires avec un petit bloc en plastique dans lequel on peut visser les deux petits bras en laiton.

L'antenne de Lecher a été élaborée par le physicien allemand Reinhard Schneider, qui a tenu compte des découvertes de l'ingénieur autrichien Lecher. Elle est conçue de telle sorte que le courant électrique, produit par la faible différence de potentiel qui existe entre les deux mains, aussi faible soit-il, puisse passer entre les petits bras par l'intermédiaire du support et du curseur en laiton.

Après avoir réglé le curseur sur la graduation correspondant à la recherche du petit réseau global ou réseau Hartmann (6,10 ou 12,20 cm), le géobiologue avance sur le terrain en tenant dans ses mains les petits bras de la règle-antenne de Lecher, la réglette étant parallèle au sol. Quand il arrivera à la verticale des murs invisibles du réseau, la règle-antenne réagit en s'abaissant ou en montant. Il procédera de la même façon en passant à la verticale du petit réseau diagonal ou Curry (6,90 ou 13,90 cm), du grand réseau global Benker (9,40 à

9,55 cm avec une réaction tous les 10 m), d'une canalisation d'eau (7,20 cm), du grand réseau diagonal ou Wissmann (8,20 cm) ou du réseau de la foudre (4,10 cm).

Si le géobiologue passe à la verticale des rives d'un cours d'eau souterrain (position du curseur 9,20 cm) ou à la verticale de son centre, appelé «point fort» (position du curseur 7,8 cm), la règle-antenne de Lecher réagit en s'abaissant ou en montant, comme elle le fait quand elle passe au-dessus d'une rive, d'une cavité, d'une mine ou d'un souterrain (position du curseur 10,6 cm), ou au-dessus de leur point central (position du curseur 8,50 cm) ou d'une faille (position du curseur 7,4 cm).

Certaines sources de guérison se vérifient en positionnant le curseur de l'antenne de Lecher sur 8,20 cm ou 8,40 cm et en introduisant le fil de fer aimanté et peint en rouge du côté positif, dans le bras de l'antenne qu'on tient dans la main droite. Si l'antenne réagit, c'est que l'eau souterraine a une giration à droite. Dans les églises templières, on vérifie si l'eau souterraine tourne à droite en positionnant le curseur sur 8,20 cm,

Mesures radiesthésiques près du menhir de Raon-l'Étape (Vosges) par un sourcier-géobiologue à l'aide de l'antenne de Lecher.

8,35 cm ou 8,40 cm. Dans une église, les cours d'eau souterrains qui se croisent au niveau du chœur doivent avoir une giration à droite, position du curseur 3 cm ou 7,40 cm. Un ancien lieu de sacrifice celtique se mesure en plaçant le curseur sur 6,30 cm, les lieux druidiques en plaçant le curseur sur 8,60 cm. Certaines sources salées et les cercles de pierre, ou cromlechs, se mesurent en plaçant le curseur sur 8,40 cm. Les limites d'un lieu sacré se mesurent en positionnant le curseur sur 12,20 cm et en introduisant la tige aimantée dans le bras droit de la règle-antenne, le côté positif vers l'extérieur. Les cancers se mesurent en réglant le curseur sur 4,50 ou 4,6 cm et en plaçant la tige aimantée dans le bras gauche de la règle-antenne.

CHAPITRE IV

Les différentes méthodes de recherche

1. La recherche des sources par l'observation ou à mains nues

L'art du sourcier consiste à détecter les cours d'eau souterrains, à indiquer la profondeur à laquelle il faudra creuser pour les atteindre, ainsi que leur débit.

Recherche d'un cours d'eau souterrain par un sourcier opérant à mains nues et confirmation par l'antenne de Lecher.

En observant leurs champs, les paysans repèrent les endroits où l'herbe pousse toujours plus verte qu'ailleurs, dont ils savent très bien qu'ils se trouvent souvent à la verticale d'un cours d'eau souterrain. Un bon sourcier arrive à détecter les passages d'un cours d'eau souterrain uniquement en observant l'environnement. Si, sur un terrain, poussent des ronces, des chardons, des orties, des joncs, des églantiers, des saules, des peupliers ou des sureaux (sur eau), il sait que là se cache sûrement un filet, une poche ou un passage d'eau dont ces plantes révèlent l'existence. S'il analyse ensuite le terrain à l'aide de sa baguette, elle lui confirmera ses premières suppositions. L'observation attentive de la nature ne trompe jamais. En montagne, par exemple, on découvrira les minces filets d'eau aux endroits où pousseront des églantiers, des joncs, des arbres vrillés et tordus ou des sureaux.

Ancienne gravure de Nuremberg du XVe siècle.
Le sourcier détecte le cours d'eau souterrain à mains nues tandis que sa femme matérialise l'endroit par une flèche.
Ulrich Molitor : De Laniis et phitonicis mulieribus.

Recherche de l'eau par l'observation.
De Architecture *(de Vitruvius ; 1543).*

Certains sourciers de campagne opèrent encore à mains nues. Ils procèdent comme leurs ancêtres, en avançant sur le terrain bras et main tendus, les doigts de la main joints, la paume tournée vers le sol, et ils ressentent comme des picotements quand ils arrivent à la verticale d'un cours d'eau souterrain.

2. La recherche à l'aide de matériel spécifique

a) La recherche des rives, du sens, de la profondeur et du débit d'un cours d'eau souterrain

Rechercher des rives

Le sourcier peut déterminer la largeur d'un cours d'eau souterrain à l'aide de la baguette ou des antennes en L. Si le cours d'eau principal vient des montagnes situées à l'ouest par exemple, il va marcher sur le terrain du nord vers le sud et repérer les endroits où la baguette réagit et où les antennes se ferment. Matérialiser ces points avec des piquets, lui permet de trouver la ligne imaginaire qui lui indiquera un des deux bords du cours d'eau souterrain. Tant qu'il marchera au-dessus de ce courant, la baguette réagira et restera relevée. Elle s'abaissera dès qu'il arrivera à la fin de la rive.

Dans la pratique, les géobiologues utilisent une baguette en plastique avec des repères en couleur pour chercher un cours d'eau souterrain, une cavité, une faille géologique ou les réseaux telluriques Hartmann, Curry ou Wissmann. Ils avancent sur le terrain en tenant cette baguette entre leurs deux mains et en exerçant une légère pression pour la maintenir parallèle au sol. La baguette a une longueur de 50 cm ; ses deux bras sont gradués par des anneaux en couleur.

Si le sourcier avance les mains fermées, le petit doigt venant effleurer l'anneau bleu situé, par exemple, à 33 cm du bout de la fourche, sa baguette se relève dès qu'il arrive à la verticale de la zone d'influence du cours d'eau souterrain, la rive. S'il veut affiner sa recherche et trouver la ligne de force du courant, il ten-

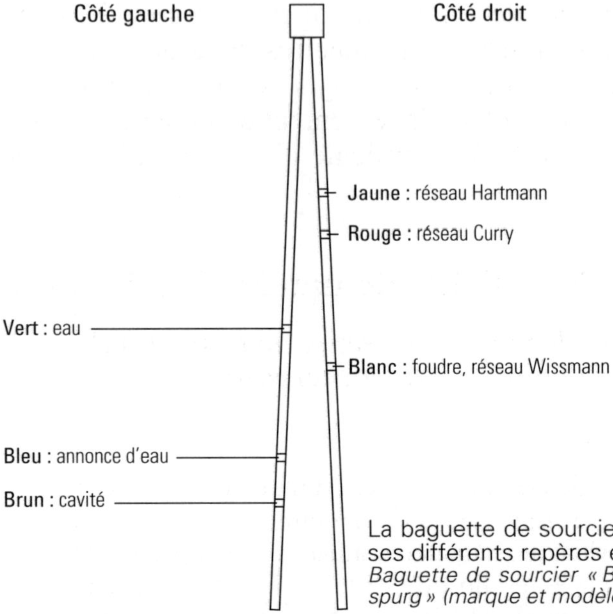

La baguette de sourcier en plastique avec ses différents repères en couleur.
Baguette de sourcier « Biorad Système Landspurg » (marque et modèle déposés).

dra la baguette entre les mains, le petit doigt venant effleurer l'anneau vert situé à 27,5 cm de l'extrémité de la fourche. S'il avance à nouveau sur le terrain et exerce une légère pression sur les deux bras de la baguette, qu'il tient écartée et parallèle au sol, le sourcier la verra se relever quand il arrivera à la verticale de la zone d'influence, où il ressentira l'intensité maximale du cours d'eau souterrain. Il devra matérialiser cet endroit par un piquet. S'il veut déterminer avec plus de précision la largeur du cours d'eau souterrain, le sourcier arpente le terrain du sud vers le nord et repère à nouveau les endroits où la baguette réagit. Quand il aura placé la deuxième série de piquets, il aura matérialisé les deux bords de la rive et la largeur de la veine.

Une fois repérée la ligne de force du cours d'eau souterrain à l'aide de la baguette en plastique graduée (repère vert), il placera une troisième série de piquets qui lui donnera une indication précise de la zone où il faudra creuser ou forer pour trouver l'eau souterraine.

Pour trouver un croisement de cours d'eau souterrain, le sourcier arpente le terrain dans l'autre sens. Cette fois-ci, il marchera d'est en ouest et d'ouest en est pour placer les piquets et repérer la largeur de l'éventuel cours d'eau souterrain qu'il aura repéré. Après avoir pris ses repères en mettant les piquets et trouvé la deuxième ligne de force orientée nord-sud, il trouvera le croisement situé à la verticale des deux lignes de force des deux cours d'eau souterrains, endroit qu'il matérialisera par un gros piquet qui servira de repère au foreur.

Nous avons pu constater qu'en tenant des antennes en L, qui peuvent pivoter sur leur axe au-dessus du gros piquet, elles tournent de gauche à droite. Cette rotation, dépendante de l'intensité de la force montante tellurique générée par le cours d'eau souterrain, dépend d'une part du magnétisme du sourcier, d'autre part du débit du cours d'eau souterrain. Ce sont ces points de croisement que détectent en général les sourciers qui opèrent à mains nues.

Le sourcier utilise les antennes en L pour trouver ou confirmer la largeur de la rive.

Quand il avance sur le terrain en tenant entre ses mains les antennes en L parallèles au sol, et parallèles entre elles, il doit mettre les piquets à l'endroit où les antennes en L se ferment. En général, il s'arrête de marcher là où les antennes en L se ferment, et une tierce personne matérialise l'endroit en mettant un piquet devant les pieds du sourcier.

Pour ma part, j'utilise ce genre d'antennes pour confirmer la largeur de la rive, que j'ai trouvée au préalable à l'aide de la baguette.

Déterminer le sens d'un cours d'eau

Pour chercher le sens du cours d'eau souterrain, le sourcier adoptera une convention mentale. Il admettra mentalement que la baguette réagit ou que les antennes en L se ferment quand il remonte le courant, et que la baguette reste immobile ou que les antennes restent parallèles et immobiles quand il descend le courant.

Dans la pratique, savoir au départ dans quel sens coulent les rivières dans la région permet d'avoir déjà une première idée.

Déterminer la profondeur de la veine souterraine

Pour chercher mentalement la profondeur de la veine souterraine, le sourcier se place sur sa ligne de force (repère vert) et, dès que la baguette commence à réagir, il la retient, puis il tape lentement du pied en comptant mentalement la profondeur de la veine en mètres : 1, 2, 3, etc. Quand la baguette réagit, il garde en tête le chiffre obtenu, et il lui suffit alors de retrancher 1 m, qui correspond approximativement à la hauteur qui sépare le sol de la baguette, du nombre obtenu pour déterminer la profondeur de la veine. Le sourcier amateur peut s'entraîner à cette méthode en s'exerçant près d'un puits déjà foré dont la profondeur de la veine d'eau souterraine est connue.

Calculer le débit d'un cours d'eau

Pour calculer mentalement le débit d'eau souterrain dont il aura déterminé la largeur, le sens et la profondeur, le sourcier se place à l'aplomb de la veine sur la ligne de force, face au sens d'écoulement du courant et il demande mentalement : « Le courant

Quand le sourcier arrive à la verticale d'une rive d'un cours d'eau souterrain les antennes en L se ferment. Le sourcier s'arrête et matérialise l'endroit en plaçant un piquet devant son pied.

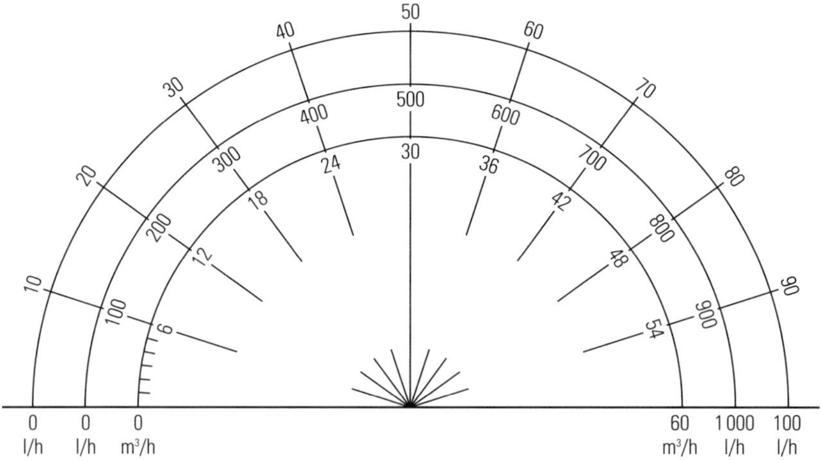

Le débit du cours d'eau souterrain est de . . . . . l/h ou de . . . . . m³/h.

a-t-il un débit supérieur à 1 m³/h ? » si la baguette réagit, il pose mentalement la question : « Quel est le débit de ce cours d'eau souterrain ? » et il compte en tapant du pied 2, 2, 3, 4, 9, etc. Quand la baguette réagit, le chiffre obtenu indique le débit en mètre cube par heure.
Si, au départ, la baguette réagit à la question : « Ce courant a-t-il un débit inférieur à 1 m³/h ? » le sourcier effectue la même opération en comptant 100 l/h, 200 l/h, 300 l/h, etc.
Nous avons mis au point un graphique gradué de 0 à 100 l/h, 0 à 1 000 l/h et 0 à 60 m3/h. Pour calculer mentalement le débit d'un cours d'eau souterrain à l'aide d'un pendule et d'un graphique, le sourcier se place sur la ligne de force, face au courant, et effectue ses mesures en lançant le pendule sur les graduations, indiquant le débit en litres par heure ou en mètres cube par heure, en partant du centre du demi-cercle. Il note ensuite le chiffre sur lequel le pendule se met à tourner. Bien entendu, il faut être très sûr de soi et avoir déjà beaucoup d'expérience pour annoncer le débit à un agriculteur ou à un particulier.
Avant de faire analyser l'eau de son puits en laboratoire, l'agriculteur peut également demander au sourcier s'il a une idée sur

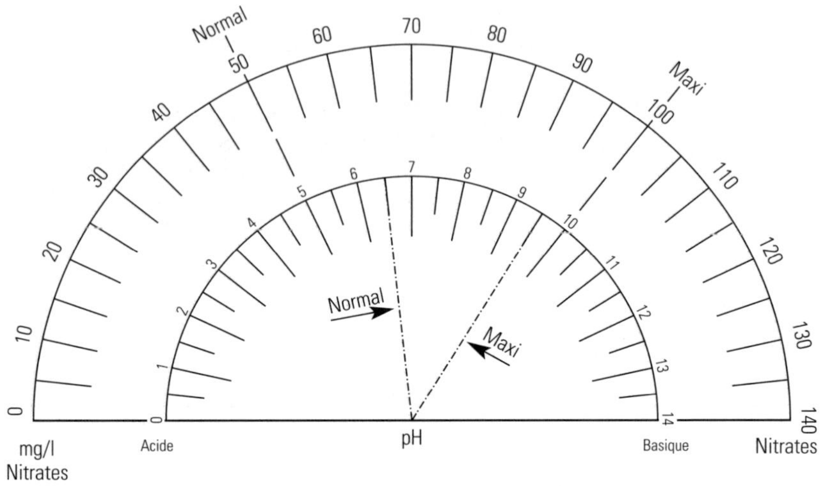

Le pourcentage de nitrates de cette eau est de . . . . .
Le pH de cette eau est de . . . . .

le pourcentage de nitrates ou le pH de l'eau. Le sourcier se servira alors de son pendule et du graphique ci-après pour lui donner une première estimation.

b) La recherche des failles souterraines et cavités

Pour rechercher une cavité ou une faille géologique à l'aide d'antenne en L, le sourcier avance sur le terrain, l'antenne entre les mains, les poings fermés se touchant et les côtés longs restant parallèles entre eux et parallèles au sol. Quand il arrive à la verticale d'une cavité, d'un puits, d'une canalisation ou d'un souterrain, les antennes en L s'ouvrent, comme quand il passe au-dessus d'une faille géologique.

Il peut également détecter une cavité avec une baguette en plastique non graduée. Dans ce cas, il avance sur le terrain en tenant sa baguette, le petit doigt venant effleurer l'anneau brun distant de 37,5 cm de l'extrémité de la fourche. Une fois au-dessus de la cavité, la baguette en plastique se relève ou s'abaisse. Pour confirmer cette mesure radiesthésique, le sourcier peut marcher à nouveau au-dessus de l'endroit où il a obtenu le signal radiesthésique de la cavité en se servant des antennes en L, qui s'ouvriront dès qu'il arrivera à la verticale de la cavité.

Si le sourcier se sert de la baguette graduée en plastique, il avance sur le terrain, les mains fermées, le petit doigt de la main gauche venant effleurer l'anneau brun distant de 31 cm de l'extrémité de la fourche. Comme pour la baguette en plastique non graduée, la baguette s'abaisse ou se relève lorsqu'il se trouve à la verticale d'une faille géologique.

Comme nous l'avons indiqué précédemment (cf. p. 72-73), pendant la guerre du Viêt Nam, les fusiliers marins américains, les *marines,* utilisaient les antennes en L pour détecter les cavités servant de caches aux soldats qu'ils combattaient. Cette méthode leur a permis de localiser de nombreuses caves ainsi que des mines enterrées. Étant donné que le principe scientifique de cette méthode n'était pas connu, elle fut abandonnée

Recherche d'une faille géologique à l'aide des antennes en L
derrière la chapelle de l'Oelberg à Westhalten (Haut-Rhin).

Recherche d'une cavité sur un ancien site archéologique romain à l'aide des antennes en L et matérialisation avec des piquets.

par l'État Major américain. Vous pourrez fabriquer vous-même des antennes analogues pour trouver des souterrains. Il vous suffira de respecter les proportions en prenant des tiges de laiton de 3 mm de diamètre et de tenter l'expérience. Vous saurez ainsi si vous avez du magnétisme.

Les antennes en L utilisées par les Sumériens il y a 4000 ans pour détecter l'eau souterraine sont les mêmes que celles dont on se sert aujourd'hui, dans nos sociétés hautement technologiques.

Pour la détection d'une faille géologique à l'aide d'antennes en L, la technique est la même que pour la recherche d'une cavité.

3. Les clochers tors et cours d'eau souterrains

Il existe en France trente-cinq clochers tors (tordus) répertoriés et connus. L'explication de ce phénomène, donnée par la majorité des personnes qui se sont penchées sur ce pro-

Le clocher tors de Niedermorschwihr (Haut-Rhin).

blème, est que les flèches de ces clochers ont pu se tordre parce que, lors de la construction, les charpentes étaient insuffisamment renforcées et ancrées et que les ardoises de l'époque étaient lourdes.

Pour ma part, j'ai analysé le clocher tors de Niedermorschwihr dans le Haut-Rhin, et j'ai pu constater qu'il était placé sur le croisement de deux rivières souterraines dont les rives se trouvent exactement sous les bases du clocher, avec le point de croisement du courant sous la pointe de la flèche. La plupart des églises sont bâties sur deux cours d'eau souterrains principaux qui se croisent au niveau du chœur et, dans ce cas précis, les deux principaux cours d'eau souterrains passent et se croisent sous le clocher (cf. la carte de France des clochers tors page suivante).

Nous verrons, un peu plus loin, que les arbres placés sur des croisements de cours d'eau souterrains se vrillent et se tordent, comme s'ils voulaient éviter et échapper aux forces qui passent en dessous.

On trouve également trois clochers tors en Grande-Bretagne (Chesterfield, Cleobury et Barnstaple), trois en Suisse (Payerne,

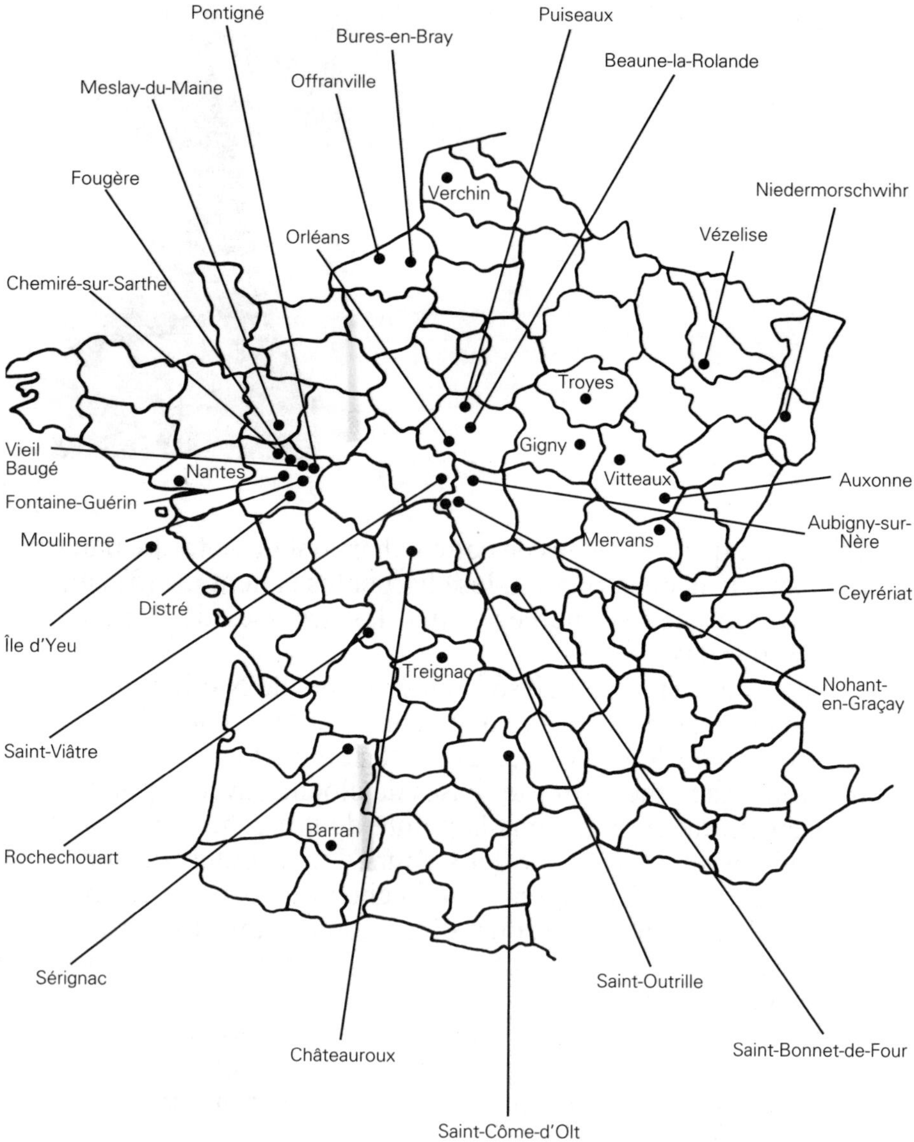

La carte des clochers tors en France.

Stein am Rhein et Davos). En Autriche, on a répertorié huit clochers tors, à Zell am Ziller, Alpbach, Mayrhofen, Oetz, Virgen, Lienz, Wagrain et Bad Ischl. En Allemagne, on a répertorié dix-neuf clochers tors, à Sandstedt, Alverdissen, Stoltzenau, Burgwedel, Hausberg, Lemgo, Heiden, Northeim, Duderstadt, Uslar, Delbruck, Soest, Mulheim, Dusseldorf, Ballstadt, Breidenbach, Munzenberg, Mayen et Kaysersesch.

4. La recherche à l'aide du pendule et des graphiques radiesthésiques

Pour effectuer ses mesures radiesthésiques, on peut utiliser un pendule et un graphique. Les résultats obtenus seront beaucoup plus fiables que si l'on effectue des recherches mentalement, en attendant les réponses par les girations du pendule et en lui posant des questions.

Un bon radiesthésiste peut se servir de n'importe quel graphique ou tableau de mesure, pour peu qu'il soit bien échelonné. Pour faire des mesures radiesthésiques à l'aide d'un graphique et d'un pendule, il faut se placer devant le graphique, généralement formé par un demi-cercle gradué ou comportant des indications, et se tourner vers le nord magnétique indiqué par la boussole pour effectuer les mesures.

Comme d'habitude, il faut tenir la ficelle ou la chaînette du pendule entre le pouce et l'index, de la main droite pour les droitiers et de la main gauche pour les gauchers, et garder ce qui reste de la ficelle ou de la chaînette enfermée dans le creux de la main avec les trois autres doigts. Au départ, donner une légère impulsion au pendule en le faisant osciller du nord vers le sud, et observer vers quelle indication, ou chiffre, il va s'orienter.

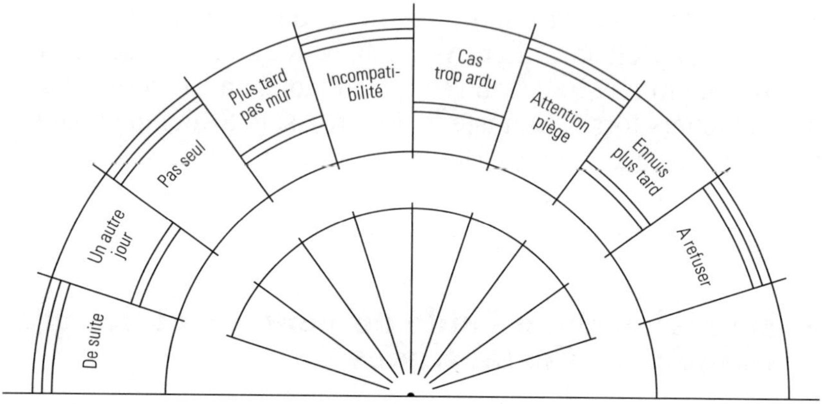

Démarche préalable de l'utilisateur du pendule :
« Puis-je entreprendre cette étude ? »

Sur le graphique ci-dessus, vous trouvevez des indications qui vous prouveront si vous êtes physiquement et mentalement prêt pour effectuer vos propres mesures radiesthésiques. Si vous demandez à votre pendule : « Puis-je entreprendre cette étude ? » et qu'il se dirige vers la mention « de suite », vous saurez que vous pourrez commencer votre expérience.

Pour effectuer vos mesures radiesthésiques en vous servant de n'importe quel graphique de cette deuxième partie, placez-vous face au nord magnétique en vous servant de la boussole puis, après avoir fait le vide mentalement, lancez votre pendule du sud vers le nord en partant du centre du demi-cercle.

Dès que le pendule s'arrête sur une position, repérez le chiffre ou l'indication et notez le résultat obtenu. Vous pourrez ainsi effectuer, par exemple, l'analyse géobiologique d'une maison, l'étude vibratoire d'un haut lieu ou encore l'analyse de la vibration d'un aliment ou d'une boisson. C'est une méthode vraiment très fiable et efficace.

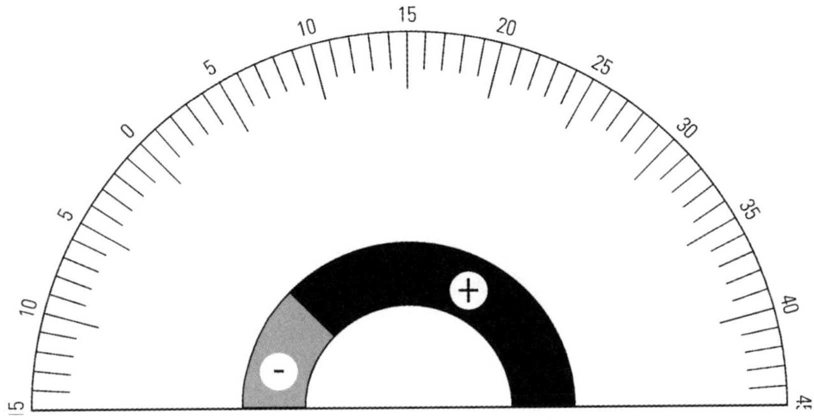

Quelle est la température de... ?

Mesure radiesthésique à l'aide d'un pendule et d'un graphique, en partant du centre du demi-cercle.

Se servir très souvent des graphiques donne une certaine assurance. Vous pouvez vous exercer, lors de vos premiers travaux pratiques en radiesthésie, à vous servir d'un graphique pour connaître la température d'un lieu, et vérifier ensuite avec un thermomètre si ce que vous avez trouvé à l'aide de votre pendule correspond bien à la température indiquée.

CHAPITRE V

Comment mesurer et analyser les vibrations ?

1. La vibration d'un lieu d'habitation, de loisir et de travail

Notre planète la Terre est sous l'influence des rayons lumineux et infrarouges ainsi que sous l'influence des rayons cosmiques et extragalactiques. Ces micro-ondes venant du cosmos sont des ondes électromagnétiques dont la fréquence se calcule en gigahertz (un milliard de vibrations par seconde) et sont mesurables en angströms[1].

Pour mesurer la vibration d'un lieu de vie, la plupart des radiesthésistes se servent d'une règle graduée de 0 à 14 000 unités – la règle de Bovis.

Ces unités mesurables au pendule trouvent leur équivalence en physique dans les unités angströms.

1. Angström : Anders Jonas (Lögdö 1814 – Uppsala 1874), physicien suédois et spécialiste de l'analyse spectrale, a déterminé les limites du spectre visible. 1 angström = 1 dix millionième de millimètres (1 Å = 1/10 000 000 mm).

Antoine Bovis[2] a inventé cette règle graduée de 0 à 9 000 sur les conseils de son ami André Simoneton, ingénieur électricien[3] pour mesurer la vibration des aliments et des lieux.

Dans son tableau, Antoine Bovis a classé la radioactivité nocive pour les tissus humains entre 0 et 3 000 angströms, la radioactivité insuffisante à la vie mais utile entre 3 000 et 6 200 angströms et la radiovitalité indispensable à la santé entre 7 600 et 9 000 angströms.

La lumière visible du spectre solaire se mesure entre 4 100 et 6 500 angströms. Un angström équivaut à un dix millionième de millimètre : 1 Å = 1/10 000 000 mm. Vous trouverez ci-contre le tableau des ondes électromagnétiques, la nature des ondes et rayons, les symboles et l'utilisation ainsi que les longueurs d'ondes et les fréquences correspondantes. Le second tableau, élaboré par André Simoneton et Antoine Bovis, indique les ondes connues avec la situation des ondes relatives à l'hypothèse sur la vie.

Pour notre part, nous avons opté pour un graphique constitué d'un demi-cercle gradué de 0 à 14 000 unités Bovis pour mesurer les lieux de vie et d'un autre gradué de 0 à 36 000 unités Bovis pour mesurer la vibration des aliments et boissons (cf. p. 119).

Pour comparer la vibration des lieux d'habitation ou des lieux de travail, nous nous servons donc du demi-cercle gradué de 0 à 14 000 unités Bovis et l'orientons vers le nord magnétique. Depuis l'éclipse solaire du 11 août 1999, depuis l'alignement des planètes, depuis que la Lune était très proche de notre Terre, à savoir le jour du solstice d'hiver de l'année 1999, depuis la tempête du 26 décembre 1999, nous avons pu constater que la vibration des lieux de vie avait *légèrement* augmenté et que celle des hauts lieux d'énergie *fortement* augmenté.

---

2. Quincaillier niçois et chercheur physicien radiesthésiste, décédé à Nice vers 1935.

3. École Bréguet à Paris (promotion 1912-1914).

TABLEAU DES ONDES ÉLECTROMAGNÉTIQUES			
Symboles et rayons	Nature des ondes Utilisation	Longueur d'onde	Fréquence F
Courant continu de fréquence nulle	Courants industriels Batteries piles	Champ statique	
ELF *(Extremely Low Frequency)*	Fréquences extrêment basses Fins militaires	Supérieure à 10 000 km	Inférieure à 30 Hz
VF *(Voice Frequencies)*	Fréquences audibles Télécommunications	Supérieure à 1000 km	Inférieure à 300 Hz
SLF *(Super Low Frequencies)*	Super basses fréquences	10 000 à 1000 km	30 Hz à 300 Hz
ULF *(Ultra Low Frequencies)*	Ondes ultra longues	300 km	1 000 Hz
VLF *(Very Low Frequencies)*	Très basses fréquences Sons audibles, écrans vidéos, radiodiffusion grandes ondes	100 à 10 km	3 kHz à 30 kHz
LF *(Low Frequencies)*	Basses fréquences Ultrasons de 1 000 à 2 000 m Radiodiffusion grandes ondes	10 à 1 km	30 kHz à 300 kHz
MF *(Medium Frequencies)*	Moyennes fréquences Radiodiffusion ondes moyennes, détecteurs de victimes d'avalanche, détection antivol	1 000 à 100 m	300 kHz à 3 MHz
HF *(High Frequencies)* UF *(Universal Frequencies)* SW *(Shortwave)*	Haute fréquence Fréquence universelle Fréquence courte Communications internationales, radiodiffusion ondes courtes, téléphones sans fils	100 à 10 m	3 MHz à 30 MHz
VHF *(Very High Frequencies)*	Très hautes fréquences, ondes très courtes Radio, télévision, radars militaires métriques, FM	10 à 1 m	30 MHz à 300 MHz

1 µm = 1 micromètre = 10^{-6} mètres
1 nm = 1 nanomètre = 10^{-9} mètres
1 Å = 1 angström = 10^{-10} mètres
1 pm = 1 picomètre = 10^{-12} mètres
1 fm = 1 femtomètre = 10^{-15} mètres

1 Hz = 1 hertz
1 kHz = 1 kilohertz = 1 000 Hz = mille hertz
1 MHz = 1 mégahertz = 1 000 000 Hz = 1 million de hertz
1 GHz = 1 gigahertz = 10^{9} Hz = 1 milliard de hertz

1 THz = 1 térahertz = 10^{12} Hz = 1 000 milliards de hertz = 1 billion de hertz

TABLEAU DES ONDES ÉLECTROMAGNÉTIQUES			
Symboles et rayons	Nature des ondes Utilisation	Longueur d'onde	Fréquence F
UHF *(Ultra High Frequencies)*	Ultra hautes fréquences Fours à micro-ondes, radars militaires décimétriques, téléphones mobiles cellulaires, antennes-relais	1 000 à 100 mm	300 MHz à 3 GHz
SHF *(Super High Frequencies)*	Super hautes fréquences Radars de navigation, satellites, télécommunications	100 mm à 10 mm	3 GHz à 30 GHz
EHF *(Extremely High Frequencies)*	Extrêmement hautes fréquences Radars millimétriques, télécommunications par satellites, relais micro-ondes	10 à 1 mm	30 GHz à 300 GHz
Rayons infrarouges	Médicale et militaire	1 mm à 0,8 µm	3×10^{11} Hz à $3{,}75 \times 10^{14}$ Hz
Lumière visible du spectre solaire	Lumière blanche éclairage laser	4 100 Å à 6 500 Å 410 nm à 650 nm	$7{,}3 \times 10^{14}$ Hz à $4{,}6 \times 10^{14}$ Hz
Rayons ultraviolets	Médicale et scientifique	0,4 µm à 500 Å ou 50 nm	$7{,}5 \times 10^{14}$ Hz à 6×10^{15} Hz
Rayons X	Radiographie, radioscopie, radiothérapie	500 Å à 1/100 Å 50 nm à 1 pm	6×10^{15} Hz à 3×10^{20} Hz
Rayons gamma	Radioactivité	Inférieure à 1/100 Å ou à 1 pm	Supérieure à 3×10^{20} Hz
Rayons cosmiques	Énergie magnétique pure	10^{-4} Å ou 10^{-5} nm ou 10 fm	3×10^{22} Hz

1 µm = 1 micromètre = 10^{-6} mètres
1 nm = 1 nanomètre = 10^{-9} mètres
1 Å = 1 angström = 10^{-10} mètres
1 pm = 1 picomètre = 10^{-12} mètres
1 fm = 1 femtomètre = 10^{-15} mètres

1 Hz = 1 hertz
1 kHz = 1 kilohertz = 1 000 Hz = mille hertz
1 MHz = 1 mégahertz = 1 000 000 Hz = 1 million de hertz
1 GHz = 1 gigahertz = 10^{9} Hz = 1 milliard de hertz

1 THz = 1 térahertz = 10^{12} Hz = 1 000 milliards de hertz = 1 billion de hertz

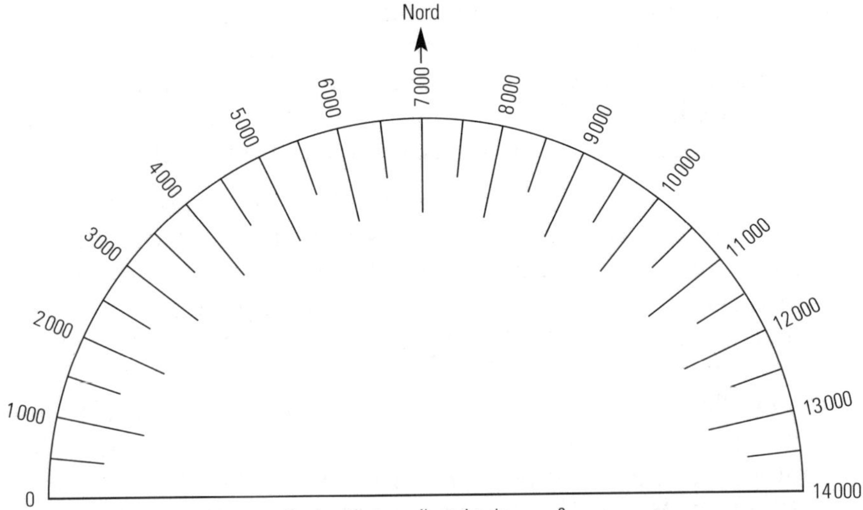

Voici ce qu'écrit Michel Dogna (4) : « Pour ceux qui connaissent l'échelle de Bovis, méthode de repérage et de mesure des vibrations biologiques de la santé, il est intéressant de constater que nous avons mis un demi-siècle pour passer de 6 500 à 10 000 unités Bovis, alors que nous sommes passés directement à 12 000 en quelques semaines. Il en va de même pour tous les règnes du vivant. »

Comme la vibration de la Terre a augmenté depuis le début du IIIe millénaire, il va falloir surveiller de près notre alimentation, et manger et boire des aliments et boissons biologiques ayant une vibration au moins équivalente à 12 000 unités Bovis. Nous verrons plus loin comment mesurer cette vibration.

Pour mesurer la vibration d'un lieu de vie, il faut lancer le pendule du sud vers le nord en partant du centre du demi-cercle et en posant mentalement la question : « Quelle est la vibration

4. Dans son éditorial du 16 janvier 1999 (Michel Dogna Horizons Virtuels CP 149-17490 Llanca-Espagne).

de ce lieu ? » le pendule va osciller sur les chiffres 4 000, 5 000, 6 000, et se stabilisera, par exemple, sur le chiffre 7 000. Si le pendule indique une vibration égale ou supérieure à 12 000, on peut en déduire qu'il s'agit d'un endroit neutre, qu'il n'y a pas d'ondes nocives et qu'il possède une très bonne vibration.

Dans une maison, il est possible de trouver des vibrations différentes, selon l'endroit où les mesures sont effectuées. En pratique, une zone neutre située en dehors du champ d'influence d'un courant tellurique amplifié par un cours d'eau souterrain vibre à 12 000 unités Bovis. Un endroit situé sur un courant tellurique amplifié par une faille ou un cours d'eau souterrain vibre à 4 000 unités Bovis. Un endroit situé à la verticale d'un croisement de cours d'eau souterrain d'une faille géologique et d'un nœud de rayons telluriques vibre entre 0 et 2 500 unités Bovis. Il convient d'être très attentif à ces mesures car une vibration inférieure à 4 000 unités Bovis indique un lieu fortement perturbé par des ondes nocives ou une zone géopathogène, génératrice de maladies.

Plus la vibration d'un lieu est élevée, plus l'homme pourra y puiser l'énergie vitale. Plus la vibration d'un lieu de vie est basse, plus il aura un manque d'énergie. Il en va de même pour ce qui concerne nos aliments et boissons.

Quelqu'un qui dort dans un lit situé à la verticale d'un cours d'eau souterrain vibrant à 4 000 unités Bovis finira, au bout de quelques années, par être complètement vidé de son énergie. Après des nuits d'insomnie, des crises de rhumatisme ou un manque de magnésium, de calcium, de zinc et de fer, sa vibration chutera et cette personne pourra tomber gravement malade si sa maison n'est pas visitée à temps par un sourcier, un radiesthésiste ou un géobiologue compétent. Il faudra en général sept années, pour cette personne qui dort à la verticale d'un nœud de rayons Hartmann et Curry, amplifié par un croisement de cours d'eau souterrain ou d'une faille géologique, pour être vidée de son énergie et tomber très gravement malade.

En mesurant la vibration à l'aide du biomètre de Bovis, il est possible de connaître instantanément la qualité géobiologique d'une chambre ou de l'emplacement sur un terrain, et nous verrons plus loin comment procéder pour effectuer une bonne médecine de l'habitat.

Certains lieux ont une vibration bien supérieure à 12 000 unités Bovis. Ces lieux, appelés hauts lieux vibratoires ou hauts lieux d'énergie, sont souvent situés sur d'autres plans vibratoires que le monde physique matériel dans lequel nous évoluons. Dans la quatrième partie de cet ouvrage, nous étudierons comment mesurer les plans et mondes vibratoires dans lesquels nous évoluons ainsi que la vibration des hauts lieux.

Les personnes qui réussissent à s'harmoniser avec la nouvelle vibration de l'ère du Verseau dans laquelle nous sommes entrés se sentent bien dans leur peau, au contraire de celles qui n'arrivent pas à s'adapter et à monter en vibration. Il suffit d'être attentif aux événements et aux comportements de ce début de millénaire pour comprendre que tout le monde n'est pas encore prêt pour s'adapter à cette nouvelle vibration.

2. La vibration des aliments, boissons et médicaments

a) Le test radiesthésique de biocompatibilité

Chacun d'entre nous peut savoir, grâce au test radiesthésique de biocompatibilité, si un aliment, une boisson ou un médicament est compatible avec son organisme ou celui d'autrui. Il faut pour cela, prendre un pendule que l'on fait tenir entre le pouce et l'index, de la main droite par exemple, et que l'on fait tourner volontairement au-dessus de l'élément à analyser. Ensuite, il faut placer la main gauche, la paume tournée vers le haut entre l'élément et le pendule en laissant un écart de 10 cm entre cet élément et la main gauche, puis entre l'élément et le pendule. Si le pendule continue de tourner, l'aliment, le

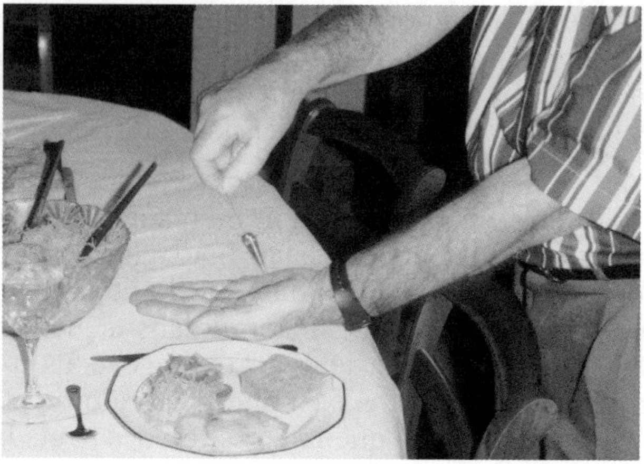

Test au pendule
pour voir si un aliment est biocompatible avec notre organisme.

médicament ou la boisson est compatible avec votre organisme. Si, en revanche, le pendule s'arrête de tourner ou tourne à l'envers, l'aliment, la boisson ou le médicament n'est pas compatible avec votre organisme.

On peut aussi faire cette expérience pour une tout autre personne : demandez-lui de placer sa main, la paume tournée vers le haut, au-dessus d'un médicament par exemple, et faites volontairement tourner le pendule dans le sens des aiguilles d'une montre. Si le pendule continue de tourner, c'est que le médicament est compatible avec son organisme.

Grâce à cette méthode simple, il est possible de vérifier si le nombre des médicaments à prendre en même temps est supportable pour l'organisme et, même si ces mesures n'ont aucune valeur scientifique, elles peuvent se révéler très efficaces.

En cette période de crise alimentaire, qui amène les consommateurs à plus de vigilance et d'exigeance sur la qualité de leur alimentation (de plus en plus, ils se dirigent vers des aliments et boissons biologiques), ces tests simples peuvent être d'une grande utilité dans le choix de leurs aliments et boissons. Il serait bon aussi de diminuer les produits et sous-produits animaux au profit des légumes, céréales, fruits et matières grasses végétales.

b) Mesurer la vibration de nos aliments et boissons

Pour demeurer en bonne santé, notre corps et notre esprit ont besoin de vivre dans un lieu sain et d'avoir une alimentation saine et équilibrée. Sachant que la vibration d'un lieu situé en zone neutre correspond actuellement à 12 000 unités Bovis, nous devons consommer le maximum d'aliments et de boissons qui atteignent cette vibration : ce sont eux qui apporteront toute l'énergie nécessaire, alors qu'en dessous de 12 000 unités Bovis ils pomperont notre énergie.

Pour mesurer la vibration d'un lieu de vie, j'utilise un demi-cercle gradué de 0 à 14 000 unités Bovis, pour mesurer la vibration des aliments et boissons, un demi-cercle gradué de 0 à 36 000 unités Bovis.

Pour effectuer votre propres mesures, vous pouvez vous aider d'un pendule et du graphique de la page suivante.

Pour mesurer et comparer la vibration de nos aliments et boissons, il faut placer le graphique gradué de 0 à 360 000 unités Bovis devant nous, sur une table, et l'orienter vers le nord. Nous posons ensuite l'aliment ou la boisson à mesurer à gauche du graphique. Nous plaçons la main gauche en amplificateur à 5 cm au-dessus de l'aliment ou de la boisson à mesurer, paume tournée vers le bas. En même temps, nous donnons une légère impulsion dans le sens nord-sud au pendule en le faisant partir du centre du demi-cercle du graphique. Il va osciller et se positionner sur une graduation. Nous observons alors sur quelle graduation il se stabilise et nous notons le chiffre obtenu. Les gauchers placeront l'aliment ou la boisson à droite du graphique et se serviront du pouce et de l'index de la main gauche pour travailler avec le pendule.

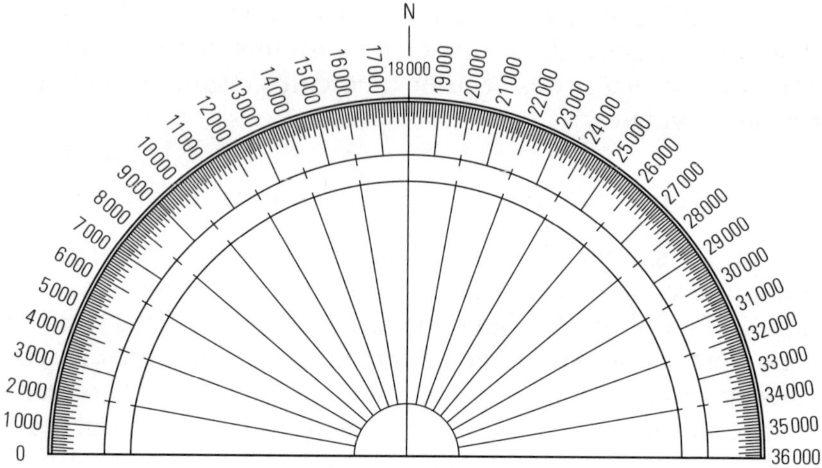

Quel est le taux vibratoire de... ?

Mesure de la vibration d'un aliment
à l'aide d'un graphique gradué de 0 à 36 000 unités Bovis et d'un pendule.
Résultats :
Le taux vibratoire de cet aliment est de .... unités Bovis.
Le taux vibratoire de cette boisson est de .... unités Bovis.

Exemple pratique : après avoir cueilli trois figues de mon jardin, le 21 octobre 2001 à 15 h 45, j'ai immédiatement mesuré leurs vibrations à l'aide du graphique et d'un pendule. J'ai alors trouvé 28 000 unités Bovis. Quatre heures après, à 19 h 45, la mesure de leurs vibrations ne donnait plus que 25 000 unités Bovis. Deux jours plus tard, le 23 octobre, alors que je reprenais mes mesures sur la même table et avec les mêmes ustensiles que précédemment, il n'y avait plus que 8 500 unités Bovis. J'ai ensuite gardé trois figues. J'en ai placée une sur la table de la cuisine, une autre dans le réfrigérateur et la troisième dans le congélateur. Cinq jours après la cueillette, la vibration de la figue posée sur la table était tombée à zéro, celle de la figue mise dans le réfrigérateur était à 5 000 unités Bovis, celle de la figure placée dans le congélateur restait à

8 500 unités Bovis. Cette méthode de comparaison de la vibration des aliments est très rigoureuse ; elle montre nettement que plus les aliments et les boissons sont frais et non traités, plus leur énergie est élevée, et plus ils apportent de la vitalité et nous maintiennent en bonne santé. Les personnes qui mangent à longueur d'année des produits stockés ou en conserves sont en manque d'énergie et sans défense contre les maladies.

Nous avons très souvent mesuré des aliments, des eaux minérales et plusieurs sortes de vins lors de nos séminaires de radiesthésie. La plupart du temps, c'est le vin qui remporte la plus forte vibration ! Si le pain ou le fromage ne vibrent qu'à 5 000 ou 6 000 unités Bovis, les vins des différents coteaux français vibrent, eux, à plus de 10 000 unités Bovis. Un vin d'Alsace classé « vendanges tardives » vibre à 18 000 unités Bovis, un vin d'Alsace d'appellation contrôlée à 11 500 unités Bovis et un vin biologique d'appellation contrôlée « Côtes-du-Rhône » à 13 000 unités Bovis.

Lors d'un de mes séminaires, un des participants, qui était chef cuisinier et tenait un restaurant très réputé à Brumath, dans le Bas-Rhin, nous avait apporté trois sortes de vin à tester ; il avait pris soin de bien cacher les étiquettes en enveloppant les bouteilles dans du papier. En prenant les vibrations de ces vins, nous avons réussi à les classer dans le même ordre que l'avait fait son sommelier (de la plus forte vibration, à la plus basse). Ce même participant nous a apporté des épices sur lesquelles nous avons également fait des mesures comparatives. Certaines de ces épices étaient extrêmement rares, et nous avons été surpris par leurs très hautes vibrations. Le restaurateur nous a expliqué que, du temps des rois et des empereurs, les épices étaient très recherchées. Quand un roi accueillait un hôte de marque, il lui offrait des épices en guise de présent ! Ce sont souvent les épices et le vin qui donnent du goût et de la vibration aux aliments morts, par exemple la viande.

Nous avons également constaté que l'on pouvait dynamiser les boissons et aliments. En pressant du jus de citron frais vibrant à 12 000 unités Bovis sur du poisson vibrant à 5 500 unités Bovis, le poisson était dynamisé et prenait automatiquement la vibration du jus de citron, pour vibrer à 12 000 unités Bovis.

Il y a quelques années, une personne qui travaillait dans un laboratoire de recherche scientifique nous a apporté deux plants de tabac en pot ayant germé le même jour, qui avaient donc des conditions de vie et d'environnement identiques. L'un des deux plants avait poussé dans des conditions naturelles, alors que l'autre avait été traité aux OGM (Organismes Génétiquement Modifiés). Nous avons pu constater qu'un des plants vibrait à 6 000 unités Bovis et l'autre à 8 000 unités Bovis. La personne qui nous a amené ces plants, nous a confirmé que c'était le plant traité aux OGM qui vibrait à 6 000 unités Bovis et que le non traité vibrait à 8 000 unités Bovis.

Bien que les mesures prises à l'aide d'un pendule et d'un graphique ne soient pas prises aux sérieux par le monde scientifique, certains chercheurs, animés par la curiosité scientifique, tiennent compte de nos travaux et de nos recherches. S'il existait un appareil, autre que le pendule, étalonné d'une manière scientifique, capable de déterminer la vibration des lieux de vie, des aliments, des boissons ou des médicaments, ce serait une véritable révolution dans notre vie quotidienne.

Le plus important, dans les analyses radiesthésiques de vibrations d'aliments, de boissons et de lieux de vie, ce sont les comparaisons. La méthode qui consiste à comparer les mesures des aliments et boissons permet de manger à sa faim sans pour autant prendre de poids, voire en perdant quelques kilos superflus. Elle apporte de l'énergie et évite toute sensation de somnolence et de fatigue durant la journée. Elle permet de déterminer quels médicaments, huiles essentielles, tisanes, etc. ont un fort pouvoir vibratoire. Plus la vibration des aliments et boissons est élevée, plus ils apportent d'énergie.

Ces deux méthodes – celle qui consiste à vérifier à l'aide d'un pendule si un aliment, si une boisson ou un médicament est compatible avec notre organisme, et celle qui permet de connaître la vibration des aliments, boissons et médicaments – forment un ensemble de techniques qui ne coûte rien, qui est efficace et apporte un mieux-être. La différence entre la vie et la mort, c'est l'énergie, et consommer des aliments ayant peu de vibrations génère un manque d'énergie, laissant la porte ouverte aux maladies.

Après une quinzaine d'années d'études et de tests, nous avons mis au point un dynamiseur pour aliments et boissons. Sa fabrication – faite exclusivement par une faïencerie alsacienne[(5)] – en terre cuite tient compte du poids, de la cuisson, de certaines proportions, de la forme, d'une terre et d'une eau spéciale. Après 3 min seulement d'exposition sur ce dynamiseur, la vibration des aliments contenus dans une casserole va tripler, et restera ensuite à ce niveau. Cela est également vrai pour les boissons, les fruits, les légumes ou même les médicaments. Toutefois, il est essentiel d'apporter une attention toute particulière à leur qualité et leur vibration, lors de l'achat, la conservation, la cuisson et même la présentation.

La vibration des fruits posés sur ce dynamiseur d'aliments et de boissons va tripler au bout de trois minutes.

5. Le dynamiseur d'aliments et boissons « Biorad Système Landspurg » (marque et modèle déposés) est fabriqué et commercialisé exclusivement par la faïencerie de la Doller (24, rue de la Chapelle, 68116 Guewenheim ; tél. : 03 89 82 86 85, fax : 03 89 82 83 69).

3. La polarité d'un objet

Chaque être, chaque cellule, chaque plante et chaque objet est polarisé, tout comme l'est la Terre, notre planète. Tous possèdent un pôle positif et un pôle négatif.

Avant de rechercher la polarité d'un objet, il faut commencer par établir une convention mentale. Par exemple, quand le pendule va tourner dans le sens des aiguilles d'une montre, on dira qu'il tourne dans le sens positif. À l'inverse, s'il tourne dans le sens contraire des aiguilles d'une montre, on dira qu'il tourne dans le sens négatif. Pour certaines personnes, cette convention est inversée, et elles devront en tenir compte lors de la mesure des polarités.

Pour connaître la polarité d'un objet, par exemple d'une statuette rapportée d'un voyage, il faut tenir le pendule entre le pouce et l'index, le placer devant elle et observer son sens de giration : s'il tourne dans le sens des aiguilles d'une montre, la statuette sera positive; en revanche, s'il tourne dans le sens contraire des aiguilles d'une montre, la polarité de la statuette est négative.

Une deuxième expérience montre que si on place le pendule devant le sein gauche d'un homme, il tournera en positif (dans le sens des aiguilles d'une montre), alors qu'il tournera en négatif (dans le sens inverse des aiguilles d'une montre) s'il est placé devant le sein gauche d'une femme.

Une troisième expérience démontre que les extrémités des doigts de nos mains sont polarisées : si l'on pose sa main gauche à plat sur une table et tient son pendule très court, à 1 cm au-dessus des ongles de chaque doigt, on constate que le pendule tourne tout seul en positif au-dessus de l'ongle du pouce, en négatif au-dessus de l'ongle de l'index, en positif au-dessus de l'ongle du majeur, en négatif au-dessus de l'ongle de l'auriculaire, et en positif au-dessus de l'ongle du petit doigt.

Une fois entraîné à cette pratique, on peut étendre ses mesures en plaçant le pendule devant un tableau ou une reproduction, pour voir s'il dégage une polarité négative ou positive. Si l'artiste qui a peint le tableau était en bonne santé physique et morale au moment où il exécutait son œuvre, et s'il exprimait la joie de vivre, son tableau sera certainement positif. En revanche, s'il était déprimé, malade, agressif ou sous l'emprise de la drogue, le tableau sera sans doute de polarité négative.

J'ai eu l'occasion d'analyser et d'harmoniser plusieurs maisons de peintres de ma région. À chaque fois que mon pendule tournait en négatif devant un des tableaux de leurs galeries, c'est qu'il avait été peint par un artiste qui souffrait de dépression nerveuse ou vivait un moment difficile. Ces conclusions ont été confirmés par les propriétaires des maisons dans lesquelles étaient exposés ces tableaux, qui connaissaient bien leurs auteurs.

Si vous partez en vacances à l'étranger et que vous voulez acheter un masque africain ou une copie de statuette représentant un dieu païen, prenez d'abord discrètement votre pendule ou, à défaut, une bague suspendue à un fil, et vérifiez si cet objet a une polarité positive ou négative. En effet, si vous rapportez chez vous un objet de polarité de négative, vous pouvez vous attirer les pires ennuis si cet objet émet ce que nous appelons des « ondes nocives abstraites ».

Un monsieur, qui avait des problèmes d'endormissement, m'avait contacté afin que je puisse analyser les ondes provenant du sous-sol de sa maison. Après vérification, j'ai constaté qu'aucune onde nocive, provenant du sol, n'arrivait dans la chambre à coucher. J'ai donc analysé la chambre en elle-même. En passant devant un tableau accroché au dessus du lit, le pendule s'est mis à tourner fortement en négatif. Ce tableau, qu'il avait rapporté d'un voyage aux États-Unis, représentait un Indien assis sur son cheval au sommet d'un promontoire rocheux, qui somnolait sur sa monture la lance à la main et le visage enduit de peintures de guerre. En fait, le tableau émettait des ondes nocives abstraites et, d'ailleurs, son propriétaire supposait que les traits de couleur rouge qui ornaient le visage de l'Indien avaient été peints avec du sang humain. J'en ai conclu que cet Indien assoupi sur son cheval et dominant la plaine ne dormait pas, mais qu'il était prêt à partir sur le sentier de la guerre. Une fois le tableau enlevé de la chambre à coucher, les occupants des lieux retrouvèrent le sommeil. Rapporter chez soi un objet négatif émetteur d'ondes nocives et abstraites peut empoisonner l'environnement de façon subtile et sournoise. Il en est d'ailleurs de même, lorsqu'on se procure, chez un antiquaire, des armes de guerre ayant servi à tuer (baïonnettes, sabres ou fusils). Décorer sa chambre à coucher ou son salon avec ces objets risque d'empoisonner lentement l'existence.

Si on hérite d'une bague sertie d'une pierre précieuse, qui a été portée par une personne très malade, par une personne décédée après de très longues souffrances ou à la suite d'une maladie incurable, il faut être très prudent. Nombreuses sont les personnes, qui après ce genre d'héritage, ont commencé à se plaindre de divers problèmes et malheurs.

Nous ne devons jamais oublier que nous sommes des vibrations cristallisées dans la matière et que, en tant que telles, nous sommes soumis aux vibrations négatives qui émanent des objets : elles diminuent et abaissent nos propres vibrations, donc nous affaiblissent et nous rendent malades, ne serait-ce que moralement.

Les pierres des églises et des cathédrales posées par des compagnons bâtisseurs étaient polarisées. Pour donner à un bloc de pierre une polarité positive, le tailleur de pierre frappait trois coups de masse sur ses faces. S'il frappait trois coups sur le dessus du bloc, celui-ci devenait positif et le côté opposé devenait automatiquement négatif. Dans la pratique, les compagnons plaçaient la face positive de la pierre vers le haut et vers l'intérieur de l'édifice, la face négative vers le bas et vers l'extérieur du lieu sacré. En agissant ainsi, ils protégeaient le lieu sacré en le polarisant d'une manière positive. Les dalles de couverture des allées couvertes étaient polarisées négativement vers le haut et positivement vers le bas alors que les dalles des supports verticaux étaient polarisées négativement vers l'extérieur et positivement vers l'intérieur, comme plus tard les églises. Les cromlechs, ou cercles de pierre formés par des menhirs formant un cercle, étaient jadis polarisés. Le côté qui regardait vers le centre du cercle avait une polarité positive et le côté tourné vers l'extérieur du cercle avait une polarité négative.

Les temples ou amphithéâtres romains étaient construits également avec des pierres polarisées. Autrefois, les pavés des routes étaient polarisés en positif vers le haut et en négatif vers le bas. Les fers des chevaux qui trottaient sur ces routes ou les roues cerclées de fer des charrettes renforçaient cet effet positif de la polarisation. Un cours d'eau souterrain passant sous la route était ainsi neutralisé.

Les vieilles tours de châteaux ou d'édifices publics ainsi que les anciens moulins à vent étaient souvent construits sur des

Mesure de la polarité des pierres du mur païen au mont Sainte-Odile (Bas-Rhin).

croisements de quatre, six ou sept cours d'eau souterrains avec des pierres polarisées. Les allées des parcs des châteaux étaient construites à la verticale des cours d'eau souterrains et neutralisées par les dalles ou des pierres. Les futurs architectes-géobiologues ou paysagistes-géobiologues tiendront peut-être compte des polarités des pierres qu'ils utiliseront dans leurs constructions ou aménagement.

Nous avons pu constater que les blocs de pierre de l'énigmatique « mur païen » du mont Sainte-Odile (Bas-Rhin) en Alsace, formé à l'origine de trois millions de blocs de grès, tenus entre eux par environ un million de morceaux de bois taillés en double queue d'aronde, étaient polarisés comme les églises et les cathédrales. Les blocs de pierre regardant vers l'endroit où se trouve l'actuel couvent du mont Sainte-Odile avaient une polarité positive et ceux regardant vers l'extérieur de l'enceinte avaient une polarité négative, comme pour repousser les intrus et les assaillants.

4. Les ondes que produisent les formes

Dans l'univers, tout vibre et émet des rayonnements. Certains de ces rayonnements ont un champ oscillatoire tellement infime qu'ils ne peuvent être mesurés par les instruments de physique classiques. Parmi ces rayonnements, on peut classer les ondes que produisent les formes.

Tout être vivant, toute chose, tout rayonnement… tous les objets qui nous entourent et que nous trouvons dans notre environnement immédiat émettent des ondes que produisent les formes difficilement décelables, parce qu'elles sont en quelque sorte des phénomènes d'accompagnement d'autres manifestations énergétiques. Effectivement, il existe des arrangements de forme et de couleur dont les interférences vibratoires opèrent autour de nous des modifications du champ vital essentiel à notre santé, à notre réalisation et à notre épanouissement. Les ondes que produisent les formes sont des vibrations qui ne sont pas de nature électrique ni électromagnétique, mais qui sont très pénétrantes, de très faible énergie, et qui forment autour de nous une trame invisible nommée le « champ vital ». On les appelle couramment « ondes de forme » ou EIFS (Émergence et influence des formes).

L'expression « ondes de forme » a été créée par Enel lorsqu'il effectuait des travaux sur des momies, statuettes et autres objets insolites découverts dans les tombeaux et les pyramides de l'ancienne Égypte, dont certains étaient exposés au musée du Caire. De retour en France, il rencontre deux chercheurs français, le comte André de Bélizal et Léon Chaumery, qu'il initie à cette nouvelle approche de la radiesthésie. S'ils ont bien voulu le suivre en ce qui concerne la manipulation du pendule, ils ont tout d'abord essayé de ramener l'étude des ondes produites par les formes à des phénomènes rationnels.

Il se trouve que les ondes de forme, que Jean de La Foye appellera « champs de forme », sont des phénomènes mystérieux qui ouvrent une porte sur le monde du paranormal. Les mathématiciens et physiciens, Jean de La Foye et Roger de Lafforest, font partie des chercheurs français qui ont le plus étudié et travaillé sur les ondes de formes. Jean de La Foye écrivait : « Les champs de forme ont une influence sur notre santé. Ils vibrent en résonance avec les cellules vivantes qui agissent comme un petit circuit oscillant. »

Vers 1930, André de Bélizal et Léon Chaumery étudient la physique microvibratoire. D'après ces deux scientifiques, les ondes de forme sont des microvibrations émises par les formes, qui prennent naissance dans la décomposition du courant magnétique naturel qui existe au centre de tous les corps. D'après la théorie d'André de Bélizal, les ondes de forme sont créées par les formes géométriques qui captent les radiations cosmo-telluriques et qui les émettent dans l'environnement dès qu'elles sont saturées. Après avoir étudié les ondes émises par les formes des pyramides d'Égypte, le Sphinx de Gizeh, les statues de l'île de Pâques, les piles radiesthésiques composées par des demi-sphères en bois superposées, Chaumery et de Bélizal ont trouvé les vibrations-couleurs émises par les formes. Ils se sont servis d'une sphère en bois naturel qu'ils ont posée sur un support indépendant, d'une pointe chercheuse, en l'occurrence une petite tige de cuivre pointue à un bout, et de pendules sphériques coloriés. Ils ont ensuite promené la pointe chercheuse sur la sphère pour voir à quels endroits tel ou tel pendule de couleur réagissait. Toucher certains points de la sphère, toujours les mêmes, influençait les pendules de certaines couleurs. Ils ont pu voir que chaque couleur se localise par une spirale qui va du pôle positif au pôle négatif de la sphère et que les différentes spirales se coupent sur l'équateur de la sphère en deux points diamétralement opposés, l'un rouge, l'autre violet.

En procédant à l'exploration chromatique des méridiens de la sphère, ils ont pu répertorier les sept couleurs visibles de l'arc-en-ciel : rouge, orangé, jaune, vert, bleu, indigo et violet, ainsi que le noir et le blanc car, quand la pointe touchait à certains endroits de l'équateur, c'est un pendule peint en noir ou en blanc qui réagissait.

Dans son ouvrage *Ondes de vie ondes de mort*[6], Jean de La Foye nous apprend que le pôle (+) qui fait tourner un pendule neutre dans le sens des aiguilles d'une montre correspond au vert « couleur normale » qui a été appelé « vert positif ». Le pôle (–) qui donne une giration inverse au pendule neutre a été nommé « vert négatif » par simple opposition à l'autre, car il ne correspond à aucune couleur connue.

À la suite de leurs recherches radiesthésiques, Léon Chaumery et André de Bélizal ont ajouté à ces sept couleurs visibles, correspondant aux sept couleurs de l'arc-en-ciel, cinq couleurs du spectre invisible réparties sur l'équateur par des intervalles réguliers de trente degrés sexagésimaux. Ces couleurs corres-

6. Laffont (1975).

pondant à des fréquences radiesthésiques sont appelées vibrations-couleurs de forme.

D'après leurs travaux, la répartition des douze vibrations-couleurs de forme sur un cercle se fait de la façon suivante : au nord (azimut 360), on trouve le vert (V) appelé en radiesthésie vert positif (V+) ; dans l'azimut 30 le bleu (Bu) ; dans l'azimut 60 l'indigo (I) ; à l'est (azimut 90) le violet (Vi) ; dans l'azimut 120 l'ultraviolet (Uv) ; dans l'azimut 150 le blanc (Bc) ; au sud (azimut 180) le vert négatif (V–) ; dans l'azimut 210 le noir (N) ; dans l'azimut 240 l'infrarouge (Ir) ; à l'ouest (azimut 270) le rouge (R) ; dans l'azimut 300 l'orangé (O) et dans l'azimut 330 le jaune (J).

Si nous descendons la gamme des longueurs d'ondes en partant de l'infrarouge, nous passons par le spectre solaire et les sept couleurs de l'arc-en-ciel : rouge, orangé, jaune, vert, bleu, indigo, violet, pour arriver à l'ultraviolet, puis aux

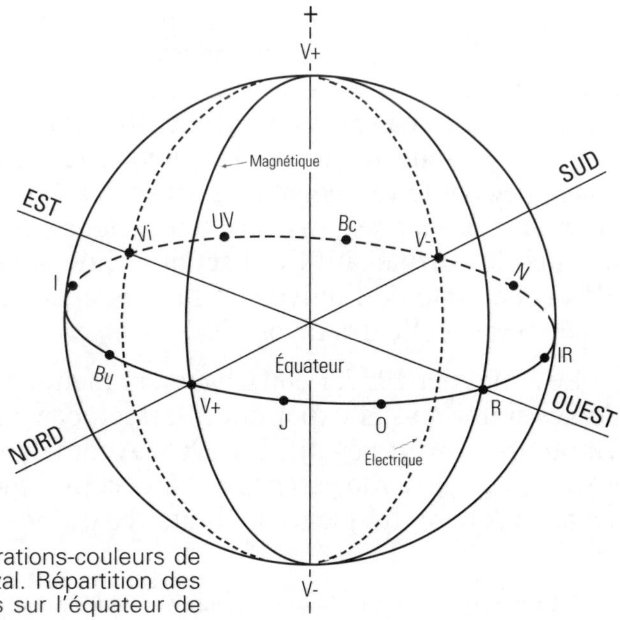

La sphère des vibrations-couleurs de Chaumery et Bélizal. Répartition des vibrations-couleurs sur l'équateur de la sphère.

rayons X, aux rayons gamma, et aboutir à la limite de la détection du rayonnement physique (voir le tableau des ondes électromagnétiques, p. 117).

Dans le spectre des cinq couleurs invisibles utilisé en radiesthésie, Chaumery et de Bélizal ont placé le vert négatif au sud, en opposition au vert positif du spectre des sept couleurs visibles de l'arc-en-ciel. Si le vert négatif est inconnu de la science officielle, il n'en n'existe pas moins. Il se situe dans l'extrême ultraviolet. Le blanc est la somme de toutes les couleurs visibles, le noir est l'absence de couleurs.

On appelle « vibrations-couleurs symétriques » les vibrations-couleurs qui sont symétriques par rapport à l'axe nord sud, vert (+) et vert (–), blanc et noir, infrarouge et ultraviolet, rouge et violet, orangé et indigo, jaune et bleu. On appelle « vibrations-couleurs opposées », les vibrations-couleurs qui sont diamétralement opposées, comme l'infrarouge et l'indigo, l'orangé et l'ultraviolet, le blanc et le jaune, etc.

C'est vers 1932 que Léon Chaumery et André de Bélizal ont découvert le faisceau de rayonnement radioactif intense émis dans un secteur qui va de l'infrarouge jusqu'à l'ultraviolet, qu'ils ont nommé spectre invisible. Ils ont longtemps travaillé sur cette radiation très nocive, mystérieuse et dangereuse, constituée par le vert négatif, et ont constaté qu'elle est capable de momifier viande, poissons, œufs, fleurs, etc. D'après leurs travaux, le vert négatif (V–) serait l'onde la plus courte et la plus pénétrante de l'univers et sa puissance serait infiniment supérieure à celle des rayons X.

Le 27 février 1957, Léon Chaumery meurt, peut-être victime de ses nombreuses expériences effectuées sur la fréquence vibratoire du vert négatif. En 1968, André de Bélizal reprend seul les travaux sur le vert négatif. Il découvre alors qu'il se présente sous deux fréquences vibratoires différentes(7) : une fré-

---

7. Chaumery, Léon et de Bélizal, André : *Essais de radiesthésie vibratoire* (Desforges ; 1976).

quence magnétique pure, bénéfique, et une fréquence électrique pure, nocive, qui détruit la santé et entraîne la mort par déséquilibre vibratoire de la cellule. Les qualificatifs « électrique » et « magnétique » n'ont rien à voir avec l'électricité et le magnétisme.

Les constructeurs des pyramides de l'Antiquité connaissaient les pouvoirs régénérateurs de ces édifices qui réorganisaient le champ vital pour tout un peuple. Les architectes de l'Égypte antique étaient à la fois médecins, astrologues, astronomes, grands prêtres et thérapeutes. Les pyramides étaient des émetteurs très puissants d'ondes de forme. On retrouve

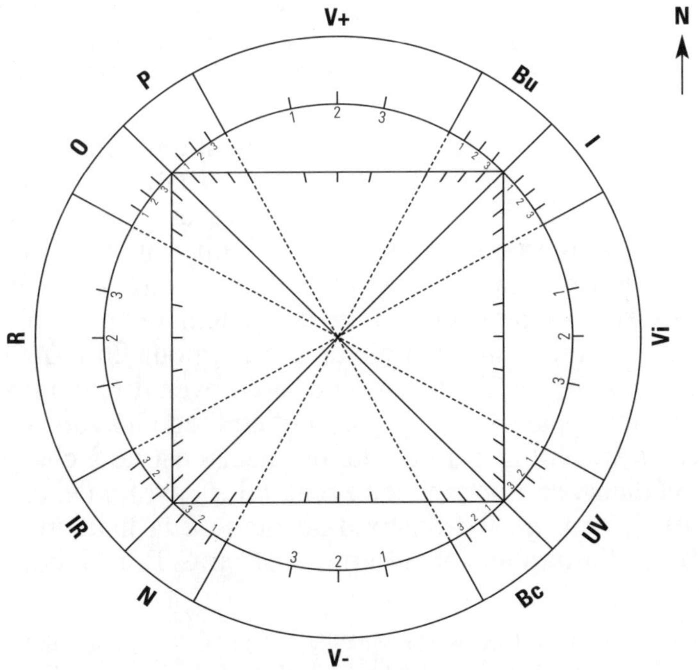

Répartition des vibrations-couleurs
émises par une pyramide disposée face au Nord.

autour d'un modèle réduit de la grande pyramide de Khéops[8], dont les quatre faces sont orientées d'après les quatre points cardinaux, les douze vibrations-couleurs radiesthésiques, réparties de la même manière que sur l'équateur d'une sphère.

Lorsque la maquette en miniature de la grande pyramide de Khéops est orientée de façon à ce que la face nord soit orientée vers le nord magnétique, elle émet toute la gamme des vibrations-couleurs du spectre.

En visitant la chambre mortuaire de la grande pyramide de Khéops, le radiesthésiste français Bovis a constaté que, malgré l'humidité ambiante, les chats et les rats qui avaient été pris au piège et étaient morts de faim dans ce lieu s'étaient momifiés naturellement, sans pourrir. Il en conclut que la chambre mortuaire avait été placée de façon à empêcher la décomposition du corps du pharaon au cas où l'embaumement n'aurait pas suffi. Après avoir fabriqué une pyramide miniature répondant aux proportions de celle de Khéops, il s'aperçut que les corps organiques qui y étaient placés se momifiaient lentement.

En 1959, l'ingénieur tchèque Karel Drbal, s'inspirant des travaux de Bovis, déposa à Prague un brevet d'invention pour le plan d'une pyramide de Khéops en réduction, aux pouvoirs étranges. La pyramide de Karel Drbal mesure 23,56 cm de base, 22,41 cm d'arête et 15,7 cm de hauteur. On peut très bien en fabriquer une, par exemple en carton, pour faire quelques expériences. Après l'avoir orientée au moyen d'une boussole, loin de tout appareillage métallique, de façon à avoir une des médianes sur la ligne nord-sud, on place ensuite à cheval sur cette médiane, et exactement au centre de la pyramide, un socle haut de 5,2 cm qui correspond au tiers de la hauteur totale. Une boîte d'allumettes fera l'affaire. D'après l'inventeur, toute

8. En 2660 av. J.-C., Khéops, pharaon d'Égypte sous la IVe dynastie, fit ériger sur le plateau de Guizeh la grande pyramide. Elle se compose de 230 000 blocs pesant chacun en moyenne 2,5 t. Chacune des faces mesure 230,5 m et est orientée à 2 min près en direction exacte de chaque point cardinal. La chambre funéraire se trouve exactement au tiers de la hauteur.

matière végétale, ou tout animal vivant ou mort placé sur le socle central, à condition que le volume de l'objet soit inférieur à celui du dixième du volume de la pyramide, sera momifié (larve vivante de ver blanc, œuf de poule, fruit, fleur).

La pyramide en miniature vous permet également d'aiguiser les vieilles lames de rasoir. Il suffit de poser des lames émoussées à plat sur le socle central, les tranchants face à l'est et à l'ouest. En une semaine, la lame est raffûtée. Après quoi, chaque rasage terminé, il suffit de la remettre sous la pyramide jusqu'au lendemain pour que la lame retrouve son fil. L'inconvénient de la pyramide de Khéops en miniature, c'est qu'elle émet la vibration-couleur vert négatif sur sa face sud. Il faut donc la placer dans la cave, dans le coin sud, pour faire des expériences, et la retourner quand on a fini, pour que les ondes produites par sa forme n'aient plus d'influences.

Il y a douze ans, lors de nos travaux de radiesthésie dans un atelier, nous avons essayé avec succès de nous servir de deux pyramides miniatures dont les faces nord étaient orientées vers le nord magnétique, et d'un pendule égyptien pour transmettre des symboles d'après l'expérience inventée par André de Bélizal.

Pour faire cette expérience, nous avons placé sous l'une de ces pyramides, au centre, un morceau de papier buvard comportant un cercle, un carré, une croix ou un triangle, et au centre de l'autre pyramide, éloignée de 20 m, un morceau de papier buvard vierge. Le premier radiesthésiste placé en « position émetteur » faisait tourner le pendule égyptien au-dessus de la pyramide comportant le buvard avec son symbole, pour le charger en appuyant son doigt sur une face ou un des côtés de la pyramide. Pendant ce temps, le second radiesthésiste en « position récepteur », qui était à l'autre bout de la salle, laissait son pendule tenu en attente au sommet de la seconde pyramide. Le pendule se dirigeait ensuite par angulations successives vers une face ou un côté, désignant ainsi au récepteur la vibration-couleur émise. Dès que le doigt du radiesthésiste-récepteur était posé à l'emplacement désigné par son pendule, celui-ci entrait immédiatement en giration. Il se produisait alors un phénomène de résonance, le pendule égyptien du second radiesthésiste servant de récepteur entre le carré de buvard comportant le symbole placé sous la première pyramide et le carré de buvard vierge placé sous la seconde pyramide. Le buvard allait s'imprégner à distance par la magie des ondes produites par les formes des deux pyramides identiques et des deux pendules égyptiens.

Moi-même, lorsque j'étais radiesthésiste-récepteur, j'ai tenté cette expérience : quatre fois sur cinq, le symbole s'imprégnait effectivement sur le carré de buvard vierge pendant un court laps de temps.

Ce système permettait aux initiés de l'ancienne Égypte de se transmettre des messages par hiéroglyphes à n'importe quelle distance. L'explication de cette télécommunication à l'aide d'une pyramide et d'un pendule égyptien est donnée par André de Bélizal et Paul-André Morel dans leur ouvrage *Physique micro-vibratoire et forces invisibles*(9).

Dès lors que le radiesthésiste a placé le papier buvard avec le symbole à l'intérieur au centre de la pyramide, et qu'il a fait volontairement girer son pendule au-dessus de sa pointe terminale, le papier buvard s'imprègne de la vibration-couleur vert négatif, onde exprimée par la base de la pyramide, onde de momification et onde porteuse par excellence. Toutefois, si nous posons volontairement le doigt contre une des faces ou un des côtés de la pyramide correspondant à une des douze vibrations-couleurs qu'elle exprime, et si nous chargeons le sommet avec le pendule égyptien, nous constatons que le carré de buvard est chargé non plus du vert négatif mais par la vibration-couleur émise à l'endroit désigné par le contact du doigt.

Les ondes que produisent les formes ne sont pas des ondes ni une manifestation d'énergie puisqu'elles ne diminuent pas

---

9. Desforges ; 1976.

Appareils et instruments de radiesthésie ayant servi à Léon Chaumery et Jean de La Foye. Cercle équatorial ayant servi à André de Bélizal.

avec la distance. C'est un ensemble de phénomènes, une autre manifestation du dynamisme des forces ambiantes, totalement différentes du tellurisme que nous étudierons dans le chapitre suivant, mais non moins importantes.

Bien que cela paraisse rébarbatif aux yeux des néophytes, et que beaucoup de radiesthésistes utilisent rarement le graphique du spectre des vibrations-couleurs de forme, la connaissance des ondes que produisent les formes est très importante en radiesthésie ou en géobiologie. Elle donne un bon diagnostic, indispensable pour l'analyse des ondes nocives dans une maison, l'étude radiesthésique des hauts lieux vibratoires, l'analyse des lieux mégalithiques, des anciens lieux de culte solaire, des lieux de guérison, des lieux de sacrifices païens, et les lieux où se trouvent des pierres dans lesquelles ont été taillées des cupules rituelles.

Lors de mes séminaires, je conduis les participants sur des terrains géopathogènes, des hauts lieux vibratoires, un site où sont enterrés des chevaliers de l'ordre des Hospitaliers de Saint-

Jean de Jérusalem et de l'ordre de Malte, dans une ancienne abbaye et dans des châteaux cathares. En ces lieux, nous pouvons comparer les vibrations-couleurs et noter des résultats, que nous interprétons par la suite.

À la fin du XIXe siècle, l'égyptologue anglais Carter découvrit dans le sarcophage d'un grand pharaon de la Vallée des Rois, une bague en grès noir comportant neuf rectangles ayant une section carrée et deux triangles s'abaissant vers leur pointe en pente adoucie. Après l'ouverture du tombeau de Toutankhamon, en 1922, tous les savants qui y avaient pénétré sont morts de maladies étranges, sauf Carter qui faisait partie de l'expédition. La seule particularité qui différenciait Carter des autres savants qui subirent la « malédiction de Toutankhamon », c'est qu'il portait la fameuse bague égyptienne dénommée « Re-Atlante ». La réponse à la question pourquoi Carter a échappé à la malédiction du pharaon est donnée par la radiesthésie, en l'occurrence par la théorie sur les ondes que produisent les formes. Je pense personnellement que ce n'est pas par hasard que Carter a échappé à la mort mais bien parce qu'il était protégé par cette bague, qui par ses cotes et ses dessins particuliers, est un émetteur d'ondes de forme qui augmente la vibration de celui qui la porte, tout en émettant autour de lui une zone de protection. Les autres savants devaient subir durant leurs fouilles et travaux le bombardement sournois et continu de la vibration-couleur du vert négatif électrique, la microvibration qui abaisse le taux vibratoire des organismes vivants en les tuant lentement, tandis que Carter était discrètement protégé par sa bague émettrice d'une onde de forme annulant le vert négatif électrique.

Nous voilà maintenant baignés dans l'univers des surfaces magiques, des signes cabalistiques, des runes, des lettres hébraïques, des hiéroglyphes, des « Pa-Koua » chinois, figures qui émettent des ondes subtiles que produisent les formes et que capte la partie gauche de notre cerveau.

Quand nous effectuons nos mesures à l'aide d'un graphique et d'un pendule, nous faisons intervenir également les ondes de formes. À l'heure actuelle, il n'existe pas d'instruments autres qu'un graphique et un pendule pour mesurer le vert négatif électrique, la vibration-couleur la plus nocive pour l'organisme vivant, et c'est bien dommage.

5. La vibration-couleur radiesthésique

Les radiesthésistes et géobiologues qui veulent effectuer une analyse sérieuse des « ondes de forme » auront soin de mesurer tout d'abord à l'aide du pendule si tel objet ou tel lieu vibre dans la phase électrique ou dans la phase magnétique, avant de mesurer la vibration-couleur. Pour ce faire, le radiesthésiste ou géobiologue doit d'abord poser la question mentalement ou à voix haute : « Quelle est la vibration-couleur, visible ou invisible en phase électrique ou en phase magnétique émise par cet objet ou par ce lieu ? »

Une fois cette mesure effectuée, il la note puis se tient face au nord magnétique et lance son pendule sur l'axe médian du graphique des douze couleurs radiesthésiques du sud vers le nord, en posant la question suivante mentalement ou à haute voix : « Quelle est la vibration-couleur visible ou invisible de ce lieu ou de cet objet en phase électrique ou en phase magnétique ? » Si l'objet ou le lieu émet une vibration-couleur de forme en phase électrique, le pendule se dirigera vers la gauche, et si l'objet ou le lieu émet une vibration-couleur de forme en phase magnétique, le pendule se dirigera vers la droite. Dans un deuxième temps, il interroge à nouveau le graphique en lançant à partir du centre du cercle le pendule qui lui donnera la vibration-couleur exacte émise par l'objet ou le lieu, vert + en phase électrique, blanc en phase magnétique, rouge ou noir en phase électrique, etc.

Des milliers de mesures comparatives nous ont permis de déduire que les vibrations-couleurs émises en phase magné-

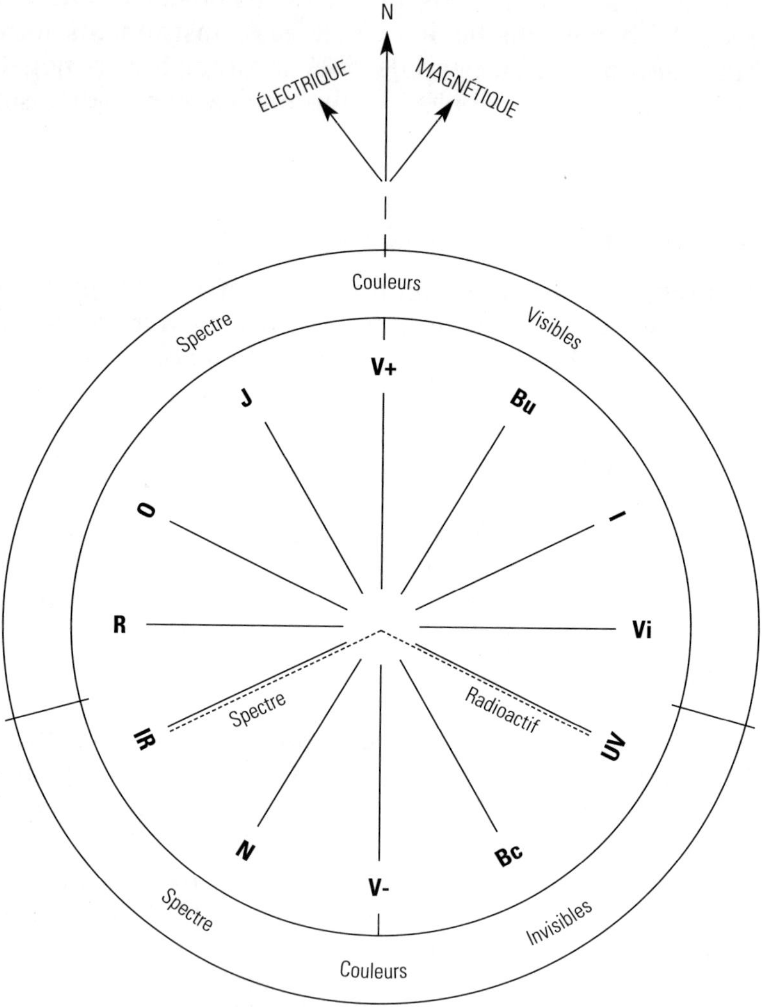

Quelle est la vibration couleur, visible ou invisible
en phase électrique ou en phase magnétique ?

Utilisation pratique du spectre des couleurs de forme.

tique sont bénéfiques et favorables à la vie, alors que les vibrations-couleurs émises en phase électrique sont nocives pour la santé de l'homme. Ainsi, le vert positif magnétique correspond à la vibration d'un lieu bénéfique ou d'un lieu sacré, et le vert négatif électrique correspond à la vibration d'un lieu nocif, d'un lieu de souffrance ou d'un ancien lieu de sacrifice. Le blanc magnétique correspond à un lieu spirituel, le noir électrique à la vibration-couleur de la mort et le rouge électrique à celle qu'on mesure sur les champs de bataille et autres lieux historiques où l'on a pu brûler des gens (je pense aux châteaux cathares ou aux « champs des crémats », ces prés de l'ancien comté de Toulouse où les croisés brûlèrent les hérétiques).

En prenant les mesures des vibrations-couleurs au-dessus des cupules rituelles païennes taillées jadis sur d'anciens lieux de culte solaire, nous avons trouvé le vert positif magnétique sur

Mesure du vert positif magnétique sur l'autel de l'église d'Orschwihr (Haut-Rhin).

certaines et le vert négatif électrique sur d'autres. Je pense que les cupules où nous avions mesuré le vert positif magnétique servaient à recevoir des offrandes ou à contenir des macérations de plantes et que celles au-dessus desquelles nous mesurions le vert négatif électrique servaient aux sacrifices d'animaux ou d'humains. D'ailleurs, certaines de ces cupules, taillées de façon à épouser la forme d'un cou, ressemblaient à notre ancienne guillotine.

Les formes ont toujours joué un rôle important dans la vie quotidienne des peuples anciens, qui construisaient leurs cases, leurs tipis ou leurs igloos en forme ronde ou arrondie.

Plus tard, on conservait le vin dans des amphores ou des tonneaux. De nos jours, les vins de grand cru comme les vins de Champagne ou du Beaujolais sont toujours conservés dans des bouteilles de verre dont le fond est creux. Si le vin se bonifie au fil des ans dans ces bouteilles, c'est que leur forme n'est pas indifférente.

6. La géométrie sacrée et le nombre d'or

La géométrie est la science mathématique qui étudie les relations entre points, droites, courbes, surfaces et volumes de l'espace. Les anciens temples, les églises romanes et ogivales ont été construits selon une architecture tenant compte d'une géométrie sacrée et de proportions harmonieuses, émettrices radiesthésiques d'ondes produites par les formes. Certaines figures géométriques sont devenues des symboles religieux.

Le cercle, qui est la figure géométrique la plus harmonieuse, est le symbole de Dieu, du soleil et de la perfection depuis les temps les plus reculés de l'histoire de l'humanité. Les temples grecs et Romains, les tipis des Indiens, les cercles de pierre ou cromlechs étaient des monuments sacrés construits en forme de cercle. La coupole représente généralement le monde spirituel, le carré le monde matériel. Le triangle est le symbole de la Trinité chrétienne (Dieu le Père, Dieu le fils et le Saint-Esprit),

La cathédrale de Strasbourg (Bas-Rhin).

et de la Trinité hindouiste (Brahma, Vishnu, Shiva). Dans le druidisme, les trois cromlechs concentriques symbolisent les trois mondes de la cosmogonie celtique, Abred, Gwynfyd et Ceugant. Le cercle d'Abred correspond au monde de la transmigration des âmes, celui de Gwynfyd, à celui de la béatitude et celui de Ceugant symbolise le monde divin. Au centre des trois cercles concentriques, il y a le point, commencement et fin de toutes choses. L'expression « un point c'est tout » est lourde de signification !

Le triangle isocèle, dans lequel la base mesure le double de la hauteur, a été utilisé pour déterminer des proportions harmonieuses. Le triangle isocèle dans lequel la base et la hauteur ont les mêmes dimensions que le carré dans lequel il est inscrit a été utilisé par le maître constructeur Jean Knauth pour dessiner les proportions de la cathédrale de Strasbourg. La cathédrale reproduit les trois niveaux qui composent l'Univers : le Ciel, la Terre et le Monde souterrain. Le chœur est la seule partie courbe du plan au sol qui reproduit l'image de la voûte céleste. Dans une cathédrale, les voûtes captent les forces cosmiques et la crypte les forces telluriques représentées par la Vierge noire. On vénérait jadis les Vierges noires dans les cryptes des cathédrales, comme au Puy-en-Velay ou à Chartres. La crypte nous rappelle les grottes sacrées des religions primitives. Les premiers baptistères des sanctuaires chrétiens se trouvaient dans les cryptes. L'église est un lieu où soufflent l'esprit du Ciel et de la Terre. En se mettant en harmonie avec les forces cosmo-telluriques qui règnent dans une église, l'homme peut, grâce au rituel, à la musique d'orgue, à la lumière et aux couleurs filtrant à travers les vitraux, et grâce à la méditation, les capter et ouvrir ses centres d'énergie ou « chakras ». Nous étudierons les « chakras » dans le chapitre traitant des hauts lieux d'énergie.

La forme hexagonale se trouve dans les ruches des abeilles et les cristaux. Les yeux des insectes sont formés d'organes très sensibles groupés sous une lentille composée par un nombre identique de facettes ayant la forme de prismes hexagonaux. On

Reproduite d'après un dessin de Faujas de Saint-Fond, la Vierge noire du Puy-en-Velay (France) œuvre du Xᵉ siècle qui a été détruite par les révolutionnaires.

trouve l'hexagone dans l'étoile de David, que certains utilisent comme neutralisateur par effet d'ondes de forme. Dans certaines architectures, par exemple celle de la prestigieuse cathédrale de Spire en Allemagne datant du XIe siècle, la transition entre la base carrée et le dôme, symboles de la Terre et le Ciel, se fait par la forme octogonale.

Le pentagone est un polygone pourvu de cinq sommets et cinq longueurs. Les cinq côtés d'un polygone régulier génèrent le pentagone, une figure magique représentant l'homme debout. Le pentagramme ainsi que le décagone engendrent des progressions géométriques de la « section dorée ». On trouve cette proportion sacrée, appelée également « nombre d'or » ou « Divine proportion », dans les constructions des pyramides, des temples grecs et des cathédrales. Le rapport du nombre d'or se trouve dans les structures des coquillages, des arbres, des plantes, et dans les embryons animaux et humains. Il est présent dans notre ADN (dans nos chromosomes).

Tout ce qui se rapproche du « nombre d'or » est particulièrement esthétique et tend vers la perfection, ce que savaient parfaitement les anciens prêtres et architectes initiés à la science traditionnelle.

Si un jour vous assistez à un office chanté dans une ancienne église romane ou une abbaye cistercienne et que vous avez l'impression que c'est la voûte qui émet des vibrations, c'est que vous êtes dans un lieu sacré qui possède dans son architecture cette fameuse et mystérieuse « Divine proportion » ou « section dorée ». Dans leurs proportions, ces lieux sacrés respectent tous un certain rapport qui a une infinité de décimales (1,6180339…) mais dont on ne retient que les trois premières (1,618). Cette Divine proportion est appelée le « nombre d'or ». Les bâtisseurs d'art roman se servaient de cinq mesures ayant entre elles le rapport 1,618 pour construire leurs édifices sacrés. Ces cinq mesures étaient la coudée (A), le pied (B), l'empan (C), la palme (D) et la paume (E). La coudée divisée par le pied, le pied divisé par l'empan, l'empan divisé par la palme et la

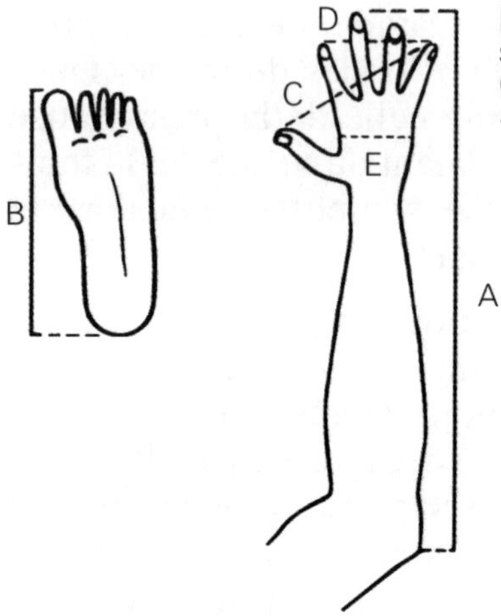

Les cinq mesures utilisées par les bâtisseurs : la coudée (A), le pied (B), l'empan (C), la palme (D), et la paume (E).
Dessin Marc Landspurg.

La canne des bâtisseurs appelée pige.

Coudée	Pied	Empan	Palme	Paume

palme divisée par la paume nous donnent le rapport 1,618. De plus, la coudée = pied + empan, le pied = empan + palme, et l'empan = palme + paume. La coudée variait d'un lieu à un autre et se situait aux alentours de 52 cm. Les bâtisseurs calculaient la coudée, qu'ils appelaient la « coudée royale », en prenant la mesure d'une coudée humaine normale et en y ajoutant la mesure d'une paume réelle. En arrivant sur le chantier, le maître d'œuvre avait avec lui un long bâton en bois appelée « pige » ou canne des bâtisseurs, sur laquelle étaient taillées des encoches qui balisaient les cinq mesures. L'expression populaire « Avez-vous pigé ? » pour dire avez-vous compris vient certainement de là.

Leonardo Fibonacci, un mathématicien italien du XIIe siècle, avait remarqué que, dans le monde végétal, le nombre des feuilles, semences et fruits poussaient d'une façon répétitive d'après des séries comme 1, 2, 3, 5, 8, 13, etc. ou 4, 7, 11, 18, 29, etc. Dans ces séries, que nous appelons « séries de Fibonacci », chaque terme augmenté du précédent détermine le suivant. Il est intéressant de constater que dans les séries de Fibonacci, le rapport entre deux nombres qui se suivent se rapproche du « nombre d'or ». En effet, on trouve 1,6 qui n'est pas loin de 1,618. En se servant de la corde à douze nœuds, les maîtres d'œuvre se sont inspirés des séries de Fibonacci et ont utilisé le rapport 1,6 afin de se rapprocher au plus près de la Divine Proportion pour bâtir les édifices religieux.

Le maître d'œuvre emportait sur le chantier une corde à douze nœuds longue de douze coudées, qui lui servait à la fois de règle, de compas et d'équerre. À l'aide de la corde à douze nœuds, on pouvait faire un triangle rectangle dont les côtés mesuraient 3 et 4 et l'hypoténuse 5 coudées. En divisant 5 par 3 et 8, la somme de 5 + 3 par 5, 13, la somme de 8 + 5 par 8, etc. nous trouvons toujours 1,6. Dans la grande pyramide de Khéops, le rapport entre la surface totale des quatre triangles latéraux et la surface de la base carrée donne le « nombre d'or ».

Quand on multiplie le nombre d'or par lui-même (1,618 x 1,618), on obtient 2,618, et quand on multiplie ensuite le chiffre obtenu par le rapport 6 divisé par 5 (6/5), on obtient le nombre pi = 3,1416.

7. Expériences de datations par la radiesthésie

La datation de la construction des mégalithes, dolmens, menhirs et autres monuments archéologiques peut s'effectuer par la radiesthésie, même si cette discipline n'est pas reconnue par la science officielle.

Pour connaître la date de la construction d'un monument ou du premier culte ou rituel pratiqué dans un lieu bien précis, on peut se servir d'un graphique et d'un pendule ou de la baguette de sourcier. Avant de commencer à faire des mesures radiesthésiques sur des sites et monuments dont on ignore la date de la construction, il faut s'entraîner à effectuer des datations sur des monuments historiques dont les dates de pose de la première pierre sont connues par les historiens ou les autorités (châteaux, chapelles, églises). Ainsi, on peut voir si l'on est doué pour pratiquer ce genre de mesures et si les dates que nous trouvons au pendule ou à la baguette concordent avec les dates officielles.

Si nous voulons savoir approximativement à quelle date a été levé un menhir ou un dolmen, nous nous plaçons devant le mégalithe en tenant la baguette de sourcier en V bien ferme entre les deux mains, parallèle au sol, puis, après avoir exercé une légère traction, nous posons mentalement la question : « Ce dolmen a-t-il été levé av. J.-C. ? » ou : « Ce menhir a-t-il été levé apr. J.-C. ? » Dès que la baguette réagit sur l'une ou l'autre des questions posées mentalement, en se levant ou en s'abaissant, nous avons une première indication de datation.

Dans un deuxième temps, nous posons la question : « Ce dolmen a-t-il été levé en 1000, 2000, 3000 ou 4000 av. J.-C. ? », en comptant mentalement ou à haute voix jusqu'au saut de la baguette qui nous définira le millénaire, par exemple 3000.

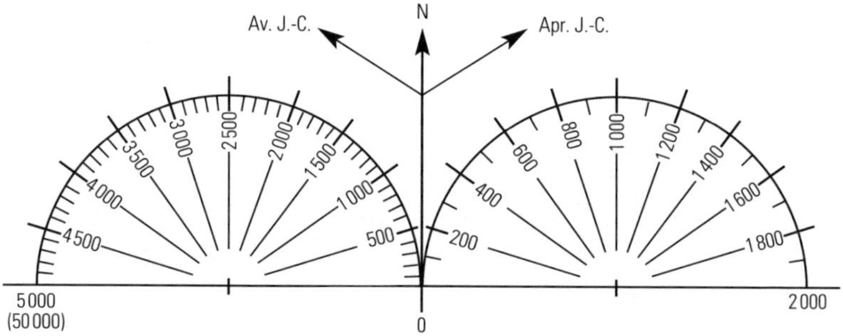

La première pierre a été posée en .... ?
Le premier culte a été célébré en .... ?
Cette cupule a été taillée en .... ?

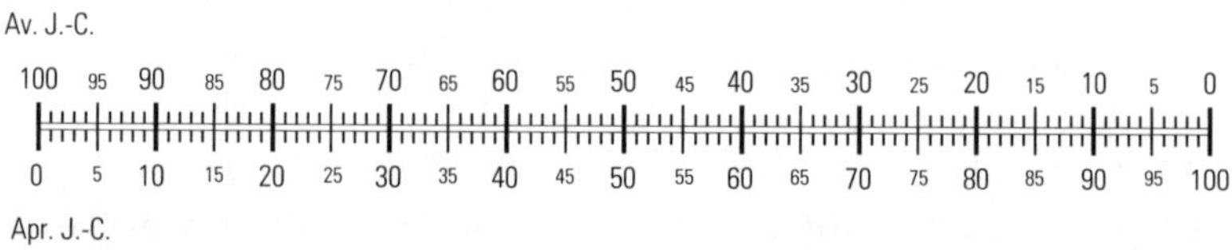

Nous pouvons ensuite affiner la date en comptant les siècles 3000, 3100, 3200, 3300, etc., jusqu'à la réaction de la baguette puis, en comptant les années, exemple 3301, 3302, 3303, 3304, 3305, etc., jusqu'à une nouvelle réaction de la baguette.

La datation peut également s'effectuer à l'aide d'un graphique et d'un pendule. Ce graphique, que nous avons élaboré spécialement pour effectuer nos datations lors de nos sorties sur les sites historiques, est constitué par deux demi-cercles juxtaposés, gradués de 0 à – 5000 et de 0 à + 2000 (voir ci-contre). Dans ce cas, elle s'effectue en deux étapes :

➠ La première étape consiste à situer la date de construction d'un monument mégalithique, par exemple en posant la question : « Ce dolmen a-t-il été construit av. J.-C. ou apr. J.-C. ? » Pour effectuer cette mesure, il faut lancer le pendule à la verticale du chiffre 0 en se plaçant face au nord magnétique et en observant s'il tire vers la gauche (av. J.-C.) ou vers la droite (apr. J.-C.), afin qu'il se mette à agir sur l'une des graduations de 0 à – 5000 ou de 0 à + 2000.

➠ La seconde étape consiste à lancer le pendule en partant du centre du demi-cercle concerné par le résultat de la première

Datation mentale de la taille
du Cuveau des Fées Vallon druidique du Void d'Escles (Vosges)
à l'aide de la baguette de sourcier.

Datation mentale de la construction du dolmen des Fados à Pépieux (Aude) à l'aide d'un pendule et d'un graphique, lors d'une sortie animée par l'auteur en pays cathare.

mesure (av. J.-C. ou apr. J.-C.) et à suivre ses oscillations jusqu'à ce qu'il se mette en giration sur 3800, sur le cercle de gauche par exemple. Vous saurez alors que le dolmen a été construit en 3800 av. J.-C.

Nous pouvons affiner la datation à l'aide d'une réglette graduée de 0 à 100 av. J.-C. et de 0 à 100 apr. J.-C., qui se trouve au-dessus des deux demi-cercles.

CHAPITRE VI

Les champs d'énergies entourant notre corps physique

1. La pratique de la téléradiesthésie

L'abbé Mermet disait : « Comme le baromètre, le pendule ne ment jamais. Pour lui, la distance n'existe pas. » L'abbé Mermet avait découvert le rayon mental qui permettait au radiesthésiste de détecter la présence, la direction, la distance, d'un élément, et de trouver la profondeur. Il était convaincu que le cerveau du radiesthésiste émettait un rayon mental qui allait frapper l'objet recherché, revenait au cerveau qui réceptionnait l'impulsion et la retransmettait à son pendule par l'influx nerveux de son organisme.

Aussi étonnant que cela puisse paraître, un bon sourcier, radiesthésiste ou géobiologue peut trouver des cours d'eau souterrains à distance en se servant d'un plan, d'une boussole, d'un pendule ou d'une règle-antenne graduée de Lecher. Pour ma part je pratique souvent la téléradiesthésie en me servant de la règle-antenne de Lecher et j'obtiens de bons résultats, qui se confirment par la suite sur le terrain.

Dans la pratique, je dispose le plan de la maison, de l'appartement ou du terrain à expertiser devant moi, sur une table. Il faut impérativement que sur ce plan ait été tracée une flèche, qui indiquera le nord, et que la personne aura matérialisée chez elle en se servant de la boussole.

J'oriente mon plan de façon à ce que la flèche indiquant le nord tracé sur le plan soit parallèle au nord indiqué par l'aiguille de ma boussole, puis je balaye le plan du nord vers le sud en tenant la règle-antenne à 45 degrés au-dessus du plan. Auparavant, j'ai pris soin de placer le curseur de la règle-antenne de Lecher sur la graduation 8,7, qui correspond à l'indication « cours d'eau souterrain ». Si, effectivement, un cours d'eau souterrain passe sous la maison ou sous le terrain à analyser, ma règle-antenne graduée va réagir au-dessus du plan, exactement de la même façon que si j'étais sur les lieux. Je marque l'endroit ou l'antenne de Lecher a réagi en traçant un coup de crayon à la verticale sur le plan, et je continue mon analyse à distance. En opérant ainsi, j'arrive à obtenir une ligne ou des lignes qui vont correspondre aux cours d'eau souterrains.

Les intersections des lignes indiquent les croisements des cours d'eau souterrains. Ils sont dangereux quand ils coulent sous une maison, un appartement ou un bureau, mais sont opérationnels quand il s'agit de détecter sur plan un croisement de cours d'eau souterrain avant de creuser un puits. Si je veux connaître la profondeur de l'eau, je retiens fermement mon antenne au-dessus de la ligne correspondant au cours d'eau souterrain et je compte 1, 2, 3, 4, etc., jusqu'à ce qu'elle réagisse entre mes mains. Je saurai alors quelle est la profondeur de la veine d'eau. Je procède de la même façon pour connaître des cours d'eau souterrains en m^3/h ou en centaines de l/h.

Pour effectuer l'analyse géobiologique d'une maison par la téléradiesthésie, je fais à nouveau un balayage avec ma règle-antenne de Lecher, en plaçant le curseur sur la graduation 6,9, qui correspond au rayon Curry. Le croisement de deux veines d'eau, souvent peu éloigné du croisement de deux rayons telluriques Curry, m'indiquera le point géopathogène de la maison ou de l'appartement.

Il est certain que l'analyse géobiologique d'un lieu de vie fait par téléradiesthésie n'a pas la même précision que l'analyse faite sur place. De nombreux facteurs peuvent venir perturber une maison, par exemple la disposition du mobilier, le choix des couleurs, la polarité ou la charge des bibelots ou des tableaux, etc. Pour être complète, efficace et sérieuse, toute analyse par téléradiesthésie doit être suivie par une étude effective sur place.

Certains sourciers obtiennent d'excellents résultats en effectuant une recherche sur plan par téléradiesthésie, même en ce qui concerne le débit et la profondeur. En France, de très bons radiesthésistes arrivent à trouver les personnes disparues à l'aide d'un plan et d'une photo. Certains d'entre eux travaillent même en collaboration avec les autorités, et obtiennent de très bons résultats.

Au XIXe siècle et au début du XXe siècle, la téléradiesthésie était très à la mode. Sans doute a-t-elle été délaissée au fur et à mesure des avancées technologiques, pour finalement tomber dans l'oubli. La téléradiesthésie comme la télépathie sont des techniques qui utilisent les pouvoirs de notre cerveau qui est à la fois un « superordinateur » et un émetteur-récepteur très puissant. Le rayon mental émet sur une longueur et une fréquence qui existent, mais qu'on n'a pas encore su capter. J'ai connu un radiesthésiste suisse qui travaillait sur plan à l'aide d'un pendule et d'une boussole, et qui arrivait à retrouver des personnes ou des objets disparus. Quand les intéressés lui téléphonaient, il arrivait très rapidement à leur indiquer l'endroit où se trouvait l'objet disparu, en les guidant verbalement et en se servant uniquement de son pendule qui lui répondait en positif ou en négatif.

Certains prétendent que ce qui est ignoré des scientifiques n'existe pas. Certes, on n'a pas encore démontré scientifiquement par quel mécanisme le radiesthésiste peut faire des recherches à distance mais il est évident que le principe fonctionne, donc qu'il existe.

Nous possédons tous un don plus ou moins développé, mais souvent nous l'ignorons. Notre civilisation moderne, qui nous éloigne de la nature, ne nous permet plus d'écouter notre corps et notre esprit et de nous en servir pleinement. Autrefois, des peuples dits « primitifs », comme les Esquimaux ou les Aborigènes d'Australie, savaient communiquer entre eux uniquement par transmission de pensée.

L'ère du téléphone portable, d'Internet et des communications intercontinentales va effacer jusqu'au souvenir de ces anciennes pratiques, qui bientôt rejoindront le rang des contes et légendes. Et c'est bien dommage, car l'homme, en perdant ses dons, s'éloigne de la Nature dont il est partie intégrante.

En radiesthésie, les uns trouvent des objets, les autres découvrent des explications… c'est bien plus commode.

Abbé Mermet.

2. Les corps subtils

Un champ d'énergie universelle, appelé « bioplasma », entoure les êtres et les objets animés ou inanimés en les reliant les uns aux autres. Le bioplasma alimente également le champ d'énergie humaine constitué par les corps subtils qui entourent le corps physique.

Notre corps physique, animé par l'énergie de nos aliments, de nos boissons, et par l'air que nous respirons, est le terminal visible, la partie la plus dense des corps subtils qui l'entourent et sont invisibles parce que composés de particules subtiles qui vibrent à des taux de plus en plus élevés à mesure qu'elles s'éloignent de la matière. Il est constitué d'un champ d'énergie dense et lourd adapté sur le plan matériel à notre planète Terre. Il est dense parce qu'il est constitué de particules qui vibrent à une vitesse inférieure à la vitesse de la lumière. Notre corps physique nous permet d'agir dans le monde matériel. Notre corps physique est une antenne qui capte l'énergie vitale, et chaque organe a sa propre fréquence. Il est entouré de corps subtils invisibles qui vibrent chacun à une fréquence différente. Les bonnes ou mauvaises influences agissent sur ces corps subtils.

Les six corps invisibles qui entourent notre corps physique sont les corps éthérique, astral, mental, causal, spirituel pur et divin. On appelle « aura » l'ensemble des champs d'énergie qui entourent le corps physique et qui ne sont pas accessibles par la vision habituelle car ils vibrent à une fréquence autre que celle que nous pouvons percevoir. L'aura vit et vibre dans un chatoiement de couleurs et de lumières.

Les animaux ou certaines personnes hypersensibles, comme les chamans, peuvent apercevoir les couleurs de l'aura, qui peut également être photographiée avec des filtres spéciaux, depuis la découverte de Kirlian. D'après certains chercheurs, chaque corps subtil ressemble à une couche vibrant à une fréquence supérieure à celle de la couche qu'elle recouvre, et occupe le même espace que le taux de vibration inférieur et s'étend au-delà. Le premier corps subtil qui entoure le corps physique de l'homme est le corps éthérique, ou corps énergétique.

Le corps éthérique, cette enveloppe invisible qui entoure le corps humain comme un halo, se détecte à mains nues ou à l'aide de petites antennes en L. L'amplitude du rayonnement du corps éthérique ainsi que celle du corps astral et mental se détecte à l'aide de petites antennes en L.

Dans la pratique, pour détecter l'amplitude du corps éthérique, le radiesthésiste avance vers la personne qui se tient debout, les bras pendant le long du corps, en tenant les antennes en L écartées de 20 cm environ, parallèles entre elles et parallèles au sol. Dès que les antennes se ferment, le radiesthésiste s'arrête et fait mesurer la distance qui sépare les antennes du corps physique de la personne. Le rayonnement du corps éthérique peut atteindre de 10 à 30 cm. Plus l'amplitude du corps éthérique est grande, plus la personne aura de l'énergie. Les personnes atteintes d'une maladie grave ont un corps éthérique réduit, donc une énergie faible. Pendant que nous dormons, le corps éthérique diminue en amplitude alors que le corps astral augmente et va se charger en énergie cosmique. Le corps éthérique est vu par les chamans comme un halo de fumée qui suit les contours du corps physique. Il a l'aspect d'un nuage blanc-gris argenté. Le corps éthérique est le corps de guérison. Il reçoit les énergies subtiles provenant des autres corps vibrant à une fréquence plus grande, les transforme et les diffuse vers le corps physique.

À la suite d'un choc émotionnel ou d'un accident, le corps éthérique peut être décentré momentanément vers l'avant, vers l'arrière, vers la gauche ou la droite du corps physique, ou il peut être complètement retourné. La personne a alors l'impression désagréable d'être mal dans sa peau ; sensation de mal-être qui est due au déplacement du corps éthérique. L'acupuncture, l'homéopathie et le magnétisme agissent sur le corps éthérique.

Le corps astral, ou corps émotionnel, est un corps subtil qui enregistre et véhicule nos désirs, émotions, sentiments, passions, sympathies et antipathies. Comme les fréquences des énergies reçues de la Terre ou du Cosmos sont trop rapides pour le corps éthérique, c'est le corps astral qui sert d'adaptateur d'énergie.

Le rayonnement du corps astral, qui s'étend de 30 cm à 1,50 m autour du corps physique, peut être détecté par les radiesthésistes à l'aide de leurs antennes en L.

En contemplant le corps astral, les chamans voient des masses subtiles de couleur bleue, mauve ou indigo sur une certaine hauteur au-dessus de la tête, des masses de couleur rouge sombre et jaune terne sur le côté gauche, des masses énergétiques de couleur vert émeraude avec des filaments roses ou rouges sur le côté droit et des couleurs rouge, vert ou marron au niveau des pieds. La psychanalyse, la sophrologie et le yoga sont des thérapies qui agissent sur le corps astral.

Le corps mental, qui peut être détectable sur plusieurs mètres, est le siège de l'intellect. Il exerce, dans la région de la tête et autour des épaules, une activité lumineuse intense dont la masse énergétique de couleur bleue est visible par les chamans ou les clairvoyants. C'est dans le corps mental qu'agit la télépathie.

Le radiesthésiste peut se servir des pierres comme l'améthyste, la sodalite ou le lapis-lazuli pour libérer le corps mental des vibrations les plus lourdes qui le tirent vers la matière. On peut transformer son corps mental par la méditation, la concentration et les pensées positives et créatrices.

Le corps éthérique gorge le corps physique d'énergie, alors que les corps astral et mental puisent l'énergie du corps physique. Ces quatre corps constituent la nature inférieure de l'homme et sont détectables par la radiesthésie. Les trois autres corps, le corps causal, le corps spirituel et le corps divin, existent en germe chez chaque être humain et se développent uniquement chez les hommes et les femmes qui effectuent une quête ou un travail spirituel tout au long de leur vie.

Le corps causal est le corps de l'âme. C'est le corps mental supérieur qui permet de remonter à l'origine de toute chose. C'est le siège de l'intelligence qui permet à l'homme d'accéder à la connaissance des principes qui régissent notre univers. Dans la croyance à la réincarnation, c'est dans le corps causal qu'est déposée la mémoire de nos différentes incarnations et de la raison de notre vie sur Terre.

D'après certaines croyances, le corps causal, ou corps de l'âme, est le corps subtil où serait déposée la mémoire de nos différentes incarnations. Il garderait en mémoire les bonnes et mauvaises pensées et actions qui sont imprégnées et inscrites dans les corps subtils, astral et mental. Pour entrer en résonance avec le spirituel et divin, l'âme devra intégrer plusieurs fois un nouveau corps physique, jusqu'à s'élever vers ces mondes vibratoires situés dans un autre espace-temps et une autre dimension. En changeant ses croyances profondes, en donnant un but à sa vie sur Terre, on peut agir sur le plan causal.

L'aura du corps spirituel, ou corps akashique, est le reflet de l'âme spirituelle, celui du don de soi, de l'amour de l'humanité et de l'amour divin. Les êtres qui se vouent corps et âme à la réalisation de tout perfectionnement spirituel sont appelés « maîtres spirituels ». Les chamans voient le corps spirituel dans des tons violets ou sous la forme d'un halo de couleur jaune vif et de fréquence très rapide.

Le rayonnement du corps divin est le reflet de l'âme divine. Ces deux dernières auras sont tellement étouffées par le voile de la matière que seuls les grands êtres initiés comme Jésus-Christ[(1)], Bouddha[(2)], ou encore d'autres êtres réalisés comme Gandhi[(3)], les manifestent ou peuvent y avoir accès.

À la mort du corps physique, il se produit un mécanisme de dissolution lent et progressif des énergies. Après le relâchement des sphincters et la baisse de la température du corps, vient le dernier souffle. Se produit alors le transfert de l'énergie du corps éthérique vers les deux canaux centraux. Le chaman voit à ce moment une augmentation du rayonnement de la couleur orange. L'énergie concentrée au-dessus du cœur pénètre au sommet de la tête, et le clairvoyant verra une couleur blanche. L'énergie concentrée au-dessus du cœur pénètre la base de la colonne vertébrale, et le chaman clairvoyant aura alors la vision de la couleur rouge. Au moment de la mort, l'énergie pénètre

---

1. Jésus-Christ, juif de Palestine, fondateur du christianisme, dont la naissance correspond théoriquement avec le début de l'ère chrétienne. Pour les chrétiens, il est le Messie, fils de Dieu et rédempteur de l'humanité.

2. Bouddha l'Illuminé, ou Siddharta ou Shakyamuni, noms sous lesquels on désigne le fondateur du bouddhisme, Gautama, personnage historique, fils du clan du chef des Sakia, qui prêcha la doctrine bouddhique après avoir reçu l'« illumination » (v. 525 av. J.-C.).

3. Gandhi (Mohandas Karamchand), surnommé le Mahatma, apôtre national et religieux de l'Inde (Porbandar 1869-Dehli 1948).

dans le centre du cœur vers l'infime parcelle, et cette formidable concentration de force va procéder à l'expulsion hors du corps physique. La personne qui vient de mourir va se constituer une autre enveloppe d'énergie. Le corps astral et le corps mental sont intégrés par le corps causal, qui est le corps subtil de l'âme. C'est lui qui va hériter de tous nos liens avec notre passé. Il garde en mémoire tout notre vécu, nos bonnes ou mauvaises actions, nos pensées, ce que les Orientaux appellent le « karma ». Le corps causal ou corps de l'âme est donc un corps subtil très important.

D'après les récits des personnes mortes cliniquement puis revenues à la vie, le mort guidé par son ange gardien traverse rapidement une sorte de tunnel et est attiré par une lumière éclatante et une chaleur irradiante qui lui procure un bien-être jamais connu durant sa vie terrestre. Il rencontre dans l'au-delà des personnes de sa famille, des amis et des connaissances qui sont mortes depuis un certain temps et qui vont l'accueillir mentalement dans la joie de cette nouvelle dimension. Après trois jours, le corps de la personne décédée peut retourner à la Terre-Mère, l'empreinte de ses cellules et de son ADN ayant été transmis à ses enfants et petits-enfants. Dans les traditions

Après un combat sanglant, l'âme des héros de la bataille de Troie, symbolisée par un papillon, s'envole vers d'autres plans et mondes vibratoires.

religieuses occidentales, on attend effectivement trois jours pour enterrer les morts.

On peut comparer cette vision de l'âme se séparant du corps physique au papillon qui s'échappe de la chrysalide qui l'enveloppait pour s'envoler vers une autre dimension. Dans les religions qui croient à la réincarnation, on dit que cette âme va entrer alors dans le temps d'errance avant de rejoindre avec toute la mémoire des vies antérieures un nouveau corps physique et recommencer une nouvelle incarnation humaine. Dans cette croyance, l'être arrivé à la fin du cycle des réincarnations arrive au stade où il réalise les noces parfaites du corps et de l'esprit. Il atteint alors le corps subtil divin ou corps « atmique » (Atman signifie Dieu en moi).

> *Les vies se suivent et ne se ressemblent pas, mais elles s'enchaînent avec une logique impitoyable. Si chacune d'elles a sa loi propre et sa destinée spéciale, leur suite est régie par une loi générale : un Ordre Universel... »*
>
> Schuré, Édouard[4].

3. L'analyse du corps éthérique

Le corps énergétique ou corps éthérique d'une personne vivant pendant des mois ou des années à la verticale d'un croisement de cours d'eau souterrain sera décentré par rapport à son corps physique, comme pour une personne ayant subi un choc lors d'un accident de voiture. Le radiesthésiste ou le sourcier-géobiologue, qui sait détecter le corps éthérique, pourra vérifier ce décalage avec ses instruments et le recentrer à l'aide de ses mains.

Avant d'analyser le corps éthérique à l'aide d'une antenne de Lecher, il faut tout d'abord vérifier avec des antennes en L

4. *Les Grands Initiés* (Lib. académique Perrin ; 1959).

si le corps éthérique est bien en place autour du corps physique et n'est pas décentré. Pour mesurer l'épaisseur du corps éthérique qui entoure le corps physique d'une personne, le radiesthésiste se tient debout à 1 m en face d'elle, en tenant les antennes en L parallèles entre elles et parallèles au sol, écartées de 20 cm. Il avance lentement vers la personne jusqu'à ce que les antennes en L se referment. Si le corps éthérique est bien en place, les antennes se refermeront à 30 cm environ du corps physique. Le radiesthésiste fera pivoter d'un quart de tour la personne et recommencera l'opération en la faisant pivoter jusqu'à ce qu'elle soit de nouveau en face de lui.

En procédant ainsi, il pourra voir si le corps éthérique est décentré vers l'avant, vers l'arrière, vers la gauche ou vers la

REPÈRES POUR L'ANALYSE DU CORPS ÉTHÉRIQUE

Repères	Organes du corps humain
3,20	Gros intestin
3,30	Prostate
3,35	Ovaires
3,50	Sinus, mâchoire, squelette
3,60	Yeux, cheveux, peau
3,65	Appendice
3,70	Rate
3,80	Foie
3,90	Utérus
4,00	Vésicule biliaire
4,15	Système nerveux central
4,20	Estomac
4,30	Pancréas
4,40	Coronaires
4,50	Duodénum
4,65	Vessie
4,70	Glandes surrénales
9,60	Glande thyroïde

Tiré de *L'Antenne de Lecher : guide pratique d'utilisation* de Dominique Coquelle (Lib. de l'Inconnu ; 1993).

droite. Si le corps éthérique est déplacé, il pourra le remettre en place à l'aide de ses mains en tapant d'un coup sec l'enveloppe éthérique pour la recentrer. Il vérifiera ensuite à l'aide de ses antennes en L et jugera si le corps éthérique est bien équidistant autour du corps physique.

Après avoir vérifié que le corps éthérique est recentré, le radiesthésiste se servira de l'antenne de Lecher pour vérifier si telle ou telle maladie est déjà programmée dans ce corps subtil. Pour vérifier si les muqueuses, les narines et les poumons d'une personne sont sains, il placera le curseur de l'antenne de Lecher sur la graduation 3,25 cm et passera l'antenne devant ces organes en la tenant légèrement inclinée vers l'avant, en balayant devant chaque organe. Si un des deux poumons est malade, l'antenne de Lecher réagit en s'abaissant. Il pourra également la tenir en pointant la réglette légèrement relevée vers lui. Pour vérifier l'état de santé des reins, il placera le curseur sur la position 4,45 cm, pour les oreilles et la rate sur la position 3,70 cm, etc. (voir tableau page précédente).

Il est évident que cette analyse effectuée à l'aide de l'antenne de Lecher n'est qu'une indication énergétique et pas un diagnostic médical.

TROISIEME PARTIE :

La géobiologie : une science du futur

« L'inconnu d'aujourd'hui est la science de demain. »

Camille Flammarion.

CHAPITRE VII

Une discipline d'avant-garde

1. Qu'est ce que la géobiologie ?

La géobiologie est une nouvelle discipline qui étudie les influences simultanées des ondes cosmiques et du rayonnement de la Terre sur tout ce qui vit (végétaux, animaux, humains), avec toutes les réactions et conséquences que peuvent avoir ces influences sur la santé. Cette discipline étudie les influences de l'environnement immédiat (cours d'eau souterrains, failles géologiques, zones géopathogènes, rayons telluriques, radioactivité, etc.) sur la santé.

Le mot géobiologie a été composé de trois mots grecs, *geos* la Terre, *bios* la vie et *logos.* Le mot *logos* signifie la rationalité suprême, conçue comme gouvernant le monde dans certaines philosophies, le Verbe éternel incarné dans l'Évangile de saint Jean. Son sens profond veut dire vibration.

Notre Terre et son satellite la Lune font partie du système solaire avec ses autres planètes. Le système solaire fait partie d'une galaxie. Notre univers comprend des millions ou peut-être des milliards de galaxies. Tout cet ensemble tourne en spirale autour d'un centre appartenant à une gigantesque ellipse.

La Terre se déplace dans le vent solaire qui est à l'origine du magnétisme et par un phénomène d'induction, elle entraîne l'apparition d'un champ électrique entre la Terre et le Cosmos.

Sans arrêt, la surface du globe, chargée d'électricité négative, se décharge vis-à-vis de la très haute atmosphère, en relation directe avec le restant de l'univers, mais surtout de notre galaxie. L'armature négative de cet immense condensateur (immense par sa surface) est rechargée instantanément par les très nombreux orages qui viennent frapper le sol[1].

La géobiologie, qui n'est ni une croyance ni une science, étudie la Terre en tant qu'organisme vivant. Les Celtes la comparaient déjà à un organisme vivant : les rochers constituant son ossature, la végétation, les poumons, l'eau, le sang et les rayons telluriques ses nerfs. Elle étudie la vie sur la Terre, l'homme dans son environnement, et s'intéresse particulièrement aux rayons telluriques qui arrivent en surface, trouvant sur leur passage des failles géologiques, des roches radioactives ou des cours d'eau souterrains, qui peuvent se transformer en ondes nocives dangereuses pour la santé de tout ce qui vit.

La géobiologie tient également compte des ondes que produisent les formes. Le désordre architectural de nos campagnes et de nos villes, le béton, le métal, les matériaux synthétiques, les dissymétries et le choc formidable des formes contribuent au stress de nos civilisations et génèrent des maladies de plus en plus graves. Elle englobe l'art du sourcier plusieurs fois millénaire, la géomancie ou divination de la Terre, la radiesthésie, l'architecture, l'architecture sacrée et les nouvelles techniques d'analyse et de mesures.

En alliant à la fois la science du XXIe siècle et la Tradition, la géobiologie, discipline d'avant-garde, rejoindra le rang des sciences en ce début du IIIe millénaire.

L'équilibre cosmo-tellurique de notre environnement immédiat est influencé par les rayons venant du cosmos, par le Soleil, la Lune, les planètes, par le rayonnement de la Terre, par les

1. Alexandre, Rémi : *Votre lit est-il à la bonne place ? Introduction à la géobiologie* (Ka ; 1981). Ou le site et son influence sur la vie.

solstices, équinoxes, éruptions volcaniques, tremblements de terre, éclipses, alignements de planètes, ou par les passages de comètes à proximité de notre planète.

Lorsque les rayons qui viennent du cosmos, dits rayons cosmiques, frappent notre planète, ils doivent naturellement se perdre au centre de la Terre. Lorsqu'ils rencontrent sur leur passage des cours d'eau souterrains, des failles géologiques, des nappes de gaz, de pétrole, ou des couches de minerais de fer, ils sont réfléchis et peuvent devenir nocifs en revenant à la surface de la Terre.

Nos lieux de travail ou d'habitation peuvent être perturbés par des failles géologiques, des poches de gaz, des galeries souterraines, des cours d'eau souterrains, des sous-sols marécageux ou argileux, par les lignes à très haute tension ou par les antennes-relais installées à proximité. Il peut également être rompu par des gaz radioactifs émanant du sous-sol, qui proviennent de la radioactivité des roches composant l'écorce terrestre, roches qui contiennent des traces de corps radioactifs comme le radium, le thorium et le kalium.

Ces gaz, libérés dans la croûte terrestre, remontent à la surface pour s'échapper dans l'atmosphère. Drainés vers la surface par les failles géologiques et les courants telluriques, les gaz, tels le radon, le thoron et l'actinon, deviennent très virulents et peuvent entraîner des déséquilibres vibratoires importants qui provoquent des maladies. Le sourcier, le radiesthésiste ou le géobiologue est sensible à ces déséquilibres vibratoires qu'il peut détecter à l'aide de ses instruments.

Les végétaux, les animaux et les hommes sont animés par les courants et rayons telluriques indispensables à la vie sur Terre. Lorsque les rayons telluriques sortant du sol ne sont plus équilibrés par les rayons cosmiques venant d'en haut, il y a déséquilibre cosmo-tellurique et une diminution de la vibration. D'après Georges Lakovsky, physicien et biologiste, tous les sujets vivants émettent et reçoivent des radiations électromagnétiques. Nos cellules humaines peuvent être comparées à des circuits oscillants ayant une longueur d'onde très courte et une fréquence très élevée. Si ces circuits sont perturbés par une force extérieure qui crée des déséquilibres vibratoires, la perturbation de ces oscillations va entraîner des maladies. C'est ce qui se produit quand l'homme quitte une zone neutre pour s'installer dans une zone perturbée au niveau tellurique. Ces zones, que nous appelons géopathogènes, de *geo* la Terre et de *pathos* la souffrance, peuvent occasionner, au bout de quelques années, des maladies aux gens qui y sont installés.

Une zone géopathogène peut générer une rupture de l'équilibre cosmo-tellurique et des ondes nocives. Les personnes vivant dans ces zones perturbées, même si elles vivent sainement par ailleurs, peuvent tomber malades en raison de leur environnement. Les géobiologues actuels ne font que poursuivre l'œuvre des sourciers et radiesthésistes d'antan. Certains architectes d'avant-garde spécialisés dans la construction saine et biologique font des analyses géobiologiques de terrain avant l'implantation des maisons. Ils ont une vision écobiologique de l'habitat et vont construire en tenant compte de la mémoire des lieux, de la situation par rapport à l'environnement immédiat, de l'ensoleillement, des failles, cours d'eau souterrains, des formes, des matériaux, des volumes, des couleurs, de la pose de la première pierre. Ils tiennent également compte des nuisances électromagnétiques des lignes à haute tension du réseau électrique de l'habitat, de la mise à la terre et de la disposition des différents appareils électroniques installés dans le lieu de vie ou de travail.

L'emplacement des chambres et l'implantation du mobilier se feront par rapport aux forces cosmo-telluriques. L'architecte géobiologue choisira les pièces ayant le plus de vibrations pour y installer les chambres à coucher, le salon ou la cuisine, pièces où l'on se tient le plus souvent.

Les instruments utilisés par les géobiologues sont la baguette de sourcier, le pendule, les graphiques, l'antenne de Lecher, le lobe-antenne de Hartmann, la boussole, le compteur Geiger et le magnétomètre.

Le but de la géobiologie est d'aider les humains à reprendre conscience de leur environnement immédiat et de son influence sur leur santé et leur équilibre.

2. Les origines de la géobiologie

Depuis des millénaires, les Chinois pensaient que leur vie était liée à leur environnement de manière magique. Ils reconnaissaient les énergies telluriques grâce à la topographie des lieux, montagnes, collines et rivières, et canalisaient ces énergies grâce à l'art du *Feng Shui,* qu'ils maîtrisaient parfaitement. Ils ont toujours eu le sentiment que certains endroits étaient meilleurs, plus heureux et plus sacrés que d'autres.

Notre géobiologie occidentale est un peu la réplique du Feng Shui chinois. En Chine, le système philosophique est basé sur l'harmonie de l'Univers et l'équilibre de deux forces, le *Yin* et le *Yang.* Le Yang est la force positive du Ciel, la force cosmologique indissociable du Yin et du Tao, la Voie, le principe suprême et impersonnel d'ordre et d'unité du Cosmos. Le Yin, la force cosmologique indissociable du Yang et du Tao est la force négative de la Terre qui se manifeste surtout par la passivité. Le *Fong Choei,* ou *Feng Shui,* est lié à la philosophie taoïste. Les maîtres en Feng Shui Chinois peuvent être comparés à nos sourciers, radiesthésistes ou géobiologues occidentaux. Le Feng-Shui, qui est en fait l'ancêtre de notre géobiologie, était utilisé en Chine dans l'art de la construction, le choix de l'emplacement des temples et autres lieux ainsi que des lieux de sépulture. Ses pratiquants savent que certains éléments de l'environnement, comme les collines ou les cours d'eau, ainsi que l'architecture, de par ses formes et ses matériaux, peuvent agir sur l'individu.

L'art du Feng Shui qui signifie « vent et eau » recherche les flux d'énergie dus aux courants telluriques, les canalise et les utilise pour irriguer une maison d'une façon positive. En Chine, on apporte autant de soins au choix de l'établissement de sa sépulture qu'à l'emplacement de sa maison d'habitation. Les Chinois accordent une grande importance au nord magnétique et placent leurs tombes et leurs autels dédiés au culte des ancêtres dans cette direction.

J'ai pu constater que les trois usines japonaises qui se sont installées dans le Haut-Rhin ont choisi trois sites bien placés au niveau du Feng Shui. La première, implantée à Soultz-Haut-Rhin, est située en face du massif du Grand-Ballon dans un cadre admirable ; la deuxième est située à Colmar, face au vignoble des collines sous-vosgienne, et la troisième à Ribeauvillé au pied du massif du Taennchel, haut lieu d'énergie. Autour de l'usine de Colmar, les propriétaires japonais ont même fait aménager des petits monticules de terre avec du gazon et des arbres pour respecter l'environnement, et certainement pour canaliser les énergies positives venant des montagnes et collines situées tout près.

Hippocrate[2], médecin grec considéré comme le plus grand médecin de l'Antiquité, écrivait déjà vers 420 av. J.-C. : « Que celui qui veut perfectionner l'art de guérir considérera les causes extérieures qui agissent sur l'être vivant, concurremment avec les considérations constitutionnelles qu'il porte en lui. Il devra entreprendre de définir l'influence des saisons de l'année et de l'action des astres, s'enquérir de la qualité des eaux, s'instruire comment l'endroit est disposé par rapport aux vents, aux hivers, aux couchers de soleil, s'informer de l'état des sols. »

Autrefois, les Romains construisaient leurs villas sur des lieux ensoleillés, situés souvent en hauteur et orientés plein sud. Ils ne choisissaient pas les terrains de construction au hasard. Avant d'établir leurs fortifications, ils laissaient paître les moutons pendant une année, puis les abattaient pour exa-

2. Né sur l'île de Cos vers 460 av. J.-C. et mort à Larissa en Thessalie vers 377 av. J.-C.

miner le foie et la rate. Si ces organes étaient sains, ils décidaient d'y construire, si les organes étaient livides ou vicieux, ils immolaient d'autres bêtes pour s'assurer qu'elles étaient également malades. Quand ils constataient que ces organes étaient malades et attaqués par l'eau ou le pâturage, ils savaient que l'endroit était géopathogène et renonçaient à y construire.

Voilà ce qu'écrivait Vitruvius[3], à propos de l'implantation d'un site salubre : « L'emplacement salubre devra être élevé et non brumeux, et pas trop exposé aux grandes chaleurs[4]. » À propos des animaux, il disait dans le chapitre VIII : « Les corps des animaux sont composés de principes, et par suite de proportions excessives de ces principes, ces corps souffrent ou se décomposent. »

Les Anciens connaissaient parfaitement les terrains malsains où rien ne poussait, et ils évitaient d'y construire leurs étables, écuries et habitations. Les Indiens d'Amérique, réputés pour être très proches de la nature, repéraient les endroits que leurs chevaux semi-sauvages affectionnaient et ils les choisissaient pour établir leur campement. Certains Indiens, pratiquant à leur manière l'art du sourcier, avaient comme une sensation d'être brûlés sous la plante des pieds quand ils marchaient pieds nus à la verticale d'un cours d'eau souterrain, ce qui permettait à leur tribu de trouver les sources et de choisir l'emplacement du campement en zone neutre, dépourvue d'ondes nocives.

Autrefois, dans les montagnes vosgiennes, on commençait par observer les endroits où les vaches paissaient, avant d'y construire la ferme. Généralement, les fermes étaient légèrement décalées par rapport à la source qu'on captait en amont.

Un jour, en allant faire l'analyse géobiologique d'une écurie pour ânes vosgienne, j'ai pu constater qu'elle était construite

---

3. Ingénieur militaire et architecte romain du Iᵉʳ s. av. J.-C., auteur du traité *De architectura*.

4. Livre I, chap. VII.

Géomancien chinois analysant un futur terrain de construction
selon l'art du Feng-Shui.

en longueur et comportait une moitié géopathogène placée à la verticale de sources et une moitié saine placée en zone neutre. Instinctivement, les ânes allaient crotter dans la zone géopathogène et dormaient dans la zone neutre exempte d'ondes nocives. Contrairement à ce que pense l'opinion populaire, pour qui les ânes sont des animaux stupides, ils sont très intelligents et leurs oreilles pointues les rendent intuitifs, sensibles aux ondes cosmiques. Les chevaux et les bovins qui sont dans des stalles et qui n'ont pas ce choix tombent malades ou dépérissent très vite si on ne les change pas de place.

Jadis, les sourciers de campagne étaient surtout demandés par les paysans pour analyser les étables et les écuries. Je n'ai rencontré que très rarement des harmonisateurs posés dans les anciennes maisons paysannes alors que je trouvais toujours des déviateurs et autres neutralisateurs dans les étables et écuries. Il y a une explication toute simple à cela : les maisons, contrairement aux étables et aux écuries, étaient, de par leur construction, isolées des ondes nocives telluriques et leurs occupants n'avaient pas besoin de faire appel au sourcier pour neutraliser ou harmoniser l'habitat. Autrefois, on isolait les constructions de l'humidité en remplissant les planchers de scories, de journaux empilés, ou en clouant au plafond des caves des petites planches en bois qu'on avait au préalable entourées de paille, trempées dans de l'argile et séchées. En bâtissant avec du torchis et en agissant ainsi, nos ancêtres isolaient leurs habitations de l'humidité et, sans le savoir, ils atténuaient l'effet nocif des rayons venant du sol. J'ai pu constater que de tels planchers isolaient parfaitement les chambres des ondes nocives émises par les rayons telluriques amplifiés par les cours d'eau souterrains et des failles géologiques. C'est dans ces anciennes maisons, dans lesquelles règnent bien-être, calme et sérénité, qu'on rencontre encore des personnes âgées de 85 à 95 ans, comme si l'absence d'ondes nocives telluriques agressives pouvait contribuer à prolonger leur vie.

3. Le tellurisme, les courants et réseaux telluriques

La façon de concevoir les forces telluriques ou le tellurisme diffère selon que la source d'information vient de la science ou de la Tradition. Pour les scientifiques, les forces telluriques sont des radiations électromagnétiques qui parcourent le sol en fonction du degré d'humidité et de la nature géologique du lieu. Elles sont considérés comme ayant une influence sur l'ensemble des composants relationnels et affectifs du moi, sur les perturbations téléphoniques, télégraphiques, et les communications radio. Comme les études sur les forces telluriques se poursuivent, la nature de leur origine n'est pas encore bien claire dans les esprits. Pour certains chercheurs, le rayonnement tellurique est fait de courants électriques qui circulent en permanence dans le sol. Ils se sont aperçus que ces rayonnements, constitués de neutrons, étaient à l'origine des rayons alpha, bêta et gamma, plus ou moins absorbés par la Terre elle-même. Nous verrons plus loin que les géobiologues ont une autre approche du tellurisme, de ses origines et de ses effets sur les végétaux, animaux et humains.

Dans la Tradition, on retrouve les forces telluriques dans les mythes, légendes et rituels. De l'Antiquité à nos jours, les prêtres et les sourciers ont toujours su détecter les cours d'eau souterrains et les courants telluriques. Les Anciens connaissaient les courants telluriques, savaient les détecter et les canaliser en plaçant, par exemple, les menhirs, dolmens et temples à la verticale des croisements telluriques amplifiés par des cours d'eau souterrains et des failles géologiques. En canalisant ces forces naturelles sortant de la Terre grâce à ces pierres levées servant d'aiguilles d'acupuncture, les Anciens changeaient le champ vital du lieu en le transformant en un haut lieu d'énergie, vibrant sur un plan supérieur.

Ils transformaient ainsi les énergies du sous-sol, génératrices de vert négatif, en phase électrique en vert positif en phase magnétique, ce qui prouve qu'ils maîtrisaient déjà parfaitement les forces telluriques. La plupart des monuments mégalithiques des anciens temples païens, chapelles, églises romanes et cathédrales ont été bâtis selon une architecture sacrée qui tient compte de l'orientation, sur des lieux fastes, des cours d'eau souterrains, des failles géologiques et des courants telluriques.

Les Anciens symbolisaient les courants telluriques par la *Vouivre,* dénommée également la vivre ou la guivre (le serpent en vieux français), *le Nwyvre,* l'esprit des profondeurs pour les Celtes et les Gaulois, *Hydros* chez les Grecs, *Coatl* chez les Mexicains, les *Veines du dragon* chez les Chinois, *Ndhögg* chez les Nordiques, *Wasserschlange* (le serpent d'eau) chez les Germains.

Dans les provinces françaises la vouivre est représentée sous plusieurs aspects. En Alsace, c'est un beau serpent brillant de mille couleurs avec une couronne de diamants sur la tête. En Franche-Comté, elle est dénommée la « bête ». La légende dit qu'elle réside près des rivières, sources et fontaines. En Dau-

Au Ladhak, la vouivre est représentée par cette sirène dénommée Lhui.

phiné, c'est une fée qui revêt la forme d'une couleuvre magnifique avec le front orné d'un rubis.

Bouddha, né en Inde il y trois mille ans, se montre à ses adorateurs sous la forme d'un serpent ailé. En Chine, la vouivre est le dragon vomissant un fleuve d'eau qui symbolise les crues ou les inondations. Au Ladakh, région située dans le Cachemire, ce sont les Lhui qui règnent sur le monde inférieur, qui est le monde aquatique et souterrain ; les Lhui ont une forme tantôt zoomorphe tantôt anthropomorphe. Ils sont décrits comme des sirènes, des lézards ou des serpents. Ces entités souterraines entretiennent d'intimes relations avec les femmes. Ils aiment particulièrement les cours d'eau et les lieux humides. Pour ne pas blesser les Lhui, les habitants ne lavent jamais les objets tranchants dans l'eau d'une rivière. Ils ne consomment pas de poisson de peur que parmi eux se trouvent des Lhui.

Les Aborigènes d'Australie dessinaient jadis des serpents pour matérialiser les cours d'eau souterrains. Au Japon, le poisson-chat est le symbole des séismes, parce qu'il s'agite frénétiquement avant les séismes. Certains chercheurs pensent que le poisson-chat sent les milieux très positifs en émettant des électrons par ses « moustaches ».

Dans la tradition chrétienne, le dragon, symbole des forces telluriques, est combattu par saint Georges et saint Michel. Saint Georges, qui est un chevalier, tue le dragon, tandis que l'archange saint Michel, qui est un esprit, terrasse le dragon ou le diable à l'aide de son épée, ou en brandissant le feu du ciel.

Les courants telluriques se forment à une profondeur d'environ 100 km sous la surface de l'écorce terrestre et montent vers la surface de la Terre en suivant les failles géologiques de grande profondeur et les cours d'eau souterrains. Ils sont dus à l'effet de l'induction produite en sous-sol par les variations du champ magnétique terrestre qui naissent du noyau de la Terre. Ce noyau, composé de nickel, de fer et de soufre, a une température variant de 3 500 à 5 000 °C, et les pressions y sont

Saint Georges tuant le dragon.
Bois polychrome XVe siècle. Église Saint-Maurice de Soultz-Haut-Rhin.

énormes. Le noyau de la Terre appelé *nife* (nickel, fer) est entouré d'un manteau composé essentiellement de silice et de magnésium. Ce manteau appelé *sima* (silice, magnésium) est cette partie de la Terre comprise entre 70 et 2 890 km de profondeur, dont la température varie entre 1 500 et 2 500 °C.

Le manteau de la Terre est entouré de l'écorce terrestre dont la croûte dure, épaisse de 30 à 70 km, est essentiellement composée de basalte. Cette croûte terrestre est constituée de plaques flottant sur le magma. Les continents pris dans ces plaques, sont essentiellement formés de granit. La science qui étudie le mouvement des douze grandes plaques qui forment l'écorce de la Terre est appelée « tectonique ». C'est le mouvement de ces plaques flottant sur le magma qui provoque les failles géologiques et les tremblements de terre. En 1935, Charles Francis Richter, un Américain, a établi une échelle pour estimer l'énergie libérée par un tremblement de terre et pour comparer les séismes entre eux.

Notre planète, formée de l'écorce, du manteau et du noyau externe et interne, a la forme d'un ellipsoïde de révolution aplati. Elle tourne sur elle-même d'un mouvement quasi uniforme, autour d'un axe passant par son centre de gravité, tout en décrivant autour du Soleil une orbite elliptique.

Ancienne gravure représentant le tremblement de terre historique qui a dévasté la ville de Bâle en Suisse en 1356.

Les différentes masses qui constituent le globe terrestre n'ont ni la même composition, ni la même fluidité, ni la même vitesse, ce qui fait que cette rotation de différentes masses entraîne des courants de friction induits qui arrivent à la surface de notre globe terrestre sous forme de rayonnements.

Ces rayons telluriques devraient représenter un champ homogène dans le sous-sol soumis uniquement à des fluctuations d'intensité dues au rayonnement cosmique incident. Il n'en est rien, car ils forment en surface un vaste quadrillage dont les réseaux sont sensiblement parallèles, perpendiculaires, ou en diagonale par rapport au méridien magnétique. Certains de ces rayonnements peuvent devenir dangereux pour notre santé. Par exemple, le rayonnement du nickel venant des profondeurs de la Terre, une fois arrivé à la surface de notre globe, forme le réseau global ou réseau Hartmann. Il en est de même du rayonnement du fer, qui, une fois arrivé à la surface de la Terre, forme le réseau diagonal ou réseau Curry. Les géobiologues arrivent à mesurer ces rayonnements. Nous verrons comment ils procèdent dans le paragraphe suivant.

Contrairement aux humains, les animaux sentent les rayons telluriques et sont sensibles aux variations de leur intensité. Quelques semaines avant le tremblement de terre d'Agadir au Maroc, les chats avaient disparu de la ville car ils pressentaient le séisme. En général, les chats recherchent les croisements de rayons telluriques et les affectionnent même mais, dans le cas de ce tremblement de terre, ils avaient senti une augmentation anormale des rayons telluriques et ont préféré s'enfuir avant la catastrophe. La pleine lune a une influence sur les marées ainsi que sur les eaux souterraines. C'est pourquoi certaines personnes ont du mal à dormir les nuits de pleine lune car les rayons telluriques amplifiés par les cours d'eau souterrains deviennent nocifs.

Moi-même, j'ai souvent eu du mal à harmoniser les maisons à certaines dates bien précises. Or, il s'est avéré que ces dates tombaient toujours un ou deux jours avant qu'un tremblement de terre ne soit signalé par la presse sur le continent européen.

Saint Michel terrassant le diable avec sa lance.
Chapelle Saint-Michel (Saint-Jean-Saverne, Bas-Rhin).

Saint Michel terrassant le diable avec le feu du ciel.
Burgkapelle Sankt Michael Glaris (canton de Glaris, Suisse).

Le mercredi 11 août 1999, j'ai effectué des mesures radiesthésiques avant, pendant et après l'éclipse de soleil qui était partielle dans le Haut-Rhin. À l'endroit où je me trouvais, j'ai mesuré une vibration de 8 500 unités Bovis avant l'éclipse et je détectais, comme d'habitude, tous les rayons telluriques et cours d'eau souterrains à l'aide de mes instruments. Au moment même de l'éclipse, quand la Lune cachait notre Soleil, j'ai constaté un grand froid, les oiseaux ont arrêté de chanter, mes instruments ne réagissaient plus aux rayons telluriques et la vibration du lieu où je me trouvais était tombée à zéro. Quelques instants après l'éclipse, le pendule indiquait à nouveau 8 500 unités Bovis et ma baguette, mon lobe-antenne Hartmann, mes antennes en L et mon antenne de Lecher réagissaient à nouveau aux rayons telluriques. J'en ai déduit que le Soleil était indispensable à la vibration, donc à la vie sur Terre, et que les anciens qui adoraient le Soleil et croyaient à la vouivre ou aux veines du dragon étaient dans le vrai.

Le serpent qui rampe par terre en suivant les courants telluriques était jadis assimilé aux forces telluriques, et donc aux forces démoniaques. Les deux vouivres, qu'on peut apercevoir taillées sur le bas des piliers de certaines cathédrales, signifient que ce pilier est placé sur un croisement de deux cours d'eau souterrains, donc de deux courants telluriques.

J'ai pu mesurer que les piliers des cathédrales placés comme les menhirs et l'autel placé comme un dolmen à la verticale des croisements de cours d'eau souterrains neutralisent les courants telluriques. Les voûtes qui captent les bonnes vibrations des ondes cosmiques qui ont réussi à filtrer à travers l'atmosphère, l'architecture sacrée, la musique d'orgue, le rayonnement et la lumière filtrée à travers les vitraux font que ces édifices religieux sont des lieux d'énergie.

4. La mesure des principaux réseaux telluriques : Hartmann, Curry et Wissmann

Les réseaux telluriques sont étudiés scientifiquement depuis 1937 par des chercheurs, médecins, physiciens, radiesthésistes et sourciers comme Peyré, Hiller, Wittmann, Hartmann, Curry, Romani, Kunnen, Wissmann et Schneider.

Ces réseaux telluriques varient selon les lieux. Ils sont beaucoup plus resserrés dans des lieux perturbés par des rivières souterraines. En ces endroits, les mailles des réseaux sont déformées et l'intensité des rayons telluriques est plus forte que dans des zones bien ensoleillées où les réseaux sont normaux et dans lesquelles on ressent un bien-être. Nous verrons plus loin comment les anciens maîtrisaient les courants telluriques et arrivaient à équilibrer leur environnement en plaçant les mégalithes, les temples et les églises sur ces courants, comme un acupuncteur place ses aiguilles sur le corps humain pour canaliser et faire circuler les énergies.

Comme nous l'avons déjà indiqué, c'est le docteur Peyré, médecin français, qui découvre en 1937 un réseau tellurique constitué d'un quadrillage orienté nord-sud et est-ouest, théoriquement constitué de carrés de 7 à 8 m de côté sous nos latitudes. Ce réseau, qui serait connu depuis l'Antiquité, aurait des répercussions sur l'environnement.

Le réseau Peyré a été délaissé par les géobiologues qui préfèrent actuellement s'intéresser aux réseaux Hartmann, Curry et Wissmann.

Le physicien Lucien Romani, directeur technique du laboratoire Eiffel, a détecté un quadrillage de rayons telluriques beaucoup plus resserré. Le réseau Romani correspond à des damiers de 1,10 à 1,50 m de côté.

En 1948 et 1949, le docteur Ernst Hartmann, médecin allemand, étudie la géobiologie et découvre à l'intérieur du réseau Peyré des harmoniques, genre de lignes secondaires découpant chaque quadrillage du réseau Peyré en lignes plus petites. Ce nouveau quadrillage est connu sous le nom de réseau Hartmann ou réseau H. En théorie, dans l'hémisphère Nord, les segments nord-sud de ce quadrillage tellurique vibratoire mesurent environ 2 m, et les segments est-ouest 2,50 m. À l'intérieur, dans la partie rectangulaire délimitée par les segments, se trouve une zone neutre.

Les rayons telluriques du réseau Hartmann se détectent à l'aide d'un lobe-antenne dit lobe-antenne Hartmann, sorte de poisson en laiton de 34,05 cm de long, mis au point par l'Institut de recherches en géobiologie d'Eberbach en Allemagne. En théorie, ces rayons de 2 m sur 2,50 m sont formés de bandes de 21 cm de large qui peuvent atteindre 60 cm les nuits de pleine lune, les jours précédant les secousses sismiques, éruptions volcaniques et tremblements de terre. Lors d'un séisme, le réseau Hartmann est tordu et dévié. Le réseau Hartmann n'est pas constant. Il peut être perturbé par les failles géologiques, les cours d'eau souterrains, les poches d'air, les constructions et les nuages orageux. Les ondes que produisent les formes des pyramides et des cathédrales ont une grande influence sur la distribution du réseau Hartmann, également appelé « réseau global », en allemand *Globalgitternetz* ou *Hartmann Netz.* Le quadrillage Hartmann s'écarte en arrivant vers l'équateur et se rétrécit en s'approchant des pôles. Pour ma part, je trouve surtout les dimensions théoriques du réseau ou quadrillages Hartmann dans les régions sèches, par exemple le sud de la France. Dans la plaine d'Alsace, le quadrillage du réseau Hartmann est beaucoup plus resserré, et comme il y a dans cette région pas mal de cours d'eau souterrains, les nœuds du réseau sont naturellement beaucoup plus nocifs que dans les régions plus ensoleillées et plus sèches.

En 1952, le docteur Curry, un autre médecin allemand, découvre un réseau de rayons telluriques constitué d'un quadrillage orienté nord-est sud-ouest et nord-ouest sud-est magnétique ; ce réseau, qui coupe en diagonale les réseaux Peyré et Hartmann, est composé de quadrilatères dont les côtés, d'une longueur moyenne de 8 m et de 40 cm de large, varient de 4 à 16 m. Il subit les mêmes transformations que le réseau Hart-

Cet arbre foudroyé est placé sur un point de croisement de deux rayons. Wissmann. *Chapelle des Sorcières Bollenberg Orschwihr (Haut-Rhin).*

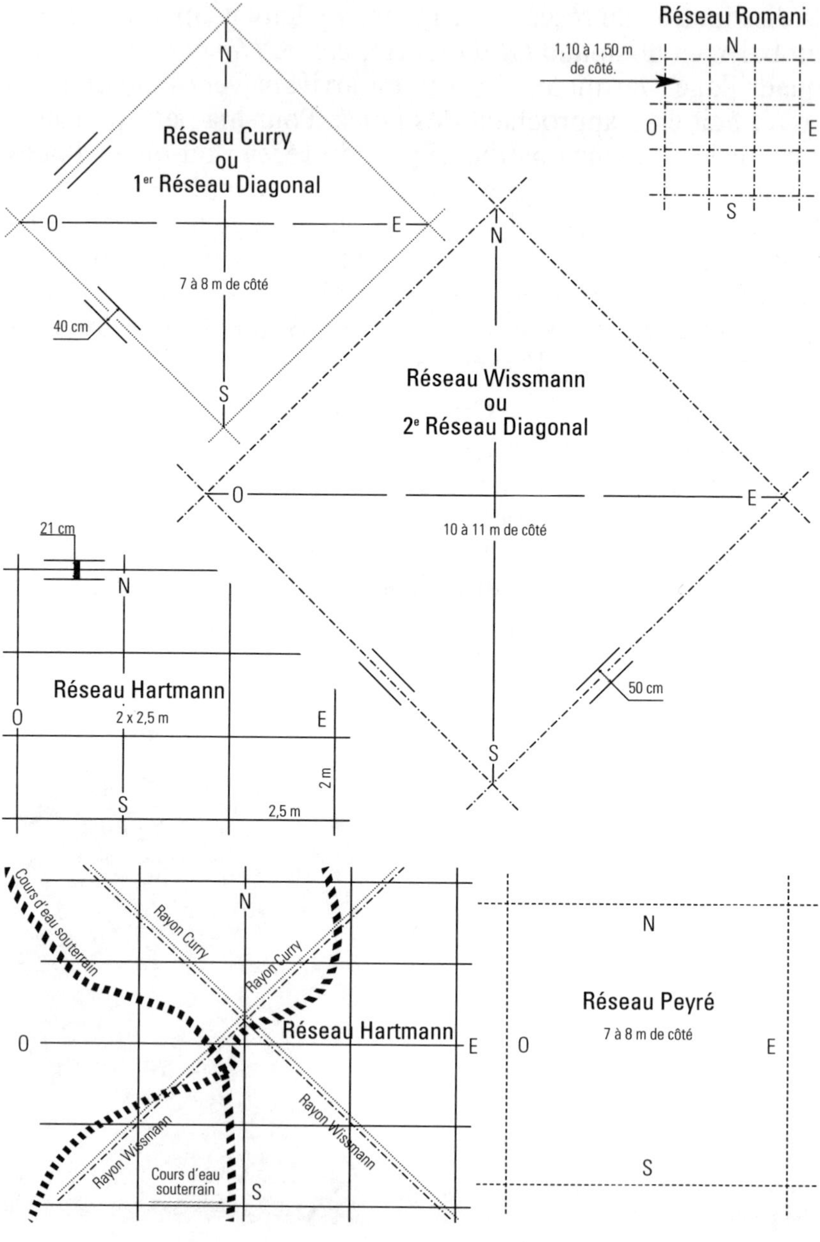
Réseau Curry
ou
1er Réseau Diagonal
N
O
E
S
7 à 8 m de côté
40 cm
Réseau Romani
1,10 à 1,50 m
de côté.
N
O
E
S
Réseau Wissmann
ou
2e Réseau Diagonal
N
O
E
S
10 à 11 m de côté
50 cm
21 cm
N
Réseau Hartmann
O
2 x 2,5 m
E
2 m
S
2,5 m
Cours d'eau souterrain
Rayon Curry
Rayon Curry
N
O
Réseau Hartmann
E
Rayon Wissmann
Rayon Wissmann
Cours d'eau
souterrain
S
Réseau Peyré
7 à 8 m de côté
N
O
E
S

mann les nuits de pleine lune, la veille des séismes ou des éruptions volcaniques, et à la verticale des cours d'eau souterrains. Le réseau Curry est appelé « premier réseau diagonal », ou en allemand *Curry Netz*. Ce réseau était surtout connu autrefois des sourciers allemands et autrichiens.

Le réseau Peyré contient douze quadrillages Hartmann, le réseau Hartmann deux quadrillages Romani. Actuellement, les géobiologues tiennent compte des failles, cours d'eau souterrains et des réseaux Curry et Wissmann.

Le réseau Wissmann ou « deuxième réseau diagonal » se compose de quadrilatères de 11 m de côté et de 50 cm de large. Il est orienté nord-est, sud-ouest magnétique et nord-ouest, sud-est magnétique. Il subit les mêmes déformations que les réseaux Hartmann et Curry. Les réseaux Hartmann, Curry et Wissmann se détectent à l'aide d'une baguette de sourcier en plastique en forme de V, munie de repères de couleurs mise au point par des chercheurs allemands ou à l'aide de la règle-antenne graduée mise au point par le physicien allemand Reinhard Schneider à partir du système des fils de Lecher (physicien allemand, 1856-1926). Le réseau Hartmann se détecte à l'aide de la baguette en plastique graduée, du lobe-antenne Hartmann, ou de l'antenne de Lecher.

En avançant vers le nord, le sud, l'est ou l'ouest, en tenant la baguette graduée en V en traction entre les deux mains, le petit doigt de la main droite venant effleurer le repère jaune, le géobiologue détecte le quadrillage du réseau Hartmann. Il avance sur le terrain et, dès qu'il va traverser un mur invisible du quadrillage Hartmann la baguette va s'abaisser. Il peut mesurer une seconde fois si cette mesure est exacte en se servant du lobe-antenne Hartmann.

Pour mesurer le réseau Hartmann, le géobiologue avance sur le terrain en tenant le lobe-antenne entre les deux index, le lobe-antenne restant parallèle au sol, la main droite se trouvant au-dessus et la main gauche en dessous. La légère différence de potentiel électrique existant entre les deux mains provoque

Mesure du réseau Hartmann près du menhir de Raon-l'Étape (Vosges).

un infime courant électrique, et l'anomalie localisée du champ magnétique terrestre ressentie par le géobiologue quand il va rencontrer le mur invisible du réseau Hartmann va se transformer en couple mécanique qui va se traduire par la giration de l'antenne.

Pour repérer les mailles du réseau Hartmann, le géobiologue doit se munir d'une boussole et marcher comme indiqué sur le schéma ci-contre dans le sens sud-nord (A-B), puis ouest-est (B-C), puis nord-sud (C-D) et enfin est-ouest (D-A). Dès que le géobiologue traverse le mur invisible d'un quadrillage Hartmann, le lobe-antenne va se mettre à pivoter vers la gauche. À ce moment-là, le géobiologue arrête d'avancer et fait placer un repère devant son pied. Il effectue cette opération quatre fois. Au vu des quatre repères, il aura un aperçu de la superficie du quadrillage Hartmann.

Après des milliers d'analyses de terrains, je me suis aperçu que, plus il y a de cours d'eau souterrains, plus le réseau Hartmann est resserré et déformé. Il est uniforme et équilibré dans les régions ensoleillées et très resserré et déformé dans le Nord et l'Est, régions où il pleut très souvent, où il y a beaucoup de cours d'eau souterrains et qui possèdent des nappes phréatiques.

Ce sont les quatre repères qui vont déterminer les quatre nœuds telluriques qui, s'ils sont situés à la verticale d'une faille géologique ou d'un cours d'eau souterrain, peuvent s'avérer très dangereux pour la santé des personnes qui séjournent longtemps à ces endroits.

Pour ma part, je tiens compte en priorité des croisements de cours d'eau souterrains ou de failles avec les réseaux Curry que je trouve aussi dangereux que les nœuds du quadrillage Hartmann.

Le géobiologue pourra effectuer un dernier contrôle du réseau Hartmann ou réseau H à l'aide de la règle-antenne de Lecher en avançant du sud vers le nord ou de l'ouest vers l'est, après avoir placé le curseur sur la bonne longueur (7, 6, 10, 12,5 pour la détection du réseau Hartmann ou premier réseau global).

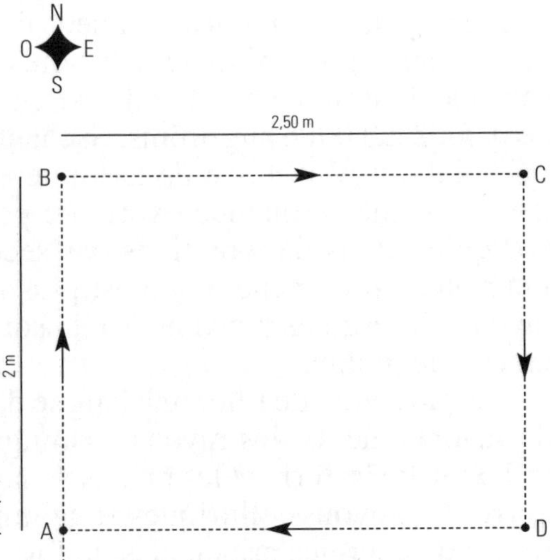

Comment se déplacer pour détecter les mailles du quadrillage Hartmann ?

La détection du réseau Curry et Wissmann se fait à l'aide de la baguette en plastique en V comportant des repères de différentes couleurs ou à l'aide de l'antenne de Lecher. Pour détecter ces réseaux, le géobiologue marchera en diagonale dans le sens sud-est, nord-ouest et nord-ouest, sud-est ou encore dans le sens sud-ouest nord-est et nord-est, sud-ouest. En effleurant avec le petit doigt de la main droite le repère rouge pour le réseau Curry ou le repère orange pour le réseau Wissmann, le géobiologue avance sur le terrain en exerçant une traction sur la baguette et en posant mentalement la question : « Où se trouve le rayon Curry où se trouve le rayon Wissmann ? »

La détection des réseaux Curry et Wissmann se fait également à l'aide de la règle-antenne de Lecher en plaçant le curseur sur 6,90 pour la détection du réseau Curry ou premier réseau diagonal et sur 8,20 pour la mesure du réseau Wissmann ou deuxième réseau diagonal. Le point de croisement de deux rayons Wissmann peut attirer la foudre.

5. La mesure du rapport cosmo-tellurique

Les rayons cosmiques viennent des espaces intersidéraux et frappent notre planète à la vitesse de 300 000 km à la seconde. Leur longueur d'onde extrêmement faible est environ de 0,0002 à 0,0006 angströms. Sachant que la longueur d'onde l (lambda) = V (vitesse de la lumière) : F (fréquence), nous trouvons une fréquence exprimée par 3 suivie de 22 zéros (30 quintillions de vibrations par seconde ou 3 x 1022 Hz). Leur pouvoir de pénétration est plus important que celui des rayons X, lesquels peuvent être absorbés par quelques millimètres de plomb.

L'espace vital de l'homme baigne dans un champ vibratoire de rayonnements, les rayons cosmiques, les rayons dus à la réflexion de la Terre et les rayons venant des profondeurs de la Terre, les rayons telluriques. L'homme est animé par deux forces ou énergies principales, la force montante tellurique et

L'homme cosmo-tellurique de l'église romane de Thuret (Puy-de-Dôme).

la force descendante cosmique. Pour vivre en bonne santé, il faut que les deux forces qui l'animent soient en équilibre permanent. La force cosmique qui nous vient du rayonnement solaire et lunaire, d'une radiation à haute fréquence, d'une longueur d'onde de 18 cm provenant de la Voie lactée et d'un rayonnement de micro-ondes qui a son origine hors de notre système galactique. Les scientifiques ont découvert récemment que le maximum d'énergie atteint par l'ensemble des rayonnements cosmiques essentiel pour la vie est de 70 000 MHz.

Le rayonnement tellurique est un rayonnement de neutrons produit par un processus radioactif dans la croûte terrestre. Lors de ce processus, il se forme des rayons alpha, bêta et gamma, qui vont être plus ou moins absorbés par la Terre alors que les particules neutres, les rayonnements de neutrons, atteignent la surface de notre planète. L'effet composé des rayons cosmiques et telluriques crée le champ des rayonnements naturels de notre espace vital.

Par la radiesthésie, nous arrivons à mesurer le rapport existant entre la force montante tellurique et la force descendante cosmique. Nous pouvons ainsi comparer le rapport cosmo-tellurique entre les zones géopathogènes perturbées et agressives, les zones neutres et bénéfiques et les lieux fastes.

Quand nous nous plaçons volontairement sur un croisement de plusieurs rayons telluriques, nous pouvons constater que sur ce point de croisement, nommé cheminée cosmo-tellurique, nous pouvons capter à la fois l'onde montante tellurique et l'onde descendante cosmique à l'aide des antennes en L. Celles-ci tournent dans le sens des aiguilles d'une montre (dextrogyre) du sol jusque environ 2 m de hauteur et dans le sens contraire des aiguilles d'une montre (lévogyre) quand on les tient à bout de bras. Un sourcier géobiologue bien entraîné arrive facilement à capter ces deux forces et à faire en sorte que les deux antennes qu'il tient l'une devant lui et l'autre à bout de bras aient chacune une rotation inverse, sans qu'il leur soit donné la moindre impulsion au départ.

Pour calculer le rapport cosmo-tellurique (C/T) d'un lieu précis, nous nous servons d'un graphique composé de deux cercles superposés et gradués, divisé chacun en douze parts égales. Le cercle du bas symbolise l'onde montante tellurique, celui du haut symbolise l'onde descendante cosmique.

Dans un premier temps, on lance le pendule sur les chiffres 1 à 12 en partant du centre du cercle du haut (cosmique) et en suivant le sens inverse des aiguilles d'une montre (lévogyre). Lorsque le pendule se met en oscillation sur un chiffre du cercle du haut, on note celui-ci. Dans un deuxième temps, on applique la même méthode pour le cercle du bas (tellurique) en partant du centre et en suivant les chiffres de 1 à 12 dans le sens des aiguilles d'une montre. On note le chiffre obtenu. L'endroit que nous venons de mesurer est dit en équilibre quand le rapport cosmo-tellurique C/T est égal ou tend vers l'unité.

Dans une zone géopathogène ou une habitation perturbée par des ondes nocives dues à un cours d'eau souterrain, on notera, par exemple, un rapport cosmo-tellurique de 2/4 ou de 3/5 4/7 ou 1/3. Il en est de même dans une grotte, ou une galerie souterraine car, en ces lieux, la valeur de l'onde montante tellurique est supérieure à l'onde descendante cosmique. La mesure du rapport cosmo-tellurique nous indiquera qu'il existe

Quel est le rapport cosmo-tellurique de :
C =
T =
Rapport = $\frac{C}{T}$

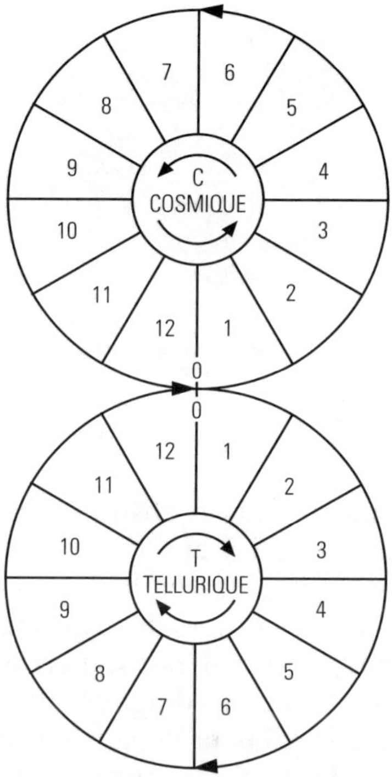

dans ces endroits perturbés un déséquilibre qui peut à la longue être néfaste pour la santé. En ces lieux, le cours d'eau souterrain provoque un courant d'électricité statique à la surface du sol, un champ électrique et magnétique qui va perturber le rayonnement des neutrons thermiques venant du noyau terrestre. Les scientifiques mesurent dans les zones géopathogènes des forces terrestres magnétiques, électromagnétiques, électriques et radioactives qui peuvent engendrer des troubles de la croissance, des tumeurs, des accidents de la circulation, et attirer la foudre.

Dans une zone neutre indemne d'ondes nocives telluriques, un lieu bénéfique ou un haut lieu vibratoire, nous trouvons

De gauche à droite
l'Atlas, la vouivre et le dragon ailé taillés à la base du pilier qui soutient la flèche de la cathédrale de Strasbourg sont des symboles cosmo-telluriques.

toujours un rapport cosmo-tellurique égal à l'unité comme par exemple 1/1, 3/3 ou 7/7.

Dans certaines cathédrales ou églises, les bâtisseurs ont gravé sur des piliers des vouivres ou serpents d'eau pour symboliser les cours d'eau souterrains qui se croisaient en dessous et des Atlas ou des dragons ailés pour symboliser les forces cosmiques. L'Atlas taillé sur le pilier qui soutient la flèche de la cathédrale de Strasbourg (Bas-Rhin) est un symbole cosmo-tellurique. Sur le même pilier, la vouivre de gauche est un symbole tellurique et le dragon ailé aux ailes déployées gravé à sa droite un symbole cosmique.

L'homme debout, les pieds bien ancrés sur la Terre, les mains et les yeux tournés vers les étoiles, est le canal entre les forces cosmiques et telluriques qui nous permettent de vivre et nous gouvernent.

CHAPITRE VIII

L'étude de l'habitat

1. Les lieux malsains, sains et fastes

a) Les lieux malsains

Nous sommes à même, à force d'observer et d'étudier la nature et l'environnement, de dire d'emblée, en arrivant sur un lieu, si celui-ci est malsain, sain ou faste. Il est des lieux où on se sent mal, d'autres où on se sent bien et d'autres encore où on se sent vraiment très bien. Ce ressenti est souvent dû à la nature du sol et du sous-sol, à l'exposition du terrain par rapport au vent et au soleil et à l'environnement immédiat.

Dans le choix d'un terrain de construction, il faut être prudent s'il est situé en bordure d'une rivière ou dans une zone marécageuse, s'il est envahi de ronces, de chardons, d'orties, s'il y a des fourmilières, des fougères, de la belladone, de la digitale, des arbres ayant développé des tumeurs, des peupliers, des saules ou des arbres avec du gui, car il est à peu près certain que cette zone est géopathogène. Il faudra alors faire effectuer une étude géobiologique du terrain avant d'y implanter la maison car il y va de votre santé. Les sureaux (sur eau) portent bien leur nom car ils poussent à la verticale d'une ou plusieurs veines d'eau. Les marronniers se plaisent aussi sur les veines d'eau souterraines (en Alsace, les personnes âgées gardaient jadis trois marrons d'Inde en poche, qu'ils ramassaient en automne pour atténuer les effets des rhumatismes). À Arlesheim, dans le canton de Soleure en Suisse, les chercheurs de la clinique mondialement connue pour ses recherches sur le cancer utilisent de l'extrait de gui ayant poussé sur des chênes pour fabriquer leur solution injectable par piqûre pour les malades du cancer. La nature fait bien les choses. D'une part, les marronniers poussent sur des veines d'eau et les marrons d'Inde servent dans la fabrication de médicaments comme l'intrait de marron d'Inde indiqué dans la crise hémorroïdaire, d'autre part le gui parasite les arbres qui poussent dans les zones géopathogènes et ses fruits servent à fabriquer l'extrait de gui dénommé *Viscum album* pour soulager le cancer. Les terrains argileux, les dépôts carbonifères et les terrains contenant du minerai de fer génèrent des courants intenses et provoquent un champ de radiation important à la surface du sol.

Si l'étude géobiologique indique, par exemple, qu'un terrain vibre entre 0 et 5 000 unités Bovis, que le rapport cosmo-

Cet arbre tordu avec du gui
a poussé sur un croisement tellurique géopathogène.

L'arbre penché avec du gui et la ligne à haute tension en amont sont des signes d'une zone géopathogène.

tellurique est de 2/5 et que la vibration-couleur se stabilise sur le vert négatif en phase électrique, mieux vaut ne pas acheter ce terrain. Si vous voulez acheter une maison ancienne et que vous apercevez que la haie qui entoure la maison est affaiblie ou fanée à certains endroits, qu'il y a une ou des fissures verticales dans les murs, que la cave est humide, prenez contact avec un géobiologue afin qu'il vienne analyser la maison, avant de signer tout compromis de vente.

Les citadins, en quête de retour à la nature, croient souvent avoir fait une affaire lorsqu'ils achètent à un paysan un terrain de construction pas trop cher aux abords d'un village. En fait, le paysan, toujours plus malin qu'il n'en a l'air, s'est débarrassé d'un terrain où rien ne poussait, et rit en douce d'avoir vendu un mauvais terrain agricole au prix d'un terrain de construction aux gens de la ville.

Si le futur terrain de construction est situé en un lieu-dit « La Vouivre, » « La Malnoue, » « Le Trou d'Enfer, » « Hurle-Vent » ou encore « La Grenouillère », soyez prudents et renseignez-vous sur l'état du sous-sol avant d'acheter. L'un de mes amis sourcier n'hésite pas, quand ce cas se présente, à dire aux personnes qui lui demandent de faire une analyse géobiologique du terrain avant la construction : « Ce terrain est tout juste bon pour y aménager un étang, pour élever des truites et des carpes ! » Il faut savoir dire la vérité, car une zone géopathogène est dévitalisante.

b) Les lieux sains

Bien souvent, les futurs acquéreurs d'un terrain constructible nous demandent d'effectuer une étude géobiologique, avant l'achat du terrain convoité. Le travail du géobiologue consiste à se renseigner d'abord sur la toponymie du lieu et sur l'histoire du terrain : il recherche si, auparavant, il n'y aurait pas eu à cet emplacement une décharge d'ordures, un ancien cimetière, un champ de bataille ou un ancien village ravagé par la peste.

Il observera également la nature et l'environnement immédiat (certains arbres, tels que les tilleuls, les platanes, les hêtres, les lilas et les noisetiers, indiquent un bon endroit, car ils évitent naturellement les ondes nocives) et la nature du sous-sol (les terrains les plus perméables aux ondes cosmiques sont ceux formés de sable et de calcaire).

Nous ne sommes que très rarement sollicités pour analyser les maisons situées sur des sous-sols constitués de sable et de gravier, alors que la demande est plus forte dans les régions ou le sous-sol est argileux.

Si les mesures radiesthésiques, effectuées sur le lieu même, indiquent une vibration de 12 000 unités Bovis, une vibration-couleur en phase magnétique et un rapport cosmo-tellurique égal à 1 (3/3, 4/4 ou 6/6, etc.), nous savons d'emblée que l'onde de vie de ce terrain est bonne.

Lors d'une étude de terrain – qu'elle soit faite à l'aide de la baguette, des antennes en L ou de l'antenne de Lecher –, il est possible de fournir au futur propriétaire toutes les indications nécessaires à l'implantation idéale de sa maison. Le passage des cours d'eau souterrains des rayons Curry ou, éventuellement, des failles géologiques est matérialisé par des piquets ou avec de la peinture en bombe, puis une zone neutre est déterminée pour l'emplacement de la maison, que l'on matérialise de la même façon. Ainsi, les personnes ont un aperçu général de la qualité du sous-sol et de la valeur réelle de leur terrain.

Si, comme c'est souvent le cas, ils ont déjà acheté le terrain, et que l'emplacement de la maison est défini sur un plan déposé auprès des autorités compétentes, et s'il s'avère que ce n'est pas l'endroit idéal par rapport aux cours d'eau souterrains, il devient alors très délicat de leur dire qu'ils ont fait là une mauvaise affaire et que le terrain est géopathogène. Néanmoins, le géobiologue se doit de leur signaler.

Dans ce genre d'étude, nous pouvons donner les indications nécessaires à l'implantation des arbres :

- Les arbres à pépins affectionnent particulièrement les zones neutres.
- Les arbres à noyaux se plaisent sur les cours d'eau souterrains (si le cours d'eau souterrain est orienté nord-sud, il est conseillé de planter l'arbre à 1,50 ou 1,60 m à l'est de la rive du cours d'eau souterrain afin d'éviter les mauvaises influences du vent d'ouest et pour permettre aux racines d'atteindre la veine d'eau).

Il existe dans la nature des endroits qui rendent heureux, qui attirent et où il fait bon vivre. Dans ces endroits positifs où nous mesurons toujours une vibration équivalente à 12 000 unités Bovis ou plus, les gens vivent en harmonie et sont en bonne santé physique et mentale. La toponymie des lieux caractérise souvent cette sensation de bonheur, « Beau-Site », « Beau-Regard », « Bel-Air », « Belle-Vue », « Beau-Soleil », « Eau-Bonne », « Plein-Soleil », « Plein-Sud », etc. Il faut être très attentif à tous ces noms de lieux qui n'ont pas été donnés par hasard par nos ancêtres, qui avaient une approche naturelle et intuitive de la terre, de la nature et des éléments.

c) Les lieux fastes

Lors qu'on analyse les anciens lieux de culte mégalithiques, les temples, chapelles, ermitages, églises, synagogues, abbayes, monastères et cathédrales, on peut constater que tous ces monuments ont été implantés d'une manière très précise. En plaçant les monuments mégalithiques sur les croisements des courants telluriques, les anciens pratiquaient une acupuncture de la Terre et une harmonisation cosmo-tellurique de l'environnement.

Bien que condamné par l'Église, l'art du sourcier a été utilisé pour l'implantation, à l'endroit faste et adéquat, de ces monuments. Par exemple, les allées couvertes des églises

La basilique d'Amsoldingen, région de Thoune, canton de Berne (Suisse) est traversée par l'« onde d'Isis ».

romanes sont orientées ouest-est, comme le cours d'eau souterrain qui les traverse. Un deuxième cours d'eau souterrain croise le premier au niveau de la chambre funéraire pour l'allée couverte, au niveau du chœur pour les églises romanes. La plupart du temps, la chambre funéraire et le chœur sont placés également à la verticale d'une faille géologique. Quand il n'existait pas de failles, les bâtisseurs ajoutaient une crypte sous le chœur pour amplifier les forces cosmo-telluriques à cet endroit. L'entrée d'une allée couverte comme d'une église romane est souvent orientée à l'est, la direction du soleil levant. Quand l'église romane est orientée à 77° par rapport au nord (azimut 77) au lieu d'être orientée à l'est, et qu'elle est traversée par un cours d'eau souterrain principal orienté lui aussi vers l'azimut 77°, on dit qu'elle est traversée par l'onde d'Isis.

Au XIIIe siècle, l'onde d'Isis était reconnue comme étant très bénéfique pour la santé. Les lieux sacrés de la tradition ont toujours été placés par des personnes initiées, spécialistes de l'architecture sacrée et maîtrisant parfaitement l'art du sourcier, sur des lieux fastes où régnait une très bonne vibration.

2. Les zones géopathogènes et les maisons à cancer

Une zone géopathogène est un endroit où la Terre souffre. Au début du XXe siècle, des médecins ingénieurs et architectes ont étudié scientifiquement les maisons à cancer.

En 1920, le baron allemand Gustav von Pohl fit les premières expériences sur les zones géopathogènes et les maisons à cancer. À l'aide de sa baguette de sourcier en laiton de 7 mm de diamètre et d'une autre plus fine en acier, il ausculta et analysa, sous le contrôle de la police, 565 maisons habitées par 900 personnes à Vilsiburg, commune bavaroise située au bord de la Vils. Il étudia, en compagnie du médecin d'arrondissement, 54 actes de décès des années 1918 à 1928. On déduisit de son analyse que, pour toutes les habitations dans lesquelles il y avait eu des décès par cancer, les personnes concernées dormaient à la verticale d'un croisement de cours d'eau souterrain. Il continua ses travaux dans la petite ville de Grafenau le 4 et 5 mai 1930. Là, les registres de l'état civil ne signalaient que 17 cas de décès par cancer, de 1914 à 1930. Après l'analyse radiesthésique de ces maisons, il a pu démontrer que, là aussi, toutes les personnes malades qui étaient mortes d'un cancer avaient leur lit à la verticale d'un croisement tellurique générateur d'ondes nocives et entraînant des déséquilibres cellulaires provoquant des cancers. Il travailla en liaison avec le docteur Birkelbach de Wolfratshausen en établissant des plans détaillés de ces maisons à cancer et, pour prouver sa théorie, il montra qu'une personne dormant dans une zone neutre non irradiée par les ondes nocives telluriques avait atteint l'âge de 84 ans. Les personnes dormant dans une zone irradiée par ces rayons nocifs venant du sol étaient mortes, elles, à la suite d'un cancer des intestins, de l'estomac ou encore de l'œsophage.

Malheureusement, les représentants de la science officielle ne crurent pas à ces théories. L'opinion du professeur Herbert Franke, directeur du service de radiologie à l'hôpital universitaire de Hamburg-Eppendorf, fut la suivante : « Jusqu'à présent, il n'y a pas de preuves que les rayons telluriques peuvent provoquer des cancers. Personne ne pouvant mesurer l'intensité de ces rayons telluriques, je ne crois pas à cette théorie. Si quelqu'un arrivait à mesurer l'intensité de ces rayons, il serait le bienvenu parmi nous. » Les travaux du baron von Pohl ne furent jamais réfutés ni reconnus, car les recherches avaient été pratiquées à l'aide d'une simple baguette de sourcier !

En 1927, Georges Lakovski explique[1] les raisons pour lesquelles les rayonnements cosmiques étaient affectés par la nature du sol.

1. Dans un livre intitulé *Contributions à l'étiologie du cancer.*

En 1928, paraît un ouvrage[2] du moine capucin Randoald Nussbaumer, originaire de la région d'Olten en Allemagne. Dans cet ouvrage, l'auteur parle des maladies contractées par les hommes et les animaux, qui ont un rapport direct avec les rayonnements telluriques intenses provoqués par les cours d'eau souterrains. Randoald Nussbaumer avait inventé un système de neutralisation des ondes nocives avec son frère. Dans une parution de l'ingénieur allemand Ludwig Obernieder[3], on a répertorié une dizaine d'appareils neutralisateurs mis au point pendant cette période. Parmi ces différents appareils le « Repulsor » du père Nussbaumer est considéré comme le premier appareil mis au point pour neutraliser les ondes telluriques nocives. Dans le même ouvrage sont mentionnés d'autres appareils mis au point vers 1930, dont certains sont encore en service de nos jours.

En 1932, un ingénieur suisse de Zurich, dénommé Lienert, réussit à intéresser le docteur en médecine Jenny qui a réalisé des expériences avec des souris sur des zones neutres et des zones géopathogènes. Ces expériences ont été pratiquées pendant douze ans avec vingt-quatre mille souris blanches. Dans la commune de Suhr-Lez-Aarau, l'expérience consistait à placer une cage avec des souris blanches sur une zone géopathogène et une deuxième sur une zone neutre indemne d'ondes nocives. On a pu constater que les souris placées dans la zone perturbée avaient nettement moins de souriceaux, qu'elles présentaient environ 30 % de tumeurs cancéreuses en plus que celles placées dans la zone neutre, qu'elles étaient irritées, qu'elles rongeaient le treillis de leur cage et qu'elles dévoraient leurs petits !

2. *Ein unheimlicher und unsichtbarer Haus und Stallfeind* (« Un ennemi hostile et invisible des maisons et des étables »).
3. *Entstörgeräte 1927-1968.*

En 1935, le docteur Haviland, de la Société de médecine de Londres, avait attiré l'attention de ses confrères sur l'importance du lieu d'habitation en matière de santé.

En 1936, Georges Lakhovsky, membre de l'Association française et internationale des amis de la radiesthésie, fait savoir que les villes ayant une faible incidence de cancer sont bâties sur le sable, le grès, le calcaire, le gypse, certaines roches cristallines primitives, diverses alluvions récentes, alors que les villes à forte incidence de cancers sont bâties sur l'argile plastique, les marnes, la craie phosphatée, la pyrite de fer, les terrains carbonifères et les schistes, les terrains à minerai de fer. D'après sa théorie, les rayons cosmiques qui ont pu traverser l'atmosphère pénètrent dans le sol avec une certaine incidence : soit ils pénètrent très profondément, soit ils sont vite reflétés par des couches formant des sortes de miroirs, comme avec les couches d'argile. J'ai pu constater, en effet, que l'on m'appelait très souvent dans le Sundgau, région située dans le sud du Haut-Rhin qui possède un sous-sol argileux et de nombreux étangs, et très rarement dans la Hardt, région de forêts et de champs située à l'est d'une ligne imaginaire reliant Mulhouse à Colmar, dont le sous-sol est composé d'alluvions et de sable.

En 1948, Schröder-Speck fait paraître un ouvrage [4] qui parle des mesures sanitaires liées aux techniques de construction. Cet ouvrage est un des premiers traitant de la construction biologique *(Baubiologie)*, de la construction saine *(Gesundes Bauen)* et de l'habitat sain *(Gesundes Wohnen)*.

De toutes ces publications, on ne trouve plus que celle du docteur J. A. Kopp [5] qui a constaté, lors de ses expériences, que les lapins placés sur une zone géopathogène perdaient leurs poils et devenaient rachitiques, que les chevaux avaient des mala-

4. *Bautechnische Gesundheitsmassnahmen* (édité à Suhr).
5. *Der Mensch im Wirkungsfeld der Bodenstrahlungen* (« L'homme dans le champ d'effet des rayons telluriques »).

dies de cœur, de l'anémie pernicieuse et devenaient aveugles, que les poules avaient des symptômes d'amaigrissement et de leucémie, que les porcs avaient des maladies du foie et du sang, que les bovins avaient des crampes et présentaient des symptômes de stérilité, que les chiens avaient des rhumatismes articulaires et cherchaient à fuir.

Le sourcier géobiologue est souvent appelé pour analyser les lieux de vie des bêtes : dans les étables et écuries où les bêtes ne portent plus ou avortent avant terme, où les veaux meurent subitement très jeunes sans raison apparente… Tous ces animaux, de même que l'homme, subissent les effets des ondes nocives invisibles qui viennent du sous-sol. Certes, à ce jour rien ne permet d'affirmer avec certitude que la trop forte dose des rayons telluriques subis par les personnes en certains endroits génère des cancers, mais il serait grand temps que la science officielle se penche sur ce problème.

Cet arbre qui a des tumeurs est situé sur un croisement de deux cours d'eau souterrains.

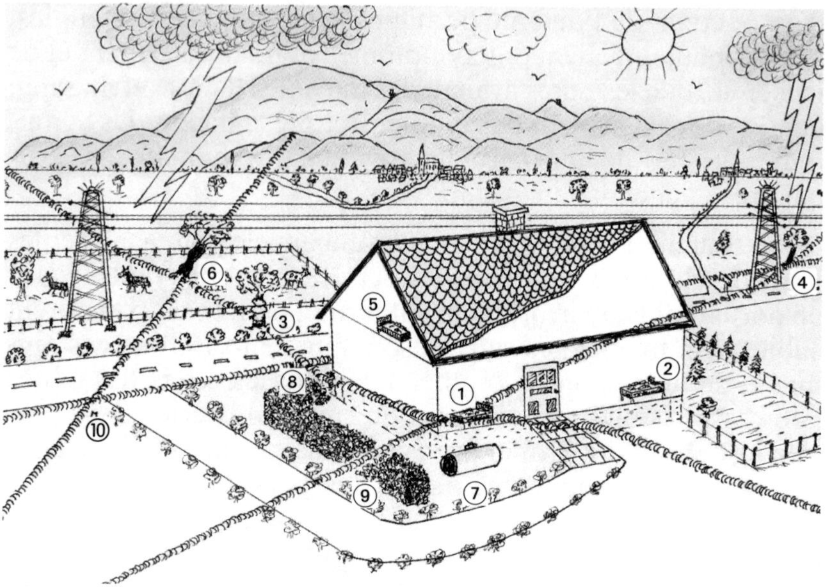

Maison construite dans un environnement géopathogène.
Dessin Marc Landspurg.

Sur le dessin ci-dessus, la maison est située près d'une ligne à très haute tension et sur un croisement de deux cours d'eau souterrains. Le lit ① est placé à la verticale d'un croisement de deux cours d'eau souterrains (dont l'un passe sous une ligne à haute tension) et d'une cuve à mazout ⑦. En raison de cette mauvaise place, les occupants de ce lit risquent de tomber gravement malades. Les lits ② et ⑤ sont placés à la bonne place en zone neutre. Les arbres ⑥ et ④, poussant à la verticale d'un croisement de deux cours d'eau souterrains et de deux rayons telluriques Wissmann, sont penchés et attirent la foudre. L'arbre ③ a des tumeurs. La haie ⑧,⑨ et ⑩, placée sur le passage du cours d'eau souterrain, dépérit, se dessèche et meurt. Les animaux parqués sous de la ligne à haute tension et dans le champ d'influence du croisement de cours d'eau souterrain risquent la maladie.

3. Comment pratiquer une bonne médecine de l'habitat

a) Le choix et l'implantation de sa maison

Si le mal s'acharne sur toi, change de maison!
Proverbe hindou.

Pour construire et vivre dans un habitat sain, le choix de l'emplacement d'une maison est très important.

Un conseil aux futurs propriétaires : soyez vigilants lors de l'achat de votre terrain et évitez de le choisir sur un ancien terrain d'ordures remblayé, un lit marécageux comblé, tout près d'une rivière, sur un ancien champ de bataille, un ancien abattoir ou encore en aval d'un cimetière ou d'un tas de fumier si le terrain est en pente, car les cours d'eau souterrains qui coulent sous le cimetière ou le tas de fumier peuvent passer sous la maison et véhiculer des ondes nocives.

Une construction placée à la verticale d'une source ou d'un cours d'eau souterrain aura des remontées capillaires. On a constaté que les maisons anciennes, où l'eau remontait dans les murs par capillarité, étaient pour la plupart construites à la verticale de failles géologiques et de cours d'eau souterrains. Les géophysiciens ont prouvé qu'il règne, dans les zones géopathogènes, des anomalies du champ magnétique terrestre et une intense activité de champs électromagnétiques. Dans ces zones parcourues par des cours d'eau souterrains, d'importantes charges électriques circulent dans l'air, le sol et les murs de construction. Les murs des caves des maisons humides sont chargés positivement dans leurs parties inférieures humides et négativement dans leurs parties supérieures sèches. Ces deux zones, qui ont des charges électriques opposées, vont engendrer un champ électrique naturel qui va exercer une force d'attraction sur les molécules d'eau qui seront entraînées en direction du haut des murs. Pour remédier à ces remontées capillaires, il faudra faire intervenir une entreprise spécialisée dans l'assèchement électronique des murs.

Actuellement, on parle beaucoup d'un gaz incolore et inodore, le radon : gaz radioactif à demi-vie courte (quatre jours), qui peut monter du sous-sol par les nappes phréatiques, les failles géologiques, les cours d'eau souterrains, et peut pénétrer dans les habitations où il se transforme en produit radioactif dangereux. Il faudrait connaître la valeur de la concentration de radon dans la maison sachant que la valeur moyenne se situe entre 40 et 80 becquerels/m^3(6). Le radon peut être mesuré dans l'air de l'habitat. Il peut être émis par le sous-sol lui-même ou les matériaux mis en œuvre, s'infiltrer à travers la moindre fissure d'une dalle de béton ou des planchers en bois, très perméables à ces produits.

Le radon peut se fixer dans les poumons ou les cellules graisseuses. Sa concentration varie avec l'humidité de l'air ou la pression du vent. Les caves doivent toujours être bien ventilées. Des charges voluminiques + énormes se trouvent au-dessus des failles profondes émettant du radon, gaz radioactif qui perd constamment des électrons. Les sourciers devraient donc pouvoir détecter les émanations de radon. D'après Jean-Martin Meunier(7), le sourcier, avec sa baguette, doit pouvoir sentir le courant qui passe dans ses bras, en passant d'un air sec, avec beaucoup de charges +, à un air humide moins chargé.

L'atmosphère dans laquelle nous vivons se situe entre le sol chargé d'électricité négative et l'ionosphère chargée d'électricité positive. Il constitue un énorme condensateur. Le champ électrique statique ainsi produit est continu et avoisine les

6. Becquerel : unité de mesure d'activité d'une source radioactive (symbole Bq) équivalent à l'activité d'une quantité de nucléide radioactif pour laquelle le nombre de transitions nucléaires spontanées par seconde est égal à 1. Henri Becquerel découvrit la radioactivité en 1903.

7. Ex-chercheur au CNRS, ex-secrétaire de la section française de l'IAGA (International Association of Geomagnetism and Aeronomy).

100 volts/m dans l'atmosphère et 130 volts/m dans sa basse couche. Ce champ est indispensable à la vie sur Terre. La construction moderne en béton armé et métallique oblige l'homme du XXIe siècle à vivre dans une véritable cage de Faraday[8]. Dans ces habitations, le champ électrique planétaire est nul, mais on détecte un champ électrique induit qui avoisine les 25 000 volts/m. Ce champ parasite artificiel épuise les corps subtils, endommage le corps physique et provoque chez les occupants de ces constructions une fatigue permanente et un état dépressif constant.

Notre environnement immédiat est de plus en plus envahi et perturbé par des réseaux et appareils électriques ou électroniques de toutes sortes, qui vibrent à des fréquences qui sont très proches de celle à laquelle vibre la cellule humaine. Tous ces rayonnements et micro-ondes parasites vont perturber encore davantage la zone géopathogène et accentuer la nocivité des lieux. Dans un habitat moderne en béton armé dans lequel il existe un tas d'appareils électriques et électroniques, la force dégagée par les rayons telluriques au-dessus d'un cours d'eau souterrain où d'une faille géologique est beaucoup plus nocive qu'il y a cinquante ans, quand l'habitat était en pierre, en bois ou en briques. Les conséquences engendrées par ces ondes nocives parasites et le fait que la Terre est en train d'augmenter en vibration font que les appareils harmonisateurs posés autrefois par des sourciers confirmés n'ont plus maintenant aucune efficacité.

Nous avons testé en double aveugle une trentaine d'appareils, dont certains sont très chers, et avons pu constater qu'ils étaient saturés et inefficaces.

---

8. Faraday : quantité d'électricité, égale à 96490 coulombs, qui dans l'électrolyse rompt une valence d'une mole de l'électrolyte. Nous devons à Michael Faraday, physicien britannique (1791-1867), la théorie de l'influence électrostatique, l'énoncé des lois de l'électrolyse et la découverte de l'induction électromagnétique qui le conduira jusqu'à l'invention de la dynamo.

Il n'est pas recommandé de construire dans un lieu humide au-dessus duquel passe une ligne à très haute tension. Les habitants de ces zones géopathogènes perturbées au niveau des ondes cosmo-telluriques risquent d'avoir des insomnies, de faire de la dépression nerveuse ou d'avoir des maladies graves.

Il faut éviter également de construire près d'une antenne émettrice d'ondes radio ou radar, d'un relais puissant de TDF et près d'une voie ferrée électrifiée.

Il existe actuellement une prolifération d'antennes-relais qui permettent d'améliorer la transmission et la continuité des appels par téléphone cellulaire. Cette nouvelle technologie génère une nouvelle pollution électromagnétique, l'« electrosmog[9] » qui va s'ajouter à celle diffusée par les récepteurs de télévision, les chaînes Hi-fi, les radioréveils, les lampes halogènes, les fours à micro-ondes et les ordinateurs. Les téléphones mobiles et les antennes-relais émettent des hyperfréquences. Ils fonctionnent à une fréquence de 900 MHz et ont une longueur d'onde de 33,3 cm ou fonctionnent en 1 800 MHz avec une longueur d'onde de 16,6 cm.

Si vous disposez d'un téléphone portable, évitez de le placer près de votre cerveau au moment de la sonnerie. On sent souvent une chaleur quand on le place près de son oreille. Le téléphone portable fait élever la température de votre cerveau de 2 à 3 °C. Évitez de le placer près du cœur, du foie, ou du ventre pour une femme enceinte. Quand vous appelez quelqu'un, il est conseillé de ne parler qu'une fois que la connexion est établie. Évitez de téléphoner plus de six minutes d'affilée. Il faut éviter de placer le téléphone portable dans la poche avant du pantalon, ou à la ceinture pour un homme, près d'organes sensibles comme la rate ou les reins. Évitez de l'utiliser en voiture car il se produit le phénomène « cage de Faraday ». Si

9. Electrosmog : ce mot vient d'*électron,* de l'anglais *smoke* qui signifie « fumée » et *fog* qui signifie « brouillard. » L'electrosmog est une nouvelle forme de pollution due à notre environnement moderne électrique et électromagnétique.

possible, collez un neutralisateur d'ondes nocives à l'extérieur au-dessus de la batterie pour atténuer son rayonnement. En mesurant la vibration-couleur autour de certaines antennes-relais, nous mesurons le vert négatif électrique, la vibration-couleur nocive, sur un rayon de 300 m.

Vu sous l'angle de la géobiologie, il n'est pas conseillé de construire une maison, un camping, une crèche, une école, un hôtel, un hôpital, une maison de retraite, une crèche ou un élevage près d'une centrale nucléaire, à côté d'une station de pompage, d'une ligne à haute tension, d'une voie ferrée électrifiée, d'une station-émettrice-radio, d'une station-relais de télévision, d'une station-radar ou d'une station-relais de téléphonie mobile.

Les lignes à haute tension de 60 000, 220 000 et 400 000 volts peuvent émettre des ondes nocives dans un environnement de 250 m et provoquer de graves troubles de la santé. Un transformateur peut émettre des ondes nocives sur 7 m vers le côté nord et jusqu'à 25 m vers le côté sud. Quand un cours d'eau souterrain passe à la fois sous une ligne à haute tension ou un transformateur, et se prolonge sous une habitation, il se crée un champ électrostatique qui est trop fort pour être supporté par l'organisme des animaux et des humains. Quand la maison est construite près d'une ligne à haute tension, on peut atténuer légèrement les nocivités produites sur l'environnement, champs électromagnétiques, effets électrostatiques émissions d'ondes radio, en faisant pousser de la vigne vierge sur la façade qui donne vers la ligne à haute tension. On peut également, si la surface du terrain le permet, planter une haie de buis, des peupliers ou des pins entre la ligne à haute tension et l'habitation. Les lignes à haute tension enterrées ne font que cacher le problème à savoir que le champ électrostatique est trop fort pour être supporté par l'organisme humain. Quand une veine d'eau souterraine passe sous une ligne à haute tension aérienne ou enterrée, le phénomène est encore amplifié. Les arbres dépriment et meurent, et les animaux comme les humains tombent malades. Les effets cumulés des champs électromagnétiques émis par une ligne à haute tension et d'un passage de cours d'eau souterrain peuvent perturber le champ magnétique terrestre dans l'environnement immédiat et provoquer, à la longue, des dépressions, crises cardiaques, brûlures oculaires, maux de tête, palpitations graves, crises d'épilepsie, désordres thyroïdiens, suicides, tumeurs du cerveau et leucémies.

b) Les nuisances internes à l'habitat

Nous sommes entrés dans une ère moderne où toute notre habitation, conçue avec des centaines de mètres de fils électriques et d'appareils ménagers électroniques divers devenus indispensables, nous enferme dans un champ vibratoire électromagnétique nuisible à notre santé. À ce jour, mis à part les géobiologues, spécialistes des ondes nocives, peu de gens se préoccupent vraiment des nuisances dues à l'émission massive de ces ondes sur les organismes vivants, et nous vivons dans un brouillard d'ondes, un smog électromagnétique provoqué par les rayons X, les ondes hertziennes, infrarouges, ultraviolets et les micro-ondes.

Jusqu'à présent, notre organisme était programmé pour vivre en harmonie avec le champ magnétique terrestre, l'électricité contenue dans l'atmosphère et les rayons cosmiques, et nous ne connaissons pas encore les nuisances que va provoquer l'« electrosmog ménager ». Ces champs sont créés par des courants alternatifs qui changent de polarité cinquante fois par seconde. Si une personne ou un animal se trouvent dans le champ de rayonnement d'un de ces appareils, leur propre polarité va être déstabilisée, car ils vont se charger et se décharger à la manière d'un condensateur, ce qui peut entraîner un déséquilibre vibratoire de leur propre électricité interne et des maladies. N'oublions pas que le cerveau humain est l'un des ordinateurs le plus perfectionné qui existe sur Terre. Les cellules nerveuses de notre cerveau commandent avec un billiard de connexions électriques par seconde des milliards de cellules de notre organisme. Déstabiliser ces connexions par des informations électriques parasites générées par l'« electrosmog ménager » revient à déstabiliser notre organisme. Il faudrait brancher les appareils électriques avec terre à une prise de terre et débrancher durant la nuit tous les petits appareils ménagers comme la cafetière, la chaîne Hi-fi, la télévision (antenne et prise) et la machine à laver.

Dans la chambre à coucher, il faudrait supprimer le radio-réveil sur secteur et surtout les réveils ayant des chiffres électroluminescents. On devrait également éviter d'avoir un récepteur de télévision dans la chambre à coucher ainsi que tout appareil électrique émetteur d'un champ électromagnétique qui peuvent perturber le sommeil. De plus, même éteint, le poste de télévision peut encore diffuser un champ électromagnétique pendant une durée qui peut aller jusqu'à deux heures.

Si les fils électriques sont en contact avec le sol, si une prise électrique mal isolée est située près de la tête du dormeur, si un câble électrique passe sous le lit, ou si la tête du dormeur se situe à 20 cm d'un mur dans lequel passe un câble électrique non isolé qui irradie, il est normal que son sommeil soit perturbé.

Il faudrait que les interrupteurs coupent la phase électrique et non la phase neutre. Les lampes de chevet devraient se trouver à plus de 1,50 m de votre lit car les prises de chambre ne sont pas bipolaires, et il reste du courant d'une fréquence de 50 Hz sur une phase qui va émettre des rayonnements. Un électricien peut enlever la tension sur les deux phases, la nuit, quand il n'y a pas de demande, en installant un « biorelais » ou un « biorupteur ». Cet interrupteur automatique de coupure se place sur le tableau électrique après le fusible protégeant la zone concernée à piloter. Ce boîtier est sensible à la consommation instantanée de courant. Lorsque celle-ci est inférieure ou égale à 150 milliampères, l'appareil maintient une tension de 5 volts en courant continu dans le réseau en aval. Sitôt qu'il y a un appel de courant lors de l'allumage d'un appareil quelquonque, la lampe de chevet par exemple, le « biorupteur » restitue les 220 volts.

Il est déconseillé de dormir à l'aplomb d'une masse métallique, d'un compteur électrique, d'une voiture, d'une citerne à mazout, d'un congélateur ou réfrigérateur, ou sous l'axe de l'antenne de télévision. La voiture placée sous la chambre à coucher perturbe le champ magnétique terrestre et agit comme une antenne. De même, les poutrelles métalliques d'une maison perturbent le champ magnétique terrestre et peuvent agir comme une antenne en concentrant les ondes radio et télévision (veillez également à placer les paraboles de télévision le plus haut possible).

Évitez de placer un meuble en oblique, c'est-à-dire qui forme un triangle isocèle avec l'angle d'un mur ; cette disposition peut dévier et réfléchir les rayons cosmo-telluriques et attirer des ondes nocives par effet d'émissions dues aux formes. Pour cette même raison, les géobiologues déconseillent de placer un miroir ou une armoire à glace en face du lit, car le miroir va réfléchir et amplifier les rayons cosmo-telluriques. J'ai constaté souvent, en analysant les chambres à coucher dont les lits étaient placés sous la pente du toit, que cet angle émettait une onde due aux formes, qui faisait réagir ma baguette. En effet, elle se tordait comme s'il y avait vraiment un cours d'eau souterrain à la verticale de cet endroit alors qu'il n'y en avait pas. L'orientation des lits a également une importance. Au Mali, les Dogon placent toujours leurs lits pour avoir la tête orientée vers le nord. D'après les chercheurs A. Lambert et P. Creuze, le nord a un effet calmant, le sud provoque excitation et impatience, l'est amène la joie et l'ouest la mélancolie.

Il faut savoir que chaque direction a une influence sur notre organisme. L'activité est stimulée par l'orientation est et ouest, et le repos n'est que meilleur dans une orientation nord-sud. Dormir la tête orientée vers le nord aide à dormir en paix. Placez si possible, votre lit, tête au nord, au sud, à l'est, mais jamais à l'ouest. L'idéal consiste à dormir la tête au nord, le lit étant placé en zone neutre. Il faut éviter également de placer la tête en direction d'une rivière, un ruisseau ou un fleuve quand on habite à proximité. Les ions négatifs diffusés par la rivière, le ruisseau ou le fleuve sont certainement bénéfiques pour la santé, mais il faut savoir que si une rivière coule en surface, un cours d'eau souterrain, beaucoup plus large, coule aussi en profondeur, et on a de fortes chances de dormir dans le champ d'influence des rives du cours d'eau souterrain si on met la chambre à coucher du côté de la rivière et si on oriente le lit avec la tête vers celle-ci.

Il faut bien aérer la chambre, ne pas l'encombrer d'objets insolites inutiles, émetteurs d'ondes de forme. Il faudrait éviter les lits métalliques, les sommiers métalliques et les matelas à ressort, car ces matériaux sont conducteurs. Les matelas devraient être en crin, en laine, en coton ou en latex naturel, et le sommier en bois. Les géobiologues conseillent de choisir les draps, housses, duvets couvertures et oreillers en fibres naturelles (coton, laine, plumes). Les revêtements de sol ne doivent pas être conducteurs d'électricité et ils devraient être en matière naturelle comme le bois, tapis de laine, coco ou corde.

Si vous avez des moquettes synthétiques au sol, elles doivent être antistatiques. Il faut absolument rétablir la ventilation d'un conduit de cheminée bouché. Il m'arrive souvent de trouver des cheminées bouchées dans les anciennes maisons. Les nouveaux propriétaires ont abandonné l'ancien chauffage au bois et ont fait installer le chauffage électrique, au mazout ou au gaz. Boucher les cheminées peut provoquer des ondes nocives par l'émission du vert négatif électrique. Il en est de même pour un ancien puits bouché situé dans la cave ou tout près de la maison. Pour vous donner une image pratique, si l'eau du puits bouché pourrit en émettant le vert négatif électrique, les occupants de la maison se dévitaliseront lentement en développant un cancer.

J'ai analysé la maison d'un paysan qui avait des insomnies depuis des années. J'ai constaté qu'un puits bouché se trouvait dans la cour de sa ferme, à 1 m de sa chambre à coucher. Tout le mal venait de là. Je lui ai conseillé d'aérer son puits et de tirer à nouveau de l'eau de temps en temps, et cette solution lui a rendu le sommeil. Normalement, il faudrait ouvrir l'ancien puits qui n'est plus utilisé, enlever complètement l'ancienne structure cylindrique en pierre ou en béton qui crée une onde de forme et remblayer avec de la terre ou avec un mélange de terre et de pierres n'émettant aucune radioactivité. Il faudra donc éviter de remblayer le puits avec des pierres en granit.

La grande mode, actuellement, est de choisir le plan de travail pour la cuisine ainsi que le carrelage en granit. Le granit étant très beau mais radioactif, donc prudence.

c) Quelques règles à respecter

L'électricité et l'électronique dans une maison sont devenues un mal nécessaire ! C'est à la fois pratique, utile et dangereux. La première des règles à respecter par le propriétaire d'une maison, c'est une bonne prise de terre. Il faut raccorder tous les éléments métalliques de l'habitation à une bonne prise de terre dont la résistivité doit se situer entre 5 et 10 ohms. Cette prise doit être enterrée de préférence à un 1,50 m de profondeur, au-delà de la distance mesurée par le géobiologue concernant l'aura de la maison et au nord de celle-ci. Il devra s'assurer que la prise de terre est située dans une zone neutre, en dehors d'un quadrillage tellurique, d'une faille et d'un cours d'eau souterrain.

Tous les appareils électriques doivent être branchés à une prise de terre et il faut veiller à ce que les interrupteurs coupent la phase électrique et non la phase neutre. Les Suédois considèrent que le seuil nuisible dégagé par le champ électromagnétique des branchements électriques est de 2,5 milligauss d'induction magnétique.

Le choix des couleurs pour décorer vos chambres peuvent influencer votre organisme. En chromothérapie, qui est l'art de guérir par les couleurs, chacune à ses propriétés.

➠ Le rouge, qui stimule la circulation sanguine, est déconseillé aux personnes souffrant d'hypertension.
➠ L'orangé augmente la vitalité sexuelle, stimule le système digestif et respiratoire et apporte de l'optimisme. Cette couleur stimule l'appétit et a un effet tonique.
➠ Le jaune fortifie le système nerveux et digestif. Il agit également sur le système lymphatique et stimule les facultés intellectuelles. Cette couleur n'est pas recommandée pour les personnes souffrant d'alcoolisme et de problèmes cardiaques.
➠ Le vert a un effet calmant. Cette couleur fait baisser la tension du sang et la tension nerveuse. Elle aide à résoudre les problèmes du mental et émotionnels.
➠ La couleur bleue engage à la paix et à la tranquillité, calme le système nerveux, stimule le système immunitaire. Cette couleur est déconseillée aux personnes souffrant de rhumatismes et d'hypertension. Elle peut accroître les états dépressifs et favoriser l'égoïsme.
➠ La couleur indigo stimule la glande parathyroïde et calme la glande thyroïde. Elle purifie le sang. Elle est en relation avec les sens de l'ouïe et de la vue.
➠ La couleur pourpre calme la circulation sanguine et réduit les effets de l'anxiété. Elle stimule et renforce l'approche spirituelle et l'intuition. Ses effets négatifs sont l'arrogance et le fanatisme.

Comme nous venons de le voir, chaque couleur à l'intérieur de notre habitat peut influencer notre comportement et notre santé, et il serait judicieux que les responsables prennent en considération ce choix de couleurs en ce qui concerne la décoration des crèches, écoles, hôpitaux, maisons de repos, maisons pour personnes inadaptées, handicapées et personnes âgées.

Le Feng Shui, très à la mode en ce moment en Occident, nous recommande de bien choisir notre environnement pour construire sa maison. Il faut éviter les virages, les pylônes, les terrains situés au pied d'une falaise, près d'une décharge publique, près d'une usine ou d'un aéroport. Il faut éviter de construire au fond des vallées ou au fond d'une impasse, et choisir l'orientation de sa maison plein sud. Il faut planter les arbres derrière la maison, comme un cache-col qui protège votre nuque, et éviter d'avoir un arbre ou un pylône devant votre maison car, en Feng Shui, c'est comme une flèche qui vise le cœur. Dans cet art, la maison est un visage, dont les fenêtres sont les yeux et la porte la bouche. C'est par la porte que la maison attire les ondes bénéfiques ou maléfiques. Elle doit s'ouvrir vers l'intérieur pour laisser rentrer les ondes bénéfiques. L'entrée ne doit jamais donner sur un mur qui fait face à la porte. Si tel est le cas, il faudra placer un miroir sur ce mur. L'entrée de votre maison est votre carte de visite. Les amateurs de Feng Shui placeront dans le jardin une sculpture en pierre sur un nœud tellurique pour effectuer une reconstruction énergétique du lieu. Des géobiologues placent des menhirs dans les jardins. La technique consiste à trouver le croisement d'un cours d'eau souterrain ou d'un nœud tellurique et de placer le menhir, comme jadis, la pointe dirigée vers le ciel et l'arête tournée vers le nord magnétique. Actuellement, des architectes et des paysagistes qui tiennent compte de l'art du Feng Shui pourront vous guider dans votre choix.

Pour construire une maison saine, le choix des matériaux est très important. Les « architectes conseils en géobiologie » sont les mieux qualifiés pour choisir les matériaux à utiliser pour la réalisation du gros œuvre : pierre, brique, terre glaise, ou bois, de préférence sans fongicide.

L'architecte va aider les futurs propriétaires pour effectuer le choix des isolants, plancher, dallage, plâtre naturel, chaux, liège, cellulose, chanvre, fibres coco, paille pressée, laine de roche, chanvre et ses dérivés, laine de mouton ou liège. Il peut également orienter les acheteurs sur le choix de la forme de la maison, sur le choix des peintures d'entretien de boiseries non cancérigènes, la couleur des murs et tapisseries, sur la température ambiante de la maison, la nature et la disposition des meubles.

Les géobiologues conseillent de choisir comme isolant de la laine de roche ou du liège plutôt que de la laine de verre qui arrête les rayons cosmiques et amplifie le courant alternatif d'une fréquence de 50 Hz.

Le chauffage par le sol à circuits d'eau a posé des petits problèmes de santé aux jambes il y a quelques années mais, depuis que les constructeurs ont abaissé la température du chauffage, ce problème a été réglé.

Il est conseillé de placer un morceau de tourmaline noire sous l'écran du téléviseur ou de l'ordinateur, sur le compteur ou sur le coffret électrique. Cette pierre va absorber les ondes émises et les annuler en partie. Les téléviseurs et ordinateurs émettent des radiations de fréquence diverses dont des hyperfréquences et des rayons X. On trouve cette pierre dans les bourses aux minéraux ou dans les magasins spécialisés dans la vente des minéraux. De temps en temps, il faut passer la tourmaline sous l'eau du robinet pour la purifier. Il faudra ensuite la mettre au soleil ou à l'air pour la sécher.

Lorsque l'on place un harmonisateur cosmo-tellurique Biorad dans une pièce et qu'on se déplace avec le lobe-antenne Hartmann, il ne bouge plus, mais pivote vers la gauche quand il est dans l'axe d'un écran de téléviseur ou d'un ordinateur. En plaçant une tourmaline noire sous les écrans, le lobe-antenne reste stable, et prouve que la pièce est complètement neutralisée. Autrefois, je faisais placer un peigne en corne sous l'écran de télévision, les dents tournées vers le spectateur, et mon lobe-antenne commençait à réagir à 1 m du téléviseur. Cette solution convenait bien aux téléspectateurs qui sont rarement collés devant leur écran. Mais, depuis qu'on y place de la tourmaline noire, le lobe-antenne ne bouge plus du tout, ce qui permet de le conseiller aux personnes travaillant sur un ordinateur. Cette pierre est à la portée de toutes les bourses, et peut protéger partiellement des rayonnements nocifs émis par les champs électromagnétiques du tube à rayons cathodiques qui constitue l'écran.

Les fours à micro-ondes contiennent un magnétron, une lampe en cuivre à circuit fermé, qui émet des ondes électromagnétiques et qui chauffe en même temps. En sachant que le même magnétron est utilisé pour les radars militaires qui émettent des rayons qui se déplacent à la vitesse de la lumière (300 000 km à la seconde), on peut imaginer le rayonnement nocif et dangereux que peuvent avoir les émissions des fours à micro-ondes sur les aliments et sur les cellules des personnes qui se trouve dans son champ de rayonnement. Les fours à micro-ondes fonctionnent à une fréquence de 2,45 milliards de Hertz. Cette fréquence correspond à une longueur d'ondes de 12 cm, la même qui est utilisée par les radars militaires décimétriques. S'il existe des radiations de fuite à travers les portes non étanches, il y a un risque d'irradiation par le rayonnement électromagnétique émis par le magnétron.

Il y a quarante-quatre ans, quand je travaillais comme jeune détecteur radariste sur un escorteur d'escadre de la Marine nationale et qu'il fallait que je grimpe en haut du mât du navire pour y travailler, le règlement voulait que je demande à mes collègues détecteurs qu'ils arrêtent les émissions de tous les radars du bord pendant la durée de mon intervention. Les autorités militaires savaient parfaitement qu'il était dangereux pour la santé des marins de travailler dans la mâture pendant que les radars du bord étaient en émission. Avant d'arriver dans un port, nous devions également cesser les émissions de tous nos radars, sauf le radar de navigation, pour éviter que les récepteurs de télévision des habitants ne soient perturbés.

L'orientation de la maison est très importante. Il faut placer le salon et la terrasse au sud et orienter la maison de façon à capter le maximum de soleil. La forme de la maison doit être harmonieuse. Certaines maisons modernes sont construites avec beaucoup d'angles. Quand on analyse ces maisons avec un pendule et un graphique indiquant les vibrations-couleurs, on s'aperçoit qu'elles émettent le vert négatif en phase électrique. Du premier coup d'œil, un bon géobiologue verra, en raison de la forme de ces maisons modernes, si elles émettent des ondes nocives. Placées à la verticale d'une faille géologique ou d'un cours d'eau souterrain, on imagine très bien l'avenir de leurs occupants : insomnies, stress, agressivité, maladies, divorce et suicide.

Les maisons d'autrefois étaient construites avec des pierres qui entraient parfaitement en résonance avec les forces cosmo-telluriques. La pose de la première pierre, qui symbolisait la naissance de la maison, se pratiquait souvent en tenant compte de la position des astres le jour de la pose. La pierre angulaire avait un rôle protecteur. On creusait parfois une excavation dans la pierre angulaire pour y placer la statuette d'un dieu ou d'un saint. Il est évident que les constructions en terre, en bois ou en brique sont plus saines que les constructions en béton.

Le rôle du géobiologue est de conseiller les futurs propriétaires de bien choisir l'emplacement et les matériaux de leur maison pour obtenir un habitat sain. Si la maison est déjà construite, son travail consiste à rétablir l'harmonie vitale de la maison. Le sentier sur lequel chemine le géobiologue est tracé. Reste à trouver des hommes et des femmes, architectes, médecins, scientifiques, chercheurs qui voudront bien suivre cette voie.

4. Comment harmoniser son habitat ?

Si vous souffrez d'insomnies, de rhumatismes, d'arthrose, de maux de tête inexpliqués, d'énurésie ou de problèmes urinaires, de manque de calcium, de magnésium, de zinc ou de fer, si vous souffrez de problèmes cardiaques, que vous vous réveillez encore plus fatigué, si vous souffrez de dépression nerveuse sans raison majeure, si vous trouvez votre bébé roulé en boule le matin dans un coin du lit, c'est sans doute que votre habitation est perturbée par des ondes nocives venant du sous-sol. Ces ondes invisibles sont sournoises et peuvent tuer à petit feu. Si votre médecin n'arrive pas à expliquer et à comprendre la raison de votre mal, il faudra faire appel à un géobiologue compétent qui viendra analyser votre maison, votre appartement, votre atelier ou votre bureau. Observez le comportement de vos jeunes enfants dans les chambres : ils sentent bien les ondes nocives. S'ils se retournent instinctivement dans leur lit, s'ils sont atteints d'incontinence ou qu'ils ne veulent pas rester assis à leur place attitrée à table pour manger, c'est qu'il y a une ou des raisons, que le géobiologue trouvera très vite.

La règle de base pour le géobiologue consiste à commencer par faire une analyse du site sur les plans géographiques et topographiques, et à observation la végétation, ses essences et leur manière de se développer.

Voici ma manière de procéder pour faire l'analyse d'un habitat :

- En arrivant, j'explique aux occupants de la maison quelle va être la nature de mon travail. La géobiologie est encore très peu connue du grand public, et les gens ont toujours encore une certaine crainte face au sourcier muni de sa baguette divinatoire ! Il faut donc savoir à la fois rassurer et expliquer. Je montre des photos d'arbres tordus, d'arbres avec des tumeurs ou avec du gui, et j'explique ce qu'est une zone géopathogène et les répercussions sur la santé des habitants de ces lieux émetteurs d'ondes nocives.
- Avant d'entrer dans l'habitation pour détecter les ondes nocives émises par les failles géologiques, les cours d'eau souterrains et les fortes radiations telluriques, j'observe les arbres et les plantes sauvages messagères qui pousse aux alentours et dans l'environnement immédiat. Si, autour de la maison, les arbres ont des tumeurs, si les haies sont comme brûlées ou desséchées à certains endroits, s'il y a des sureaux, des ronces, des chardons et des orties. Si certains arbres du jardin sont vrillés ou penchés comme s'ils voulaient éviter quelque chose, j'aurai déjà une première idée sur la nature du sous-sol.
- En faisant le tour de la maison, j'observe s'il existe des fissures verticales sur les murs extérieurs, ce qui va contribuer à parfaire mon premier diagnostic.

➠ À chaque fois que c'est possible, je tourne autour de la maison en me servant de ma baguette de sourcier, de l'antenne de Lecher ou des antennes en L pour déterminer si la maison est traversée par un ou des cours d'eau souterrains, sachant que les rayons telluriques amplifiés par un ou des cours d'eau souterrains passant sous une maison peuvent, à la longue, rendre les occupants très malades. Le dérèglement des cellules fortement perturbées par un environnement géopathogène et une vibration très basse peuvent même causer un cancer.

➠ J'entre ensuite dans la maison, je fais le tour des pièces et j'observe s'il n'y a pas de meubles placés en angle, de miroirs en face des lits, et je place mon pendule devant les tableaux ou bibelots pour voir, selon sa rotation, si les ondes que produisent les arrangements de formes et les couleurs sont positives ou négatives. Des tableaux émetteurs d'une vibration négative ou des bibelots du genre masques mortuaires africains, statuettes et autres figurines représentant des divinités païennes grimaçantes peuvent émettre sournoisement des « ondes de forme » abstraites, qui vont lentement polluer l'esprit et déphaser les habitants, à leur insu. Ensuite, je mesure la vibration, la vibration-couleur, le pourcentage de magnétisme et le rapport cosmo-tellurique de chaque pièce à l'aide de mes graphiques et de mon pendule. Ces mesures me donnent un bon diagnostic car, d'après les résultats obtenus, je sais déjà quelles sont les bonnes et les mauvaises chambres. Une vibration de 12 000 unités Bovis et une vibration-couleur se situant dans la phase magnétique, un rapport cosmo-tellurique égal à 1 m'indiquent une bonne pièce. En revanche, une vibration inférieure à 5 000 unités Bovis, une vibration-couleur se situant en phase électrique et un rapport cosmo-tellurique inférieur à 1 m'indiquent une mauvaise pièce.

➠ Je cherche ensuite les passages de cours d'eau souterrains. Quand j'ai détecté leur passage exact, je fais tenir, à tour de rôle, dans la main droite des habitants le côté droit de la baguette, tout en prenant leur main gauche avec ma main droite et en tenant moi-même le bras gauche de la baguette dans la main gauche. En pratiquant ainsi, les habitants peuvent sentir la force d'un courant tellurique amplifié par un cours d'eau souterrain, et même les plus sceptiques qui retiennent avec force la baguette de leur main droite vont être convaincus. Il faut savoir que cette pratique fatigue le sourcier, car il transmet son magnétisme aux personnes à qui il fait tenir la baguette. Si la personne est jeune et a beaucoup d'énergie, la baguette réagira bien et ne fatiguera pas le sourcier, au contraire, mais s'il s'agit de quelqu'un de malade et vidé de son énergie, la baguette en laiton dont je me sers pour cette opération aura du mal à monter, et je sentirai la personne me vider de mon magnétisme. Le fluide passe même avec une baguette en plastique, ce qui prouve bien qu'il existe une infime différence de potentiel entre nos mains et que la baguette en forme de V réagit à la fois aux courants telluriques et aux ondes que produisent les formes. Le signal du sourcier, quand il avance sur le terrain ou dans une maison, est provoqué, selon moi, par cette infime différence de potentiel entre nos mains et par notre sensibilité aux modifications du champ magnétique terrestre. Le sourcier qui opère à mains nues reçoit une petite décharge électrique dans les pieds ou les mains quand il passe sur un cours d'eau souterrain, ce qui prouve bien qu'il ressent une infime électricité souterraine.

Dans l'analyse de l'habitat, le géobiologue devra surtout tenir compte des ondes que produisent les formes. Les courants telluriques amplifiés par une faille ou un cours d'eau souterrain émettent le vert négatif électrique. En faisant le tour des différentes pièces, le pendule va réagir en tournant en polarité négative devant une image hideuse ou un poster diabolique, un meuble placé en oblique ou sous un toit en pente. La baguette de sourcier va réagir en raison de l'angle quand le géobiologue avance sous un toit en pente, de la même façon que s'il y avait en dessous un cours d'eau souterrain.

Quand je détecte un croisement de cours d'eau souterrain dans la maison, je constate que les croisements des réseaux telluriques Hartmann, Curry et Wissmann se trouvent juste à quelques dizaines de centimètres de mon croisement de cours d'eau souterrain. Cette concentration est appelée « point » ou « nœud géopathogène ». Dans la Chine ancienne, les nœuds telluriques géopathogènes étaient nommés les « portes de sortie des démons ».

À cet endroit, la vibration est comprise entre 0 et 5 000 unités Bovis, la vibration-couleur est le vert négatif en phase électrique et le rapport cosmo-tellurique est inférieur à 1. On peut en déduire qu'une personne couchant à la verticale d'un croisement de cours d'eau souterrain, auquel viennent s'ajouter les croisements du réseau Hartmann, Curry et Wissmann, peut, à la longue, tomber gravement malade, en raison de toutes ces accumulations de rayonnements. L'expérience aidant, je peux totalement me fier à mes mesures radiesthésiques : un lieu malsain vibre entre 0 et 5 000 unités Bovis en phase électrique, un lieu moyen entre 5 000 et 9 000 unités Bovis en phase magnétique et un lieu sain à 12 000 unités Bovis en phase magnétique, avec un rapport cosmo-tellurique égal à 1. Une maison saine située dans une zone neutre est calme, sereine, et les habitants y vivent en harmonie.

Quand la maison est analysée à temps, je fais déplacer lits, divans et fauteuils en les éloignant des nœuds géopathogènes, et je pose à l'endroit adéquat un harmonisateur cosmo-tellurique efficace pour à la fois équilibrer le champ vital et redonner de l'énergie au lieu perturbé par les ondes nocives. Je reprends ensuite les mesures pour vérifier si elles se sont améliorées. Placer un harmonisateur va transformer les ondes que produisent les formes, augmenter nettement la vibration du lieu, transformer le vert négatif électrique en vert positif magnétique et ramener le rapport cosmo-tellurique à l'unité. Les habitants ressentent lentement cette harmonisation et il leur faudra souvent entre une à trois semaines pour s'adapter à la nouvelle vibration et au changement du champ vital ou de l'onde de vie.

Des techniques ou méthodes existent pour caractériser l'environnement dans le temps et dans l'espace et comparer les résultats obtenus : les mesures géobiologiques. Grâce à elles, j'ai pu mettre au point un dispositif et un procédé d'harmonisation qui consiste à effectuer toutes les mesures radiesthésiques pour caractériser l'environnement immédiat, repérer les cours d'eau souterrains, failles géologiques et croisements des réseaux telluriques, placer judicieusement le dispositif, par exemple sur un croisement tellurique ou dans l'angle d'une pièce, dans le champ d'action qui se trouve le plus près du nœud géopathogène.

Après des années de recherches, d'études et d'harmonisation effectuées avec différents appareils, j'ai inventé et mis au point un harmonisateur de rayons cosmo-telluriques que j'ai appelé « Biorad Système Landspurg »[(10)]. Ce dispositif permet de canaliser les radiations telluriques (champs, flux, ondes), principalement celles qui émanent des failles géologiques et des cours d'eau souterrains. Le procédé, mettant en œuvre ce dispositif, permet d'éviter de subir les mauvaises influences et les conséquences des ondes et rayonnements que peuvent générer ces radiations, nocives pour la santé.

C'est un guide d'ondes dont la base est un carré de 22 cm de côté, qui capte le fluide émis par le cours d'eau souterrain. Il transforme la vibration-couleur vert négatif émise par le croisement tellurique en vert positif magnétique qui est le rayon de vie, et décuple la vibration du lieu où il est posé sur un rayon de 13 m et sur 2 m de hauteur.

Il a été conçu en respectant la proportion sacrée du « nombre d'or », ce qui lui permet de se mettre en résonance vibratoire avec les ondes subtiles et d'augmenter la qualité biotique et vibratoire dans laquelle nous évoluons. Il a la forme d'une voûte qui fait penser à un chapeau d'évêque.

10. Modèle déposé à l'INPI de Strasbourg sous le n° 00 0739 le 2 février 2000 et publié au Bulletin officiel de la propriété industrielle le 26 mai 2000 sous le n° 00/11. Marque déposée à l'INPI de Strasbourg le 2 février 2000 sous le n° 00 3005740 et publié au Bulletin officiel de la propriété industrielle le 13 juillet 2000 sous le n° 00/28 NL.

Placé à l'endroit adéquat, de préférence le plus près du point de croisement des rayons telluriques amplifiés par un ou des cours d'eau souterrains, et dans le coin d'une chambre, l'harmonisateur sert de guide d'onde. Il capte l'énergie cosmique tout en canalisant l'énergie tellurique. En se mettant en résonance avec ces deux forces, il les transforme en émettant le rayon de vie, un fluide vital bénéfique pour la santé des hommes, animaux et plantes. Sa fabrication artisanale, en respectant les proportions du « nombre d'or » présent dans nos chromosomes, lui permet d'entrer rapidement en résonance avec les habitants qui sentiront vite un mieux-être. On peut également le poser directement sur le point de croisement, par exemple sous le lit, si la configuration de la chambre le permet et si les occupants de la chambre le supportent.

Simple et efficace, cette forme en terre cuite ne se charge pas et ne se sature pas dans le temps ; elle n'a pas besoin d'être alimentée en courant électrique.

Les radiations cosmo-telluriques varient dans le temps. Elles sont influencées par le Soleil, la Lune, les solstices, équinoxes, éruptions volcaniques, tremblements de terre, éclipses et alignements de planètes. Elles peuvent être génératrices d'ondes bénéfiques ou nocives.

L'expertise géobiologique doit toujours être faite par quelqu'un de sérieux, d'expérimenté, de rigoureux et de compétent ; il en va de la santé des habitants. Seul quelqu'un de compétent pourra éliminer les ondes nocives concrètes et abstraites et augmenter l'énergie du lieu.

Après la mise en place à l'endroit adéquat d'un harmonisateur, le géobiologue devra refaire les mesures radiesthésiques pour vérifier si le taux vibratoire du lieu a augmenté, si le rapport cosmo-tellurique est maintenant égal à l'unité, s'il y a eu augmentation du plan et du monde vibratoire et si les nouvelles mesures indiquent qu'on a bien obtenu la vibration-couleur vert positif en phase magnétique à l'endroit même où l'on

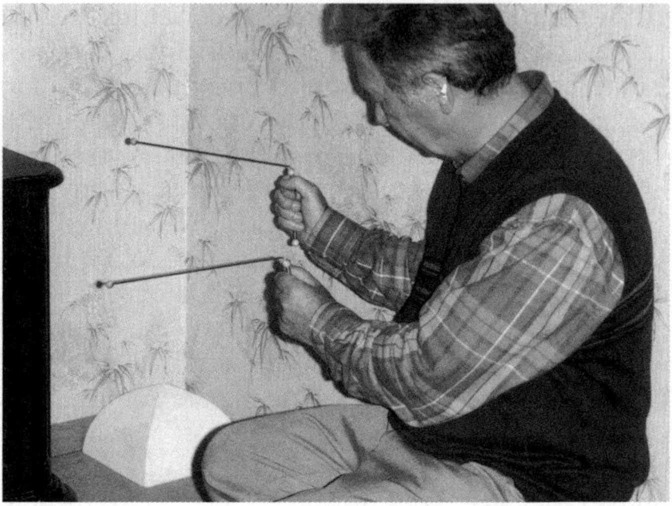

Après la recherche d'ondes nocives dans une chambre à coucher, pose d'un harmonisateur à l'endroit adéquat et contrôle des résultats. Une fois en place les antennes en L ne doivent plus bouger.

mesurait avant la vibration-couleur vert négatif en phase électrique.

Le schéma ci-contre montre que l'homme couché au niveau de l'estomac sur un croisement de deux lignes de force de deux cours d'eau souterrains et à quelques centimètres d'un croisement de deux rayons Hartmann, Curry et Wissmann, est condamné, tôt ou tard, à tomber gravement malade. Si le géobiologue détecte des ondes nocives dans une chambre de la maison, il doit impérativement conseiller aux occupants de changer de chambre.

Si ce n'est pas possible, il devra leur demander de déplacer le lit et de le mettre dans une meilleure zone – dans ce cas précis, à la place de l'armoire. Le docteur Ernst Hartmann a démontré qu'une personne couchant à la verticale d'un nœud tellurique au niveau de son estomac n'a plus d'acide chlorhydrique.

Dans le cas de ce schéma, le ventre de l'homme est placé à la verticale d'un croisement de deux rayons Curry, de deux lignes de force de deux cours d'eau souterrains, et tout près d'un nœud de rayons Hartmann. En prenant la mesure de la vibration à l'emplacement de ce point de croisement géo-pathogène situé au niveau du ventre, on trouve par exemple

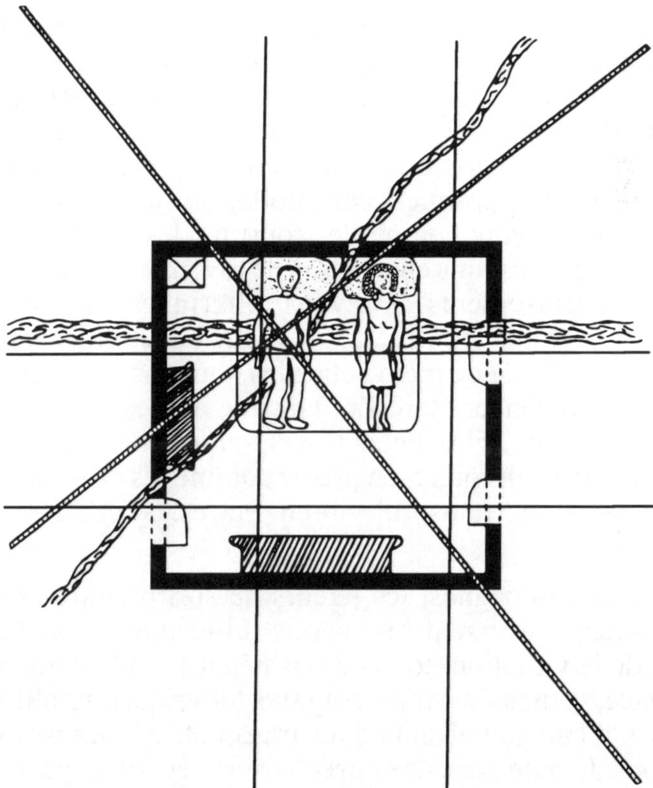

Emplacement d'un lit très perturbé sur une zone géopathogène.
Le lit devra être mis à la place de l'armoire. L'harmonisateur sera posé dans le coin gauche de la chambre le plus près du croisement.
Dessin Marc Landspurg.

1 000 unités Bovis. À l'emplacement où dort la femme, on trouve 4 000 unités Bovis et, dans la zone neutre où est placée l'armoire, on mesure 12 000 unités Bovis. Bien que dans ce cas de figure, le lit soit placé tête au nord, il faudra impérativement le changer de place et le mettre à la place de l'armoire.

Évidemment, s'il existe une meilleure chambre dans l'habitation , par exemple la chambre d'amis, le géobiologue devra persuader les occupants de changer de chambre à coucher. Il devra mesurer à l'aide d'appareils spéciaux l'intensité et le rayonnement du brouillard électromagnétique artificiel dans et autour de l'habitat, et conseiller aux occupants des lieux de faire appel à un électricien conscient de ce genre de problèmes, qui atténuera ou supprimera cette pollution électromagnétique.

Certains animaux comme les fourmis, les guêpes, les serpents ou les chats sont « chercheurs de rayons », car ils sont attirés par les croisements de rayons telluriques. D'autres animaux, par exemple les chevaux, les ânes ou les chiens, évitent ces rayons. Il en est de même chez les humains. Les personnes atteintes d'un cancer, dont l'organisme a une vibration comprise entre 500 et 2 500 unités Bovis, seront tout naturellement attirées par des endroits bien précis comme les croisements de cours d'eau souterrains qui vibrent entre 500 et 2 500 unités Bovis.

Dans les campagnes, les jeteurs de sort et autres sorciers ou envoûteurs utilisent les rayons telluriques et se servent surtout de la vibration-couleur vert négatif, onde porteuse par excellence, véhiculée par les courants telluriques amplifiés par les cours d'eau souterrains pour transmettre leurs mauvaises intentions. L'onde porteuse faisceau vert négatif en phase électrique (V-e) va jouer dans le sol le même rôle que l'onde hertzienne.

Les jeteurs de sort travaillent avec les basses vibrations de cette onde porteuse, qui correspondent à leur propre personnalité, dans le but manifeste de nuire à autrui. Si un cours d'eau souterrain traverse la maison d'un voisin mal intentionné à

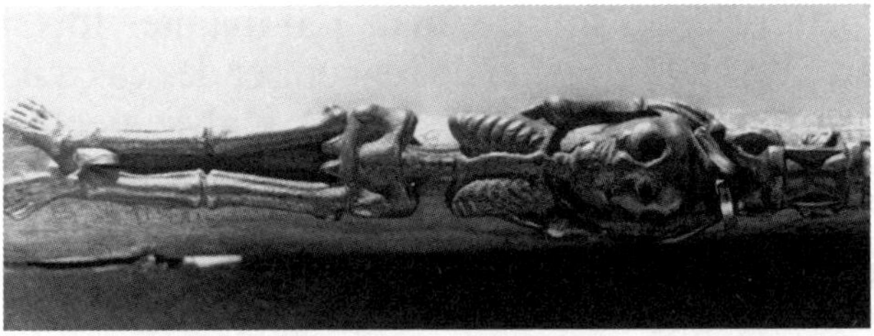

Symbole de la mort fixé sur un ancien bâton de sorcier du Sundgau (région située dans le sud du Haut-Rhin).
Photo J.-Michel Seckler Soultz-Haut-Rhin.

votre égard et coule ensuite sous votre propre maison, il pourra vous envoyer des ondes nocives en amplifiant l'onde porteuse du vert négatif électrique (V-e) par des mauvaises pensées ou en plaquant certains objets, peaux de lapin ou fers à cheval le « U » tourné vers le bas, pour amplifier le mauvais courant. Dans certaines régions, on enterre des œufs pourris dans le lit du courant pour empoisonner l'atmosphère dans la maison du voisin, chez qui on sentira effectivement une odeur nauséabonde d'œufs pourris.

En éliminant le vert négatif électrique de votre maison et en le remplaçant par le vert positif magnétique, vous élevez le taux, le plan et le monde vibratoire et neutralisez ainsi les mauvaises intentions des personnes qui pourraient vous en vouloir. Ces basses pratiques de sorcellerie de campagne existent encore au début du IIIe millénaire, et il ne faut surtout pas en rire.

5. Les ondes nocives abstraites et la mémoire des lieux

Certains films à sensation nous ont montré les désagréments subis par des personnes qui avaient construit leur maison sans le savoir sur un ancien cimetière : apparition d'êtres désincarnés ou revenants, déplacements d'objets et incendies instantanés.

Cela peut prêter à sourire, mais j'ai maintes fois, au cours de ma carrière, eu l'occasion de rencontrer des cas qui sortaient de l'ordinaire et dépassaient la simple analyse géobiologique. Certaines habitations sont construites en des lieux hantés par des entités invisibles qui n'ont pas encore réussi à quitter notre monde matériel physique visible et qui errent dans une dimension vibratoire que nous autres radiesthésistes nommons le « bas-astral ».

J'ai eu l'occasion d'analyser, courant 2000, une maison située dans un petit village du Haut-Rhin. Les propriétaires m'avaient fait venir, car ils ne s'y sentaient pas trop bien et ils avaient l'impression d'être entourés de présences. Les précédents occupants, avec qui ils avaient un lien de parenté, voyaient souvent des formes fantomatiques ressemblant à des personnages vêtus de noir. J'ai commencé par mesurer la vibration-couleur du lieu. Mon pendule se stabilisait sur le noir électrique correspondant à la vibration-couleur de la mort dans toutes les pièces de la maison, et j'ai conclu que cette maison était construite sur un ancien cimetière ; d'ailleurs l'église se trouvait juste en face, de l'autre côté de la route. Autrefois, les cimetières entouraient l'église placée au centre du village. Lorsqu'on a commencé à les décentraliser, on a pris soin de laisser l'emplacement vide à l'endroit où ils se situaient, et on évitait d'y construire. Aujourd'hui, malheureusement, on ne croit plus à l'au-delà, on spécule sur le prix du terrain de construction et on ne s'occupe plus de l'histoire du lieu.

Une amie radiesthésiste a acheté, il y a une dizaine d'années, un appartement dans une ville du Haut-Rhin. Elle m'avait fait venir car de drôles de phénomènes se produisaient dans son logement : elle y avait vu une présence. Deux semaines plus tard, lors d'un voyage en Allemagne, elle rencontra un homme qui était le portrait exact de son fantôme. Par la suite, elle fréquenta cet homme et, tant qu'il venait dans l'appartement, il ne se passait plus rien de bizarre. À chaque fois que mon amie avait des problèmes relationnels avec ce compagnon, et qu'elle essayait de mettre des distances, au sens propre et au sens figuré, entre elle et lui, des portes de placard s'ouvraient ou se fermaient toutes seules, des lumières s'allumaient ou s'éteignaient et des appareils électroménagers neufs tombaient en panne. D'après moi, son ami qu'elle avait vu hanter l'appartement avant de le rencontrer en chair et en os, était en fait une retrouvaille karmique. Ce couple qui se retrouvait avait certainement déjà vécu ensemble dans une vie antérieure et avait un problème karmique important à régler, d'où cette rencontre. L'ami de la radiesthésiste ne croyait pas à ma thèse et se moquait de moi. Le couple s'est séparé au bout de dix ans, après bien des hauts et des bas, sans avoir trouvé de solution.

Le phénomène des présences s'est calmé lentement une fois l'appartement harmonisé et la vibration élevée. Lors de l'aménagement d'un parking situé sur la place face à son logement, mon amie a pu se rendre compte, lors des fouilles, qu'il s'agissait d'un ancien cimetière. En effet, du XIVe siècle jusqu'au début du XIXe siècle, un des cimetières de la ville se trouvait à cet endroit.

Dans une maison située dans les anciens fossés qui entouraient le mur de la ville, et dans laquelle existait jadis une boucherie, les occupants voyaient une présence quand ils montaient au grenier. Après examen de l'endroit, j'ai eu la sensasion que quelqu'un était assis dans un vieux fauteuil sur lequel était posé un ciré noir. J'ai fait envelopper ce ciré dans un sac en nylon noir, et j'ai dit aux occupants d'aller le jeter dans le canal d'Alsace pour qu'il soit emporté par le courant. Après avoir placé un harmonisateur dans le grenier, j'ai demandé aux habitants de déblayer leur cave dans laquelle un tas de vieux appareils ménagers détériorés avait été laissé par l'ancien propriétaire qui réparait des articles électroménagers. Depuis ce jour, il n'y a plus jamais eu de manifestation insolite au grenier.

Dans une petite ville haut-rhinoise, un jeune couple m'a demandé d'analyser l'hôtel qu'il venait d'acquérir car, depuis quelques années, tous les propriétaires successifs partaient au bout de deux ans ou faisaient faillite. Je me suis d'abord documenté sur l'histoire de cet hôtel et on m'a dit qu'à la fin de la Seconde Guerre mondiale, le fils des anciens propriétaires, prisonnier des Allemands, avait été exécuté au moment même ou les Alliés rentraient dans sa ville natale pour la délivrer. Après étude des lieux, j'ai constaté que des objets anciens tranchants, parmi lesquels une hache de bourreau, avaient été suspendus dans le fumoir par les anciens propriétaires. De plus, dans la cave – dont la descente était couleur rouge sang – un tas d'objets hétéroclites était entassé. Notre premier conseil aux nouveaux propriétaires a été de les inciter à débarrasser le fumoir de tous les objets anciens qui l'ornaient et à vider complètement la cave. Ensuite, les peintures ont été refaites à neuf, avec un choix de couleurs claires. Ces transformations ont eu l'effet bénéfique recherché puisque, contrairement aux précédents propriétaires, nos jeunes hôteliers sont toujours en activité dans leur hôtel, et ce depuis une dizaine d'années déjà.

Un dernier cas pour vous convaincre que les lieux et les murs ont bien une mémoire.

Il y a une douzaine d'années, j'ai été appelé par un couple suisse résidant à Vieux-Ferrette dans le Sundgau, région située dans le sud du Haut-Rhin, pour harmoniser la maison dont ils étaient locataires. Une fois mon travail accompli, le jeune couple m'a raconté que dans cette maison, une jeune fille était morte d'un cancer après des années de terribles souffrances, et que le propriétaire n'arrivait pas à la vendre car on la décrivait comme une maison hantée. Le couple suisse m'a raconté par la suite qu'après mon départ, ils ont vu sur la colline d'en face comme une lumière éclatante qui montait vers le ciel et que, le lendemain, leur propriétaire leur téléphonait pour leur annoncer que la maison était vendue et qu'ils devaient se mettre en quête d'un nouveau logement ! Je n'avais fait rien de plus que transformer la vibration-couleur du vert négatif électrique en vert positif magnétique, augmenter la vibration et élever le plan vibratoire du lieu. Il faut croire que cela a suffi pour dégager, désimprégner et purifier l'habitat, et faire monter vers un plan vibratoire supérieur l'âme errante de la jeune fille qui n'arrivait pas à quitter la maison dans laquelle elle avait vécu et souffert.

Les sourciers radiesthésistes et géobiologues ne sont pas qualifiés ni préparés pour désenvoûter les lieux perturbés par des ondes nocives abstraites ou pratiquer des exorcismes, leur rôle principal est de traiter les ondes nocives concrètes et d'harmoniser les habitations. Pour les désenvoûtements, il existe dans chaque évêché un prêtre qualifié, mandaté spécialement pour pratiquer l'exorcisme. Soyez très prudent dans ce domaine, car il existe actuellement un grand nombre de marabouts, désenvoûteurs, occultistes et autres charlatans qui vont profiter de votre détresse et ignorance en la matière pour vous proposer de pratiquer des rituels occultes et des purifications de lieux ainsi que des gris-gris et amulettes, dans le seul but de vous soutirer de l'argent.

Si après le passage d'un sourcier radiesthésiste des phénomènes étranges se manifestent encore dans les lieux, tels que hantises, incendies spontanés, manifestations d'esprits frappeurs, déplacements d'objets, et que les psychiatres ne décèlent pas de maladie mentale chez les habitants de ces logements perturbés, il faut s'adresser à l'évêché de la région.

Il y a des êtres désincarnés – comme les suicidés ou les prisonniers qu'on jetait autrefois dans les oubliettes –, dont l'âme continuerait d'errer et de s'accrocher dans le bas-astral en hantant les lieux de basse vibration, où la personne a souffert durant sa vie terrestre. Tel est le cas des anciens champs de bataille, charniers, camps de concentration, prisons, ou des oubliettes des châteaux dans lesquelles on jetait les prisonniers, pour qu'ils y meurent de faim et de soif. Les histoires de châteaux hantés racontés par nos voisins anglais s'expliqueraient par cette théorie si, bien entendu, on croit qu'il existe un au-delà et une après-vie. Les châteaux d'Écosse construits en granit radioactif contenant des isotopes de radon, du polonium 218, du plomb 214 et du bismuth 214 peuvent, de par leur passé et leurs matériaux, être sujets à des phénomènes d'esprit frappeurs ou des manifestations mystérieuses de hantise.

Nous abordons là un domaine qui s'éloigne de la médecine de l'habitat et qui touche aux forces subtiles et au domaine du spirituel.

6. Le magnétisme terreste

a) La mesure du champ magnétique d'un lieu

Autrefois, on pensait que le magnétisme terrestre étaient dû à l'aimantation du fer contenu dans le noyau terrestre nife (nickel fer), par suite de la rotation de la Terre sur elle-même. Cette hypothèse est abandonnée, car le fer cesse d'être aimanté au-dessus d'une certaine température. L'origine principale du champ magnétique terrestre serait due à l'existence de courants de matière électriquement chargés à l'intérieur du noyau. Les savants pensent actuellement que l'effet de dynamo se produit dans le noyau liquide de la Terre grâce à des déplacements de grande ampleur. L'énergie qui entretient ces mouvements viendrait soit de la poussée d'Archimède, résultant de la rotation de la Terre et amplifiée par la différence des températures, soit de l'énergie gravitationnelle libérée par l'enfoncement des matériaux dans le noyau terrestre.

La Terre entière se comporte comme un aimant. L'aiguille aimantée d'une boussole s'oriente et se stabilise dans la direction du méridien magnétique. Le nord magnétique indiqué par la boussole est décalé par rapport au nord géographique.

L'angle formé par la direction du nord magnétique et celle du nord géographique est appelé « déclinaison magnétique ».

À Paris, le décalage entre le nord magnétique et le nord géographique est de 7° ouest. La position des pôles magnétiques est variable dans le temps. D'après l'annuaire du bureau

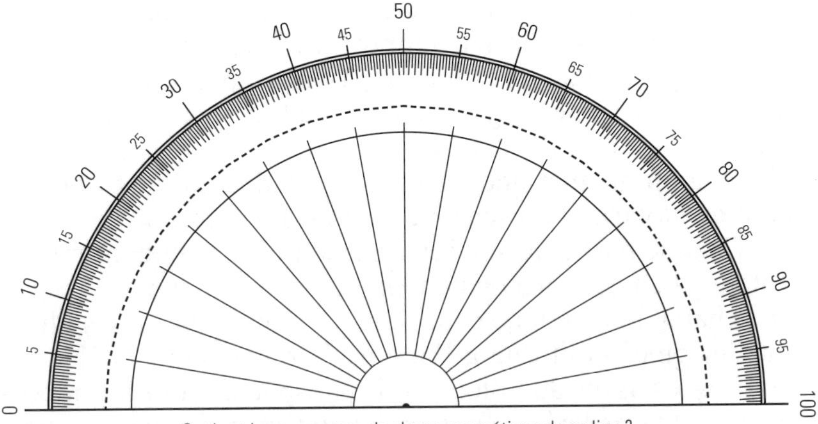

Quel est le pourcentage de champ magnétique de ce lieu ?

Avant longtemps, nos machines seront alimentées par une énergie disponible en tout point de l'univers.
À travers tout l'espace se trouve de l'énergie.
Nikola Tesla.

des longitutes, la déclinaison était de 10° en 1590, nulle en 1660, de 22° ouest en 1815 et de 6° ouest en 1967. On appelle « isogones » les lignes d'égale déclinaison. Les isogones sont des courbes qui convergent aux pôles magnétiques.

Les lignes de déclinaison magnétique aboutissent à deux pôles magnétiques :

- Nord dans l'archipel Arctique canadien à 1 900 km du pôle géographique Nord (pôle Nord).
- Sud en mer australe, un peu au large de la Terre Adélie, à 2 600 km du pôle géographique Sud (pôle Sud).

L'intensité du champ magnétique terrestre est de 50 μT (micro Tesla)[11].

11. Tesla Nikola : physicien d'origine serbe, né à Smiljan (Croatie) le 9 juillet 1856, décédé à New York en 1943. Inventeur, il imagina les courants polyphasés et inventa le couplage de deux circuits oscillants par induction mutuelle. Nikola Tesla était un génie peu reconnu malgré ses mille trois cents découvertes dont seulement cent sont exploitées à ce jour. Sans doute ses idées d'avant-garde, par exemple la distribution de l'énergie libre gratuite, convertible en forme utilisable depuis une source inépuisable, gênait beaucoup de monde.

Nous pouvons constater que ces pôles magnétiques ne sont pas aux antipodes l'un par rapport à l'autre, et que la ligne droite imaginaire qui les joint ne passe pas par le centre de la Terre. L'axe du pôle magnétique est incliné d'environ 11° sur l'axe de la rotation de la Terre.

Le champ magnétique terrestre s'étend jusqu'à 65 000 km autour du globe et il est sensible sur tous les points de notre planète. Chaque particule sur Terre est soumise à cette loi fondamentale ; il en est ainsi également du corps humain.

Le champ magnétique connaît une variation diurne régulière dont l'origine serait due à l'action de rayonnements électromagnétiques, issus du Soleil, sur l'ionosphère. Les plus importantes variations irrégulières du champ magnétique terrestre, dites variations d'agitation, sont constituées par les orages magnétiques.

Le savant et prix Nobel Louis Pasteur a démontré en 1862 que le magnétisme terrestre jouait un rôle important dans la croissance des végétaux. Ses travaux ont été repris par le docteur Noak, directeur de l'Institut des plantes de Berlin. Le chimiste autrichien von Reichenbach a établi que les aimants amélioraient la germination des plantes. L'eau qui a été soumise un certain temps à l'action d'un aimant ou d'un système magnétique, appelée « eau aimantée », est excellente pour la santé. Certaines eaux minérales, qui proviennent de sources passant vraisemblablement sur des champs magnétiques, sont naturellement magnétisées et peuvent aider à apporter un mieux-être ou aider à la guérison.

En radiesthésie, on peut mesurer le pourcentage de magnétisme d'un lieu ou de l'eau en se servant d'un graphique gradué de 0 à 100 et d'un pendule. Pour effectuer cette mesure, nous nous plaçons face au nord magnétique et nous lançons le pendule du sud vers le nord en partant du centre du demicercle.

Le pendule va osciller sur les chiffres 0, 10, 20, 30, 40, 50, 60, 70, 80, 90, 100, puis se mettre en giration sur l'un d'eux, que l'on prendra le soin de noter. Ces mesures vont nous aider dans nos travaux de géobiologie.

En comparant beaucoup de lieux d'habitation, de travail et de hauts lieux vibratoires, j'ai pu constater qu'un lieu géopathogène à la vibration peu élevée a un pourcentage de magnétisme inférieur à 40 %, qu'un lieu ayant une vibration normale de 12 000 unités Bovis a un pourcentage de magnétisme compris entre 40 % et 60 %, et qu'un haut lieu vibratoire ayant une vibration supérieure à 12 000 unités Bovis a un pourcentage de magnétisme compris entre 60 % et 100 %.

Certains lieux ont une vibration bien supérieure à 12 000 unités Bovis. Ces lieux, appelés hauts lieux vibratoires, lieux privilégiés ou hauts lieux d'énergie, sont souvent situés sur d'autres plans vibratoires que le monde physique matériel dans lequel nous évoluons, et c'est pour cette raison qu'ils sont nommés « lieux sacrés ». Nous verrons un peu plus loin comment effectuer les mesures des plans et mondes vibratoires ainsi que celles des vibrations des lieux privilégiés.

b) L'histoire du magnétisme et pratique du magnétisme familial

Nous avons évoqué précédemment le magnétisme terrestre. La question que l'on doit se poser maintenant est la suivante : « Existe-t-il une relation entre le magnétisme terrestre, les aimants et la pratique du magnétisme ? »

Selon la légende, nous devons à un berger grec, du nom de Magnès, la connaissance des pouvoirs de l'aimant. Un jour, en menant son troupeau dans les prés, une pierre attira le bâton ferré du berger. Il prit des fragments de cette pierre et les plaça sous ses semelles, ce qui lui fit gagner une vitalité considérable. La magnétothérapie, ou médecine par les aimants, était déjà connue dans l'Antiquité. Les prêtres égyptiens de Menphis et de Saïs appliquaient des morceaux de magnétite (oxyde naturel de fer) sur les membres malades de leurs patients pour les soulager. Homère, poète épique grec, fait également référence aux pouvoirs de la magnétite dans l'Illiade et l'Odyssée, vers 850 ans av. J.-C.

Au Moyen Âge, on trouve des traces de cette thérapie chez Paracelse. Theophrastus Bombast von Hohenheim, dit Paracelse, médecin et alchimiste suisse né à Einsiedeln (Suisse) vers 1493 et mort à Salzbourg (Autriche) vers 1541, est le père de la médecine hermétique. Il a émis l'hypothèse que le corps humain était entouré d'une énergie curative qu'il baptisa *Archaeus.* Il estimait que la « nature est le médecin que l'homme possède en lui » et que « le médecin n'est que le ministre et défenseur de l'homme ».

Au XVIe siècle, le dénommé Gilbert, ancêtre du magnétisme scientifique, comparait notre Terre à un aimant et faisait la distinction entre les effets électriques et les effets magnétiques. En 1600, il fit paraître un ouvrage qui fit avancer la recherche sur les questions que se posaient les scientifiques sur la nature du magnétisme.

Au XVIIIe siècle, les chercheurs français Audry et Thouret ont pu vérifier les vertus de la médecine par les aimants. En 1866, le docteur Liébault, directeur de l'École de médecine de Nancy, reprit les recherches sur le magnétisme. Les professeurs Jean Charcot, né à paris en 1825, fondateur de l'École de neurologie de la Salpêtrière, père de l'hypnose médicale, et Charles Richet, physiologiste français (Paris 1850-1935) furent séduits par la rigueur des expériences du docteur Liébault et étudièrent le caractère physique du magnétisme.

En 1878, le professeur Jean Charcot et le docteur Renard ont réussi à prouver l'efficacité des aimants dans le traitement des maladies nerveuses. En 1879, le docteur Bénédicte, inventeur du mot magnétothérapie, et le docteur Drozdov ont démontré que les aimants pouvaient atténuer sensiblement certaines douleurs.

En 1882, Hector Durville rechercha scientifiquement les lois qui régissent le magnétisme et parvint à mettre en relief la notion de polarité. Il fonda à Paris son école de magnétisme, la Société magnétique de France.

Parmi les magnétiseurs actifs du XIXe siècle, il faut citer Reggazoni, Pergame et le baron Dupotet de Sennevoy.

Au XXe siècle, le flambeau est repris par le docteur Donnet. En ce début du XXIe siècle, on trouve sur le marché des ceintures, des gilets, des matelas et des semelles dans la composition desquels on a pris soin d'introduire des aimants qui créent un champ magnétique uniforme. J'ai moi-même testé une ceinture et constaté qu'elle soulage les maux de dos.

La Terre entière se comportant comme un aimant, et comme nous faisons partie intégrante de la Terre, les savants ont démontré que nous avons tous en nous des récepteurs capables de ressentir les variations du champ magnétique terrestre. Ces récepteurs sont situés derrière les arcades sourcilières, dans la nuque, les coudes, le bas des reins, derrière chaque genou et sous les pieds. Il a été démontré par des savants comme le professeur Yves Rocard que les sourciers sont sensibles au 1/1000e du magnétisme terrestre.

Le *British Medical Journal*(12) mentionne que la calcification de la glande pinéale conduit à une défection du sens de l'orientation. Cette revue nous apprend que la glande pinéale du pigeon pèse 1,5 g, ce qui représente environ 10 % du poids total de son cerveau, alors que chez l'homme, la glande pinéale ne pèse que 2 g, soit 1 % du poids total du cerveau. Il a été démontré qu'il existe une relation entre la glande pinéale et le sens de l'orientation des pigeons et des hommes. Chez les pigeons voyageurs dont la réussite était totale, aucun n'avait de calcification de la glande pinéale. Les pigeons voyageurs sont des oiseaux-sourciers. Les oiseaux migrateurs sont en état de transe durant leur vol. La température de leur corps descend et ils concentrent toute leur énergie pour voler ; ils se déplacent la nuit en volant au-dessus des océans où la température est

12. Vol. 291 ; 21-28 décembre 1985.

constante et fraîche. Il est admis que les abeilles, certains oiseaux ou les dauphins possèdent des dépôts de magnétite. Chez les abeilles, le dépôt de magnétite se situe dans l'abdomen. Les savants britanniques de l'université de Manchester ont démontré qu'il existait chez l'homme une forte concentration de magnétite au niveau des sinus.

Autrefois, différentes théories expliquaient la pratique du magnétisme. En 1766, Franz Anton Mesmer, docteur en médecine de l'université de Vienne, après avoir soutenu une thèse traitant de l'influence des planètes sur le corps humain, établit l'existence d'un fluide subtil qui pénètre tous les corps et remplit l'univers. Il désigne ce fluide sous le nom de fluide universel. En 1779, il publie un mémoire dans lequel figurent vingt-sept propositions, dont la neuvième : « Il se manifeste particulièrement dans le corps humain des propriétés analogues à celles de l'aimant : on y distingue des pôles également divers et opposés qui peuvent être communiqués, changés, détruits ou renforcés ; le phénomène même de l'inclination y est observé. »

Franz Anton Mesmer, docteur en médecine de l'université de Vienne (Iznang 1734 – Meersburg 1815), fondateur de la théorie du magnétisme animal dit « mesmérisme ».

Dans la dixième proposition, Messmer dit : « La propriété du corps animal qui le rend susceptible de l'influence des corps célestes et de l'action de ceux qui l'environnent, manifestée par son analogie avec l'aimant, m'a déterminé à la nommer magnétisme animal. »

En 1903, un physicien de Nancy, René Blondot, découvrit dans ses expériences que le corps humain émettait des effluves invisibles qui peuvent être détectés à plus de 2 m. Il fit part de sa découverte à la faculté des sciences. Comme aucun homme de science ne s'intéressait à ses travaux, il les abandonna ! Après lui, le directeur du laboratoire Eiffel, Lucien Romani, reprit les travaux de René Blondot et publia la *Théorie générale de l'univers physique*. Enfin, en 1984, le savant Yves Rocard déclarait[13] : « Devant les faits qui s'accumulent, il serait grand temps que le rationalisme cesse de se voiler la face et consente à ouvrir les yeux ; on ne peut refuser de reconnaître à l'homme une sensibilité magnétique, ni nier à quel degré les magnétiseurs en sont doués. » Dans l'ancienne URSS, les chercheurs soviétiques de l'institut A. S. Popov avaient découvert que les organismes vivants émettent des vibrations d'énergie qu'ils ont appelées biochamps ou bioplasma.

Aux États-Unis d'Amérique, les chercheurs de la NASA ont étudié les champs magnétiques et, en Chine populaire, le docteur Zheng Rongliang de l'université de Lanzhou a pu mesurer l'énergie irradiée par le corps humain à l'aide d'un appareil servant à mesurer les basses intensités.

L'énergie que dégage le magnétiseur et qui se meut comme un fluide est constituée de microparticules, d'un diamètre de 60 microns environ et d'une vitesse de 20 à 50 cm par seconde, comme l'a démontré l'Anatomique Nucleus Institut de l'académie Sinisa à Shanghai (Chine).

13. Dans le journal *La Recherche*.

La pratique du magnétisme, comme l'art du sourcier et la radiesthésie, n'est pas encore une science, mais reste un art. Un bon sourcier, radiesthésiste ou géobiologue doit pouvoir également magnétiser s'il met sa sensibilité au service de son prochain, s'il est animé du désir de soulager les maux d'autrui, s'il a une volonté puissante et une visualisation de la guérison ardemment souhaitée. Posséder un supplément de magnétite au bout des doigts nous donne le pouvoir de magnétiser autrui. La maman qui pose instinctivement sa main sur l'estomac de son enfant qui se plaint d'avoir mal au ventre opère un geste de magnétiseuse et dirige avec amour un fluide magnétique vers le ventre de son enfant pour calmer la douleur. Dans presque tous les cas, ce geste calme effectivement la douleur. Selon une des théories des magnétiseurs, les cellules saines de l'organisme humain sont polarisées et vibrent dans une seule direction, alors qu'une cellule malade est dépolarisée et vibre dans toutes les directions. En communiquant au malade sa chaleur animale ou son fluide, le magnétiseur agit sur les cellules et leur redonne une polarité normale. En agissant ainsi, il fait en sorte que les cellules vibrent à nouveau harmonieusement et aide ainsi le corps à guérir plus rapidement. Dans l'*Illiade,* Homère parle de l'imposition des mains.

Hippocrate, médecin grec[14] aurait pratiqué le magnétisme qu'il appelait *Vis medicatrix naturae.* Son éthique est à l'origine du serment que prêtent les médecins (Serment d'Hippocrate). En 570 av. J.-C., dans le *Tao-tö-king,* Lao-Tseu enseigne comment visualiser les flux et reflux d'énergie afin de les diriger et de les concentrer sur les organes affaiblis ou malades. Les Romains magnétisaient dans les temples. Dans sa compilation scientifique en trente-sept livres appelée *Histoire naturelle,* Pline l'Ancien[15], relate des guérisons obtenues par des hommes possédant une « vertu médicale ».

---

14. Île de Cos vers 460-Larissa, Thessalie vers 377 av. J.-C.
15. Naturaliste et écrivain latin (Côme 23 apr. J.-C.-Stabies 79).

La Sainte Bible fait allusion aux guérisons faites par Jésus de Nazareth, juif de Palestine, fondateur du christianisme. Né sous le règne de Hérode Ier le Grand, mort crucifié en avril de l'an 30 de notre ère, Jésus-Christ, qui possédait certainement un magnétisme exceptionnel, pratiquait l'imposition des mains et soulageait ainsi les nombreux malades qu'on lui présentait : « une fois le soleil couché, ceux qui avaient des malades, atteints de divers maux, les lui amenaient. Jésus imposait les mains sur chacun d'eux, et il les guérissait[16] ».

Jésus-Christ, un des personnages les plus importants de l'histoire de la Terre, deviendra le chef spirituel de l'Église chrétienne, qui aura marqué pendant deux mille ans l'ère zodiacale des Poissons dont le signe opposé est le signe zodiacal de la Vierge. Jésus-Christ avait choisi ces deux signes opposés du zodiaque dans les symboles de sa religion.

Lorsque le taux vibratoire d'une personne diminue, son organisme risque d'entrer en résonance avec des virus ou des microbes qui ne l'atteindraient pas si sa vibration était plus élevée. Le magnétiseur, qui impose ses mains ou pratique ses passes magnétiques, élève le taux vibratoire de ces personnes par transfert d'énergie ou par restructuration d'énergies perturbées.

L'imposition des mains se pratique par l'imposition palmaire qui consiste à magnétiser en présentant une main immobile à 10 ou 20 cm de distance de l'organe malade ou en appliquant directement la main sur la partie à traiter. Elle a un effet sédatif et calmant sur une douleur bien ciblée ou sur l'organisme. Quand le magnétiseur n'applique que les trois premiers doigts de la main droite sur un point précis, les autres étant repliés, il fait une imposition digitale. On dit alors qu'il « fixe ». L'imposition digitale agit plus en profondeur que l'imposition palmaire et a un effet stimulant sur le patient.

16. Évangile selon saint Luc (chap. IV, verset 40).

Quand, lors de l'imposition digitale, le magnétiseur fait une sorte de massage rotatif dans le sens des aiguilles d'une montre sur le point précis à soulager, il pratique l'imposition digitale rotative ou l'imposition digitale circulaire. Cette pratique est plus énergétique que les précédentes. Quand il écarte les doigts et qu'il se rapproche de la partie malade à magnétiser, il exerce une action excitante. Quand on frôle légèrement la partie malade à la fin d'une séance de magnétisme, on pratique des effleurages. Si ces effleurages sont plus énergiques, ils deviennent des frictions, qui ont une action stimulante qui va se transmettre aux organes les plus profonds. On peut stimuler les organes en pratiquant des frictions traînantes de haut en bas, les mains ouvertes. En exerçant ces frictions, en décrivant des cercles par-dessus les vêtements avec la paume de la main, on actionne la partie qu'on veut exciter. Cette façon de procéder est appelée « frictions circulaires ».

L'imposition des mains avec contact avec la partie malade à traiter est appelée « application ». Elle peut se faire avec une seule main ou les deux. Les magnétiseurs professionnels opèrent souvent en faisant des grandes passes longitudinales allant de la tête aux pieds. Pour effectuer une passe magnétique, ils se placent les mains fermées face au patient. Ensuite, ils portent leurs mains au point de départ du trajet de la passe, les ouvrent comme lors d'une imposition palmaire, puis effectuent avec souplesse la passe en descendant du point haut de la passe vers le point le plus bas. Ils pratiquent ensuite une remontée avec les mains fermées vers le point haut de la passe.

Quand le magnétiseur effectue un mouvement comme s'il voulait projeter des gouttelettes d'eau sur le malade, il effectue ce qu'on appelle une projection.

Le magnétiseur se sert également de son souffle réputé pour avoir un puissant effet magnétique. Le souffle chaud, identique à l'action d'embuer un miroir, se pratique à 5 cm de la peau du patient. Le souffle froid se pratique les lèvres à peine entrouvertes, comme si on voulait refroidir une boisson trop chaude.

Pour magnétiser de l'eau avec ses mains, le magnétiseur prend un verre rempli presque à ras bord, plaque sa main gauche contre le verre et met sa main droite à 5 cm au-dessus du verre, les doigts fermés. Après avoir magnétisé l'eau pendant trois minutes, il effectue ensuite trois charges en avançant très rapidement la main vers le verre. L'eau sera ainsi à la fois chargée et magnétisée et il pourra la boire ou la donner à boire à une personne malade. Il peut aussi mettre de l'eau dans un verre et tenir ses deux mains au-dessus du verre pendant une à deux minutes, en formant un faisceau.

Il existe dans le commerce des récipients comportant des aimants dans lesquels on peut mettre des boissons pour les magnétiser et procurer un bien-être. Autrefois, pour magnétiser l'eau, on mettait un fragment de magnétite (aimant naturel) dans un récipient contenant de l'eau de source pure. Les petits aimants provenaient de Russie, de Lettonie ou des pays baltes. Cette eau magnétisée était utilisée pour soigner les dermatites et les rhumatismes.

Certains magnétiseurs arrivent à momifier des fruits ou de la viande en effectuant au-dessus des passes magnétiques qui durent de cinq à quinze minutes.

Les radiesthésistes magnétiseurs pratiquent plutôt l'imposition des mains sur l'organe détecté à l'aide du pendule, de la baguette ou de l'antenne de Lecher. L'univers dans lequel nous évoluons est constitué d'une énergie magnétique spirituelle. Toute créature de cet univers est magnétique. L'homme est un être cosmo-tellurique. Il est le lien entre l'énergie cosmique, la force d'en haut et l'énergie tellurique, la force d'en bas.

L'homme matière et ses différents corps subtils agissent en tant que canal entre ces deux énergies. Le magnétiseur qui veut soulager autrui doit tout d'abord être en très bonne santé physique et mentale et être lui-même purifié des toxines qui encrassent le corps.

J'ai souvent rencontré des personnes se disant magnétiseurs ou guérisseurs qui n'émettaient aucun rayonnement, mais qui avaient un teint gris ou jaune. Comme je me méfiais de ces beaux parleurs, je leur donnais une baguette de sourcier ou des antennes en L en main pour voir s'ils avaient vraiment du magnétisme. La plupart du temps, les instruments n'avaient aucune réaction entre leurs mains ! Leur réponse était toujours la même : « Nous cherchons l'énergie d'en haut et sommes canal. Nous n'avons pas besoin d'avoir de sensibilité radiesthésique car nous nous situons au-dessus de ces pratiques telluriques ! » Ces réponses confirmaient toujours ma première impression. J'avais affaire à des charlatans jouant sur la détresse et la crédulité des gens.

En revanche, j'ai rencontré des paysans qui arrivaient à faire tourner très rapidement un pendule à la manière des pâles d'un hélicoptère dès qu'ils tendaient leur bras à la verticale, sans lui imprimer un mouvement de rotation initial. Chez ces gens-là, aucun doute à avoir car leur magnétisme était évident.

Lors de mes séminaires, je reconnais immédiatement les bons sourciers en les plaçant sur un point géopathogène et en leur donnant deux antennes en L. S'ils ont du magnétisme, les antennes doivent se mettre à tourner toutes seules sans qu'il faille leur donner d'impulsion. S'ils sont vraiment doués, l'antenne tenue en l'air à bout de bras doit tourner dans le sens inverse des aiguilles d'une montre (force descendante cosmique) et celle tenue devant soi à hauteur du ventre dans le sens des aiguilles d'une montre (force montante tellurique).

En pratiquant en amateur et avec amour le magnétisme familial, vous pourrez soulager les maux de votre conjoint ou de vos enfants et proches parents. Essayez, et si vous arrivez à transmettre à autrui ce fluide particulier qui émet de la chaleur, du calme et, dans certains, cas guérit les petites maladies, vous serez convaincus et ravis.

QUATRIEME PARTIE :

Les hauts lieux d'énergie

Sous les étoiles il y a beaucoup plus de merveilles qu'on croit.

Michel de Notre Dame,
dit Nostradamus
(14 décembre 1503-2 juillet 1566).

Connais-toi toi-même et tu découvriras le mystère des énergies l'univers et les dieux.

CHAPITRE IX

Qu'est ce qu'un haut lieu d'énergie ?

L'UNIVERS est un ensemble harmonieux constitué de vibrations et d'énergie. Cette énergie est dense et visible quand elle est cristallisée dans la matière, invisible et immatérielle quand elle est subtile et éthérique. L'homme vit et évolue en permanence dans ces champs vibratoires d'énergie visible et invisible animés à la fois par l'énergie du Ciel (la force cosmique) et celle de la Terre (la force tellurique). Nous avons vu précédemment qu'il existe des lieux malsains, des lieux sains et des lieux fastes. Ces lieux fastes où règne une très bonne énergie et qui nous élèvent spirituellement sont appelés « hauts lieux d'énergie ».

Un haut lieu d'énergie, ou un haut lieu vibratoire cosmo-tellurique, est un lieu privilégié où l'homme peut capter les très bonnes vibrations émanant à la fois du Cosmos et de la Terre. Les hauts lieux d'énergie augmentent l'amplitude des corps subtils, donc amplifient l'aura des personnes qui les fréquentent. Il existe au niveau de notre corps éthérique sept centres d'énergie où viennent se concentrer les nerfs subtils appelés « nœud de nadis » ou « chakras ». Les « chakras », sortes d'entonnoirs invisibles à l'œil, permettent à l'élément énergétique universel véhiculant les forces cosmiques qui sont à la

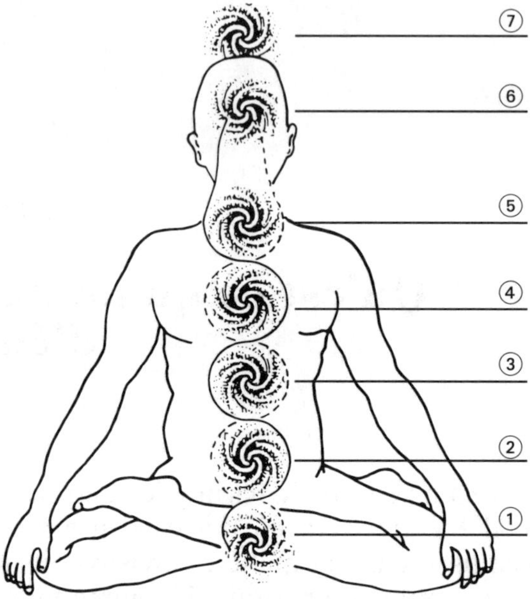

Sens de la rotation des sept chakras chez l'homme.
Chez la femme, ce sens est inversé.

base de notre vie, l'énergie vitale, ou prâna, d'être transférée des plans vibratoires supérieurs cosmiques dans notre corps physique. À ces forces cosmiques s'ajoutent des forces telluriques qui remontent dans notre corps par l'intermédiaire des « chakras » et qui commandent notre volonté, notre activité et notre sexualité. Le mot *chakra* qui se prononce *tschakra* est d'origine sanskrite et signifie « roue » ou « lotus ». Les énergies qui nous viennent des forces cosmiques et des plans vibratoires supérieurs circulent d'une manière centrifuge et pulsent d'une manière rythmique à travers nos chakras avant d'atteindre notre corps physique. Ces énergies connues dans l'Inde ancienne sous l'appellation *prâna* sont reçues, stockées, transformées et redistribuées par les chakras, organes centraux du corps vital. Les nadis (conducteurs subtils) transportent le prâna partout dans l'organisme ; de là, il induit les courants nerveux dans le système du même nom, et agit directement sur l'ensemble des glandes endocrines.

Les ondes nocives influencent souvent les chakras et dérèglent sournoisement tout le dynamisme biotique. On voit des effets dont on ne perçoit pas la cause ; c'est là toute l'essence du drame navrant des ON[1].

Situer les sept chakras :

➠ Le premier chakra, ou chakra du coccyx, ou « Muladhara », est situé à la base de la colonne vertébrale. Il correspond aux organes génitaux à la couleur rouge et au son do. Il capte l'énergie terrestre, agit sur la fonction de l'appareil de reproduction et vibre à 450 trillions par seconde.

➠ Le deuxième chakra du centre sacré ou sacrum, ou « Svadhisthana », est localisé au niveau du nombril. Il est en relation avec les organes sexuels. Il commande l'instinctivité et la vitalité corporelle, correspond à la couleur orangée et au son ré. Il vibre à 500 trillions par seconde, a une action sur l'appareil de reproduction la vie de nutrition et la rate.

➠ Le troisième chakra, ou chakra du plexus solaire, ou « Manipura », est localisé derrière le thorax, entre les côtes, au creux de l'estomac, à la base du sternum. Il commande au système nerveux, aux fonctions digestives du foie et de la vésicule biliaire ; il correspond au pancréas, à la couleur jaune tirant sur le vert très clair et au son mi. Il vibre à 550 trillons par seconde. Le chakra du plexus solaire commande les émotions, le désir et l'esprit de dévotion. Sa fonction est perturbée chez les personnes victimes de frustrations et de blocages.

➠ Le quatrième chakra, ou chakra du cœur, ou « Anahata », est localisé entre les deux seins, derrière l'os du sternum. Il commande au cœur et au système circulatoire. Il correspond au thymus, à la couleur verte et au son fa et vibre à 600 trillions par seconde. D'après les mystiques, le chakra du cœur attire la « corde d'argent », fait entrer l'âme dans notre corps au moment de notre naissance et l'empêche de s'échapper pendant notre sommeil.

---

1. La Maya, Jacques : *La Médecine de l'habitat* (Dangles ; 1983).

➠ Le cinquième chakra est celui de la gorge ou « Vishuddha ». Il est localisé à la base du cou et commande aux appareils digestifs et respiratoires. Il correspond aux glandes thyroïdes et parathyroïde, à la couleur bleue et à la note de musique sol. Il vibre à 780 trillons par seconde. Il contrôle la créativité, le pouvoir de concentration, et l'activité cérébrale allant du corps psychique au corps physique, du subjectif à l'objectif, ce qui est très important lors de nos travaux radiesthésiques.

➠ Le sixième chakra, ou chakra des sourcils, ou « Ajna-chakra », est localisé à la base du front, entre les sourcils. C'est le « troisième œil » de la tradition hindoue. Il correspond à la glande pituitaire, à la couleur indigo et au son la. Il vibre à 820 trillions par seconde et assure une relation équilibrée entre les forces spirituelles et psychiques. Il commande au système nerveux. Une action sur ce chakra développe la sérénité, l'intuition, la prémonition et la vision.

➠ Le septième chakra, ou chakra de la tête, ou chakra coronal, ou « Sahasrara », est situé au sommet du front. C'est le plus rayonnant de tous les chakras. Il commande à la volonté et au pouvoir d'agir sur les êtres et les choses. C'est la clef de la force spirituelle ; il commande aux autres chakras et assure le fonctionnement synchronisé et harmonieux du corps éthérique ; il correspond à la glande pinéale, à la couleur violette et au son si. Il vibre à 880 trillions par seconde. Les énergies qui pénètrent par le chakra coronal se renouvellent constamment et inondent notre corps s'il n'y a pas de blocages. Son développement conduit aux dons les plus précieux sur les plans humain, psychique et intellectuel, à la médiumnité, à l'altruisme et à la maîtrise de soi. Le chakra coronal est symbolisé par la fleur sacrée de la tradition orientale, le lotus aux mille pétales, symbole initiatique par excellence. Ce chakra puise dans la force cosmique universelle et supplée notre corps en énergie vitale. L'énergie physique, la « Kundalini », traverse tous les chakras pour arriver au « Sahasrara », le chakra coronal.

Nos chakras montrent une haute activité dès lors qu'ils sont stimulés par les vibrations des haut lieux d'énergie. C'est pour cette raison que les personnes qui ont une grande dimension

Le Christ assis dans une mandorle est soutenu
par les archanges Gabriel à sa droite et Michel à sa gauche.
Il bénit de sa main droite et tient le *Livre de la Connaissance*
dans sa main gauche. Le trou à la place du plexus solaire
signifie que son « chakra » du cœur est ouvert.
Linteau sud de l'église romane de Thuret (Puy-de-Dôme).

spirituelle fréquentent ou vivent dans les hauts lieux d'énergie. Ces hauts lieux vibrent à la fois naturellement de par leur situation géographique et sont activés et entretenus en permanence par les prières et l'élévation spirituelle.

Pour les géobiologues, un haut lieu d'énergie est situé au niveau des plans et mondes vibratoires supérieurs II et III où règne une forte vibration. Dans les pages suivantes, nous verrons comment on mesure cette vibration. Ces hauts lieux, dont certains sont souvent oubliés et ignorés du grand public, existent tout près de chez vous, dans la nature. Nous les mesurons près des rochers remarquables, belvédères, dolmens, menhirs et allées couvertes. On trouve également ces endroits à forte énergie dans certaines cryptes, chapelles, églises romanes, cathédrales, temples, synagogues, mosquées, construits par des initiés sur des failles et des croisements telluriques et dont l'architecture sacrée, qui comporte le rapport 1,618, ou nombre d'or, capte, harmonise et diffuse de très bonnes vibrations. Les croisements de cours d'eau souterrains sous le chœur d'une chapelle, temple, église ou cathédrale sont toujours en rotation vers la droite (dextrogyres) et constituent 20 % de toutes les eaux supposées concernées alors que les croisements de cours d'eau souterrains en rotation vers la gauche (lévogyres) et nuisibles représentent environ 80 % du total.

Les hauts lieux d'énergie sont souvent placés sur les anciens lieux privilégiés de la Tradition. En France, on les trouve en Bretagne, en Normandie, en Auvergne, au Pays basque, en Catalogne, en pays cathare, en Bourgogne, dans les Cévennes, dans le massif du Pilat, en Alsace, en Franche-Comté ou en Lorraine.

Les plus fréquentés sont le Mont-Saint-Michel dans la Manche, les alignements de Carnac et ceux de Kerzerho en Erdeven, l'Hôtié de Viviane (forêt de Brocéliande) dans le Morbihan, l'abbaye de Saint-Martin-du-Canigou dans les

La basilique romane d'Orcival (Puy-de-Dôme),
construite avec le « nombre d'or »,
est traversée par des cours d'eau souterrains en rotation vers la droite.

Le château de Quéribus (Cucugnan, Aude) dernier bastion des cathares, haut lieu d'énergie.

La Roche pointue, massif du Taennchel (Haut-Rhin), haut lieu d'énergie.

Pyrénées-Orientales, la ruine du château de Montségur en Ariège, celles du château de Quéribus et de Peyrepertuse dans l'Aude. La roche de Solutré ou la basilique de Vezelay en Bourgogne, la chapelle Saint-Michel d'Aiguilhe au Puy-en-Velay (Haute-Loire), le mont Sainte-Odile et le Donon dans le Bas-Rhin.

Certains haut lieux d'énergie, inconnus du grand public sont surtout fréquentés par les géobiologues qui y emmènent leurs élèves stagiaires afin d'ouvrir leur sensibilité aux énergies. Il s'agit des dolmens de Minerve (Hérault), des Combeaux, énormes pierres à cupules taillées dans le granit ayant servi jadis aux sacrifices, à Rongère-Montagne (Puy-de-Dôme), de la chapelle Sainte-Madeleine à Massiac (Cantal), du

Le pog et la ruine du château cathare de Montségur (Ariège) citadelle du vertige et haut lieu d'énergie.

Tête des Cuveaux Eloyes (Vosges), ancien lieu de sacrifices païens, haut lieu d'énergie.

Les Combeaux, Rongère-Montagne (Puy-de-Dôme), ancien lieu de sacrifice et haut lieu d'énergie.

La chapelle du vertige Sainte-Madeleine
à Massiac (Cantal), haut lieu d'énergie.

massif du Taennchel au-dessus de Ribeauvillé (Haut-Rhin), de la Pierre d'Appel près d'Eloyes (Vosges), du Saint-Mont à Remiremont (Vosges), du Camp celtique de la Bure près de Saint-Dié (Vosges), du Mont-Saint-Michel et de Saint-Jean-Saverne (Bas-Rhin).

Les hauts lieux vibratoires permettent à l'« homme matière » en élevant sa propre conscience, d'atteindre en esprit les plans vibratoires supérieurs, d'être transfiguré en « homme lumière » et d'accéder vers un monde et des univers parallèles où tout est vibration.

Il nous est arrivé d'entrer dans des lieux sacrés où régnait une telle vibration que nous avions comme une sensation de picotements dans tout le corps.

Les vibrations d'un haut lieu d'énergie varient dans le temps et dans l'espace. Ce n'est pas par hasard si les anciens pratiquaient leurs rituels ou leurs fêtes à des moments bien précis, par exemple au lever et coucher de soleil aux solstices et aux équinoxes.

Mesures radiesthésiques au Rond des Sorcières Mont-Saint-Michel, Saint-Jean-Saverne (Bas-Rhin), haut lieu d'énergie.

Vers 1920, un homme d'affaires gallois, Alfred Watkins, découvrit un réseau de lignes droites quadrillant la campagne à la limite du pays de Galles. D'après lui, ce réseau datait de 2 000 à 4 000 ans av. J.-C. et reliait les mégalithes, tumuli, cromlechs, ainsi que les différents sites sacrés, les uns aux autres. Il remarqua également que de nombreuses églises étaient bâties le long de ces lignes. Il nomma ces lignes reliant les haut lieux d'énergie cosmo-telluriques *laies* ou *leys*. Ce nom vient d'un vieux mot anglo-saxon désignant une bande de terre défrichée.

À partir des années 1960, l'ingénieur écossais Alexander Thom, professeur à l'université d'Oxford, effectua des relevés mégalithiques pendant plus de vingt ans. Les scientifiques durent admettre, en raison de ses découvertes[2], que les peuples primitifs possédaient de très bonnes connaissances astronomiques. Sa théorie ne trouva aucun écho dans les milieux scientifiques. Lors de mes voyages sur les lieux mégalithiques d'Europe, j'ai constaté que les alignements de menhirs corres-

2. Publiées en 1974 dans le *Journal for the History of Astronomy.*

pondaient bien à des visées astronomiques. Ainsi, à Falera Planezzas, dans la région d'Ilanz dans les Grisons en Suisse, le soleil se lève derrière le sommet du mont Calenda, dans l'alignement des menhirs, le 21 mai et le 21 juillet soit trente jours avant et après le solstice d'été.

Les ufologues ont constaté que les objets volants non identifiés (OVNI) suivaient toujours les leys, comme si ces lignes reliant les hauts lieux d'énergie étaient des portes induites spatio-temporelles, ouvertes sur des univers parallèles. Un OVNI est une forme en cours de localisation dans notre monde physique. Jean-Paul Bourre écrit[3] : « Les Ovnis qui surgissent

Ancienne gravure publiée à Nuremberg (Allemagne) en 1523.
Elle représente un engin volant habité ayant la forme d'un poisson qui survole un village en l'irradiant par un faisceau lumineux.

3. Dans son article paru dans le magazine *L'Inconnu* (juillet 1991).

Le dolmen de Minerve (Hérault), haut lieu d'énergie.
En cet ancien lieu mégalithique,
les gens du pays ont aperçu des lumières insolites dans la nuit.

dans le ciel créent le choc, l'événement. » C'est un signe. Le retour d'une conscience. Lorsqu'ils apparaissent sur les anciens lieux mégalithiques, ils sont des « Éveilleurs d'histoire ». C'est toute une mémoire qui nous cherche, sur les lieux des épopées, au-dessus des tombeaux sacrés des ancêtres.

Les lieux d'apparition où se produisent des événements et phénomènes insolites correspondent souvent à des hauts lieux d'énergie, ce qui expliquerait bien des visions miraculeuses, mystères et autres phénomènes inexpliqués. L'histoire de la Terre est riche en mythes, contes, légendes récits parlant d'êtres ailés ou volants qui, à certaines époques, viennent nous visiter, nous conseiller ou nous guider pour faire avancer l'humanité et nous faire évoluer.

On a le droit de rêver et de penser qu'il y a là peut-être une parcelle de vérité, occultée et cachée sous forme de légendes et de récits de science-fiction. Quand on voit ce qui se passe actuellement dans notre monde matérialiste moderne, soi-disant évolué, on se rend compte que l'humanité n'est pas encore prête à accéder à cette Connaissance.

Il fut un temps où les hommes qui levaient les mégalithes et autres monuments gigantesques de la planète communiaient avec la nature, avaient accès aux mondes situés dans d'autres dimensions et univers parallèles et parlaient aux dieux.

Il est des lieux où souffle l'Esprit.
Il est des lieux qui tirent l'âme de sa léthargie, des lieux enveloppés baignés de mystère.
Maurice Barrès.

Tendre de toutes ses forces à retrouver l'Unité primordiale de la Matière et l'Esprit.
Lao-Tseu[4].

4. Lao-Tseu ou Laozi : philosophe chinois (VIe-Ve s. av. J.-C.), contemporain de Confucius. Il est à l'origine du taoïsme.

CHAPITRE X

L'étude des hauts lieux d'énergie

1. La mesure des plans et mondes vibratoires d'un lieu

La Terre, dont nous faisons partie, peut être comparée à un organisme vivant qui est entouré de mondes vibratoires subtils invisibles, comme l'est le corps humain. Nous ne vivons pas uniquement dans un univers matériel, mais dans un univers d'énergie dynamique. La matière dure n'est pour l'essentiel que de l'espace vide traversé par un courant d'énergie, comme l'a démontré Einstein.

Il existe sept mondes subtils dans notre système solaire. Le monde le plus dense est le monde physique, matériel et visible. Il est, comme le corps de l'homme, traversé par des mondes invisibles, subtils, qui nous entourent et dans lesquels nous évoluons. Les géobiologues classent les mondes subtils en trois plans vibratoires :

➠ Le plan I, qui comprend les mondes physique et éthérique.

➠ Le plan II, qui comprend les mondes astral et mental.

➠ Le plan III, qui comprend les mondes causal, spirituel, pur et divin.

Le monde physique comprend la partie dense de la matière ; le monde éthérique, très proche du monde physique, la matière éthérique ; le monde astral est celui où s'opère la relation de l'être vivant avec le cosmos.

Le monde mental est un champ irradiant parcouru de courants d'énergie. Une forme de pensée émise par l'homme peut être captée par le monde mental de la planète puis captée par une personne réceptrice. Le monde causal permet de remonter à l'origine de toute chose. C'est le monde qui permet à l'homme d'accéder à la connaissance des principes qui régissent l'univers. C'est le monde où évoluent les forces psychiques. Il garde en mémoire les bonnes et mauvaises pensées et actions imprégnées dans les mondes subtils astral et mental.

Le monde spirituel pur est le monde des esprits et le monde divin est le monde de l'esprit divin relié à l'Incréé ou à Dieu.

Il existe des lieux privilégiés où l'homme peut accéder à ces mondes subtils situés sur les plans II et III. Ces lieux, qui ont toujours une vibration exceptionnelle bien supérieure à celle que nous connaissons dans notre vie quotidienne, sont appelés hauts lieux vibratoires ou hauts lieux d'énergie. Ils sont situés sur des courants telluriques intenses, émetteurs de fortes vibrations bénéfiques. Il s'agit des monastères du Tibet, les pyramides du Mexique et d'Égypte, des anciens lieux de culte mégalithiques, des anciens lieux de cultes païens, des temples, chapelles, cryptes, anciennes commanderies templières, monastères et cathédrales. On les trouve également en pleine nature, auprès d'un chêne plusieurs fois centenaire, auprès d'un rocher remarquable ou au sommet d'une montagne. Ces endroits sont des portes induites vers les mondes vibratoires parallèles subtils, situés dans une autre dimension que celle où nous vivons. Ces mondes subtils peuvent être comparés au monde de nos rêves. Ils existent, mais nous ne pouvons les atteindre que par notre esprit.

La radiesthésie, science frontière située à la limite de la science et de l'occultisme, nous permet d'effectuer des mesures sacrées comparatives pour situer dans quel monde subtil nous évoluons en tel ou tel endroit précis.

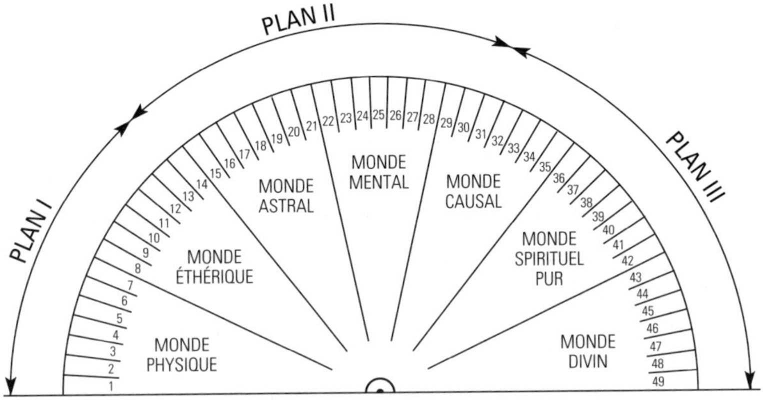

Tableau d'analyse des plans et mondes vibratoires.

Le graphique ci-dessus, divisé en trois plans et en sept mondes vibratoires, indique rapidement sur quel plan et dans quel monde vibratoire nous évoluons. Ces mondes vibratoires sont en fait une hiérarchie d'étapes spirituelles, étapes que l'homme doit parcourir pour s'élever dans la dimension où règne l'Esprit, en vue d'obtenir son salut qui le ramènera dans le plan et monde matériel au moment de la résurrection ou à la fin du cycle des incarnations nécessaires pour acquérir la Connaissance, selon les croyances.

Pour mesurer dans le temps et dans l'espace sur quel plan et dans quel monde vibratoire nous nous trouvons en un lieu et à un moment précis, nous nous servons d'un pendule et du graphique ci-dessus constitué d'un demi-cercle divisé en trois secteurs (le secteur du plan I, du plan II et du plan III).

Pour effectuer nos mesures sacrées, nous avons ajouté une subdivision dans chacun des sept mondes vibratoires. Le monde physique est gradué de 1 à 7, le monde éthérique de 8 à 14, le monde astral de 15 à 21, le monde mental de 22 à 28, le monde causal de 29 à 35, le monde spirituel de 36 à 42 et le monde divin de 43 à 49.

Pour mesurer sur quel plan et dans quel monde vibratoire nous nous trouvons, nous tenons le pendule de la main droite entre le pouce et l'index pour les droitiers, de la main gauche pour les gauchers, et nous le lançons vers la graduation 1 du monde physique (plan I) en partant du centre du demi-cercle. Le pendule va osciller sur les chiffres compris entre 1 et 49. Quand il se mettra en giration, sur le chiffre 24 par exemple, nous saurons que nous sommes sur le plan II, monde vibratoire mental 24.

En parcourant les hauts lieux vibratoires cosmo-telluriques de votre région ou de votre pays, en visitant les mégalithes, les anciens lieux druidiques, les lieux de guérison ou les anciens lieux druidiques de la Tradition, vous pourrez vous entraîner à mesurer sur quel plan et monde vibratoire vous vous situez. Vous pouvez très bien mesurer en dehors d'une chapelle une vibration de 12 000 unités Bovis sur le plan I, monde physique 3, et vous trouver au chœur de la chapelle avec une vibration très puissante sur le plan vibratoire III, divin 49.

Il existe dans l'univers des choses visibles et des choses invisibles, des choses apparentes et des choses cachées et il est important de se rappeler qu'elles ne doivent pas être séparées, ne serait-ce qu'en pensée.

Confucius.

2. La mesure de la vibration d'un haut lieu d'énergie

Si nous voulons découvrir la science des énergies utilisées jadis par les druides et les moines constructeurs, il nous faut des outils. L'art du sourcier, la radiesthésie et la géobiologie nous permettent d'analyser, de mesurer et de comparer ces énergies subtiles. Dans la pratique, nous nous servons d'un pendule et d'un graphique gradué de 0 à 14 000 unités Bovis pour mesurer les lieux de vie, d'un graphique gradué de 0 à 36 000 pour mesurer la vibration des aliments et des boissons. Pour mesurer la vibration des hauts lieux d'énergie, vous trouverez ci-après de nouveaux graphiques comportant des échelles de valeur.

Les vibrations d'un haut lieu varient dans le temps et dans l'espace. Ce n'est pas par hasard si les anciens posaient la première pierre d'un lieu de culte en fonction de la position des astres et pratiquaient leurs rituels ou leurs fêtes à des moments bien précis de la journée, comme les lever et coucher de soleil, à la pleine lune ou à la nouvelle lune, ou encore à des dates bien précises de l'année, par exemple les solstices et équinoxes.

D'année en année, la vibration de la Terre augmente progressivement. La vibration normale d'un lieu de vie situé en zone neutre, en dehors des rayonnements nocifs, a augmenté depuis le début du IIIe millénaire pour passer de 8 500 à 12 000 unités Bovis alors que celle des hauts lieux situés sur des plans vibratoires supérieurs a augmenté très fortement.

Ces augmentations de vibration, qui ne peuvent se mesurer avec des appareils en raison de l'extrême hauteur des fréquences, mais qui se mesurent sur l'échelle de Bovis ou sur mon échelle de comparaison des hauts lieux, à l'aide d'un pendule et d'un graphique, prouvent que nous sommes en train d'entrer dans la nouvelle ère vibratoire correspondant à l'ère du Verseau, qui va durer 2 160 ans[1].

Pour comparer les vibrations des hauts lieux d'énergie, lieux mégalithiques, anciens temples et sanctuaires, chapelles, églises, cathédrales, belvédères et autres rochers remarquables,

1. Landspurg, Adolphe : *Traditions solaires au pays des Ballons et Belchen* (La Nuée bleue/Éd. du Rhin ; 1999).

COMPARAISONS DE MESURES RADIESTHÉSIQUES

Mesures relevées par .... Date ....
Pays .... Météo ....
Région .... Lune ....
Lieu-dit .... Secousses sismiques ....
Site .... Autres phénomènes ....

Lieu précis	Heure	Température	Taux vibratoire ou vibration du haut-lieu	Vibration couleur	Plan vibratoire *	% magnétisme	Datation	Rapport cosmo-tellurique
A								
B								
C								
D								
E								
F								
G								

* Plan vibratoire : physique, éthérique, astral, mental, causal, spirituel, divin ⇨ noter l'initiale du plan ainsi que le chiffre correspondant.

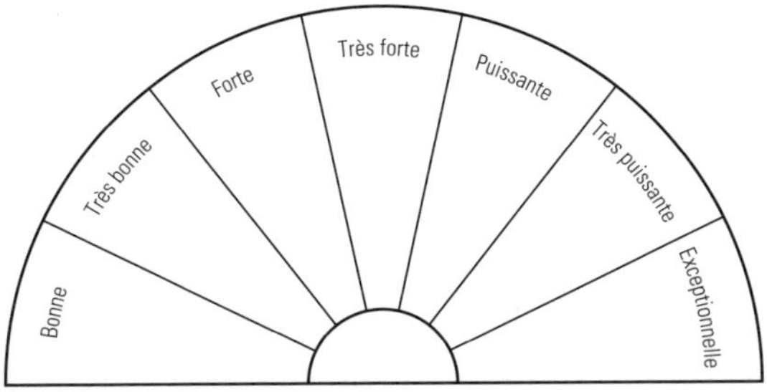

La vibration de ce haut-lieu est . . . . .

j'ai mis au point un graphique de comparaison très simple constitué d'un demi-cercle gradué avec sept échelles de valeur. Sur cette échelle des valeurs, j'ai porté les mentions « bonne », « très bonne », « forte », « très forte », « puissante », « très puissante » et « exceptionnelle ».

Pour effectuer nos mesures, nous nous plaçons face au nord magnétique et lançons le pendule sur le demi-cercle en partant de son centre. Suivant l'endroit ou nous nous trouvons, le pendule va se diriger vers une des mentions bonne, très bonne, forte, puissante, très puissante ou exceptionnelle, selon l'énergie dégagée par le haut lieu. Faites l'essai, en vous servant d'un pendule et du graphique ci-dessus.

Après avoir noté la valeur obtenue, vous pourrez comparer les vibrations des hauts lieux dans le temps et dans l'espace, et voir ainsi si, en allant tous les ans à la même période à tel ou tel endroit, vous trouvez toujours la même indication de la vibration ou si elle a augmenté.

En parcourant les hauts lieux d'énergie de votre région, de votre pays ou de votre lieu de vos vacances, vous pourrez analyser discrètement les endroits ou vous pressentez de fortes énergies telluro-magnétiques et vous pourrez ainsi confirmer votre ressenti. Il est évident que lorsque vous effectuez des mesures sur des plans autres que le plan I englobant le monde physique et éthérique, vous êtes sur des plans vibratoires supérieurs : vous ne pouvez plus alors utiliser ce même tableau de mesures dont vous vous servez habituellement pour analyser la vibration d'un lieu d'habitation ou d'un lieu de travail ou celui servant à mesurer la vibration des aliments et boissons. Il faudra donc utiliser le tableau (p. 273) qui compare la vibration des hauts lieux. Pour garder vos mesures en mémoire, vous pouvez consigner les résultats de vos analyses sur le tableau de comparaisons de mesures radiesthésiques (p. 272).

There are more things in heaven and earth
Horatio than are dreamt off in your philosophy
(« Il existe plus de choses au Ciel et sur Terre,
Horatio, que n'en englobe ta philosophie. »)
Shakespeare (*Hamlet;* acte II, scène 5).

3. Comment se charger en bonnes vibrations sur un haut lieu ?

Jadis, les hauts lieux telluriques avaient des pouvoirs de guérison, et beaucoup d'anciens temples païens étaient des lieux de guérison. Dans l'Antiquité, les lieux d'où émanaient des forces telluriques exceptionnelles étaient utilisés par les prêtres pour guérir à la fois le corps et l'âme.

En faisant des cérémonies et en dansant autour des menhirs, nos anciens se servaient des forces telluriques pour se recharger en énergie, guérir leurs corps physiques, et pour dégager l'âme des ondes subtiles sombres et pourries. Le bon fluide pouvait stimuler certaines glandes et la production des hormones.

Ceux qui n'étaient pas capables d'assimiler et de digérer ces forces telluriques faisaient des crises d'hystérie. C'est pourquoi les participants à ces rituels devaient subir une préparation. Une trop forte dose d'énergie pouvait être nocive pour leur organisme et psychisme et affecter leur système osseux. Les forces telluriques ont tissé leur route à travers le paysage et coïncident souvent avec les chemins de migration des peuples nomades et les chemins de pèlerinages de la chrétienté. Les églises, chapelles, ermitages, couvents et monastères se trouvent situés pour la plupart sur d'anciens haut lieux druidiques ou sanctuaires païens jalonnés par des mégalithes, aux mêmes endroits où se trouvaient jadis les sources et pierres sacrées ayant servi aux guérisons.

Dans l'ancienne Gaule, on se rendait en ces lieux à des dates bien précises, comme aux solstices, aux équinoxes, à la pleine lune lors des principales fêtes celtiques – le 1er février (Imbolc), le 1er mai (Beltaine), le 1er août (Lugnasad) et le 1er novembre (Samain) – qui avaient toujours lieu quarante jours après les solstices et les équinoxes.

Il n'existe pas de règle absolue pour capter, emmagasiner et entrer en résonance avec les bonnes vibrations d'un haut lieu. La bonne méthode consiste à s'y rendre le matin pour s'y promener, se relaxer, prier ou méditer en emportant juste quelques fruits et de l'eau, pour ne pas s'alourdir l'estomac. Une visite sur un haut lieu doit être un pèlerinage. Pour bien ressentir et

Recharge en énergie au dolmen de Sem (Ariège), haut lieu d'énergie.

capter les effets bénéfiques des ondes subtiles émises par un haut lieu, il faut se sentir en harmonie avec l'endroit, fermer les yeux et se laisser envahir par les forces telluro-magnétiques qui s'en dégagent.

Un haut lieu permet à l'homme d'être un peu moins tiré vers la matière et de s'élever d'avantage vers les plans et mondes vibratoires supérieurs pour atteindre en pensée les domaines subtils où tout est vibrations et où règne l'Esprit. Il se transfigure ainsi lentement de l'état d'« homme matière » à l'état d'« homme vibrations ». De par leur architecture, les lieux sacrés, comme les églises romanes ou les cathédrales, ont été conçus par les bâtisseurs pour que l'homme puisse capter les forces cosmo-telluriques et accéder au monde de l'Esprit. Il nous est arrivé d'entrer dans des lieux sacrés où régnait une vibration telle que nous avions comme une sensation de picotement au bout des doigts.

Conclusion

L'ITINÉRAIRE suivi dans ce livre invite à un progrès de la conscience. L'ère nouvelle qui s'ouvre marque en effet la naissance de la conscience écologique. Il faut abandonner l'idée que notre environnement est fait d'éléments, de choses, d'espèces végétales et animales, impunément manipulables et asservissables par le génie humain. Tous les êtres de la Terre sont reliés, et l'orgueil qui a fait croire aux hommes qu'ils étaient les souverains sans partage de la planète est bien mort. En effet, l'ensemble des interactions entre les êtres vivants, hommes, plantes, animaux, dans un milieu donné, forme une organisation, appelée écosystème, englobée dans une entité d'ensemble, auto-organisée et autorégulée, qui forme la biosphère.

Ainsi, l'humanité est dans la biosphère. La biosphère enveloppe la planète Terre dont elle fait partie. Nous ne sommes pas des êtres surnaturels, nous sommes des enfants de la Terre et des enfants de la vie. Nous nous en sommes différenciés jusqu'à nous en croire étrangers, mais nous ne pouvons ni ne devons nous en séparer, si nous voulons continuer l'aventure humaine. Il ne s'agit plus de dominer la planète, mais d'aménager une association où coopéreraient les puissances régulatrices et inconscientes de la Nature et les aptitudes organisatrices et conscientes de l'homme. La Terre n'est pas notre esclave, la Terre est notre mère patrie. Nous sortirions ainsi de l'obscurantisme et de la folie technologique. L'esclavage que nous avons réservé à la Terre est le résultat des forces brutales qui gisent en chacun de nous. Respecter la Terre est une ascèse, une œuvre de sagesse. Les sources de la Terre nous renvoient aux sources de notre âme pacifiée et disponible. Notre âme que tourmente depuis toujours l'inquiétude métaphysique et cette triple question : « D'où venons-nous, qui sommes-nous, où allons-nous ? » Ce livre ne prétend pas apaiser cette inquiétude, et d'ailleurs, qui le pourrait ? À la question : « D'où venons-nous, qui sommes-nous, où allons-nous ? » nous répondrons ainsi : « Nous tous, hommes et femmes de toute la Terre, nous venons de la Lumière, nous sommes Lumière et vers la Lumière nous retournerons. »

Bibliographie

Alexandre, Rémi : *Votre lit est-il à la bonne place ?* (Ka ; 1983).

Babonneau, Bernard, Laflèche, Benoît et Martin, Roland Richard : *Traité de géobiologie* (Éd. de l'Aire, Lausanne ; 1987).

Baudouin, Bernard : *Le Pouvoir des formes qui nous entourent* (Sand ; 1988).

Bayard, Jean-Pierre : *Déesses mères et Vierges noires* (Le Rocher ; 2001).

Béasse, Pierre : *La Radiesthésie expliquée et pratiquée par la méthode physique* (Lib. du Progrès scientifique, Grenoble ; 1939).

Bélizal, André de et Morel, Paul-André : *Physique micro-vibratoire et forces invisibles* (Desforges ; 1965).

Berlitz, Charles Frambach : *L'Atlantide retrouvée* (Le Rocher ; 1984).

Bonvin, Jacques : *Triskel, pierre de vie* (Mosaïque ; 1992) ; *Vierges noires : la réponse vient de la terre* (Dervy-livres ; 1988) ; *Mégalithes, lieux d'énergie* (Mosaïque ; 1995).

Bonvin, Jacques et Trilloux, Paul : *Église romane lieu d'énergie* (Dervy-livres ; 1990).

Chaumery, Léon et Belizal, André de : *Essai de radiesthésie vibratoire* (Desforges ; 1975).

Christophe, Émile : *Tu seras sourcier !* (Vallot ; 1930).

Coquelle, Dominique : *L'Antenne de Lecher : guide pratique d'utilisation* (Lib. de l'Inconnu ; 1993).

Créola, Gilbert : *Les Ondes de forme* (Le Hameau ; 1983).

Deruelle, Jean : *De la préhistoire à l'Atlantide des mégalithes* (France-Empire ; 1990).

Dorsan, Carl : *L'Énigme des lieux magiques et sacrés* (Lefeuvre ; 1980).

Felsenhardt, Pierre : *La Réalité de la radiesthésie* (Vernoy, Éd. Famot, Genève ; 1980).

France, Henry de : *Radiesthésie et connaissance intuitive* (Desforges ; 1972) ; *À la recherche de l'inconnu...* (Desforges ; 1972) ; *Le Sourcier moderne. Manuel de l'opérateur à la baguette et au pendule* (Lib. agricole, horticole, forestière et ménagère ; 1947).

Kersaint, Jean-Pol de : *Tout par la radiesthésie* (Dangles ; 1974).

Lacroix-à-l'Henri, René : *Manuel de radiesthésie* (Dangles ; 1935).

Lafforest, Roger de : *Ces maisons qui tuent* (Robert Laffont ; 1970).

La Foye, Jean de : *Ondes de vie, ondes de mort* (Robert Laffont ; 1975).

La Maya, Jacques : *La Médecine de l'habitat* (Dangles ; 1983).

Le Lann, Roger : *Ces ondes qui nous soignent : la géobiologie* (Le Rocher ; 1994).

Maning, Jeane : *Énergie libre et technologies* (Courteau, St-Zenon, Québec, Canada ; 2001).

Mermet, Abbé Alexis : *Comment j'opère, pour découvrir de près ou à distance sources, métaux, corps cachés, maladies...* (Maison de la radiesthésie ; 1935).

Moine, Michel : *Guide de la radiesthésie* (Stock ; 1973).

Müller, Helmut : *Pratique de la radiesthésie* (De Vecchi ; 1987).

Padey, Benoît : *Traité complet des secrets de la baguette et du pendule des sourciers* (Desforges ; 1927) ; *Des secrets de la baguette et du pendule des sourciers* (Desforges ; 1930).

Pagot, Jean : *Radiesthésie et émission de forme* (Pagot ; 1988).

Pencreach, Roger : *Vers une radiesthésie du IIIe millénaire* (Desforges ; 1986).

Prat, Georges : *L'Architecture invisible* (Arkhana Vox ; 1999).

Purner, Jerker : Radiesthesie ein Weg zum Licht? (Astrodata, Wettswil, Suisse; 1993).

Rocard, Yves : *Le Signal du sourcier* (Dunod; 1962); *La Science et les Sourciers* (Dunod; 1989).

Roujon, Lucien : *L'Énergie micro-vibratoire et la vie* (Le Rocher; 1987).

Simoneton, André : *Radiations des aliments, ondes humaines et santé* (Le Courrier du Livre; 1971).

Stangl, Anton : Pendeln (Econ Taschenbuch Verlag).

Tressel, Pierre-Joseph : *La Pratique de la radiesthésie* (Alsatia; 1952).

Pour tout renseignement complémentaire ou demande de formation, vous pouvez contacter l'auteur :

MONSIEUR LANDSPURG ADOLPHE
13, rue des Alouettes
F-68360 SOULTZ-HAUT-RHIN

Tél. : 03 89 76 15 73 ou 06 10 12 17 08
e-mail : adolphe@landspurg. com
Site Internet : http://www.landspurg.com

Vous pouvez aussi écrire à l'association dont l'auteur est le président honoraire :

ASSOCIATION DES SOURCIERS ET GÉOBIOLOGUES D'EUROPE
4, rue Jean-Jaurès
F-68360 SOULTZ-HAUT-RHIN

Pour tout renseignement technique concernant l'harmonisateur cosmo-tellurique et le dynamiseur d'aliments et boissons cités dans cet ouvrage, se reporter à la note de la page 127.

Table des matières

TROISIEME PARTIE :

La géobiologie : une science du futur

L'impression de cet ouvrage
a été réalisée par CLERC S.A.
18200 SAINT-AMAND-MONTROND (France)
Tél. : 02 48 61 71 71

pour le compte des Éditions DANGLES
18, rue Lavoisier – 45800 SAINT-JEAN-DE-BRAYE (France)

Dépôt légal Éditeur n° 2614 – Imprimeur n° 8204

Achevé d'imprimer en septembre 2003

Dans la même collection :

Max PONCE :

LES ONDES DANS L'HABITAT.

Leurs effets, comment les détecter et les traiter.

Format 15 x 21 ; 96 pages.

Qui, aujourd'hui, songerait à absorber une eau impropre à sa consommation, ou encore des aliments à la fraîcheur douteuse ? Qui pourrait se satisfaire de respirer un air pollué ou vicié ? Si notre société commence à prendre conscience de l'importance de la qualité des éléments vitaux que sont l'air, l'eau et les aliments, il n'en n'est malheureusement pas de même en ce qui concerne nos habitats et les énergies (gravitationnelle, électromagnétique, nucléaire forte ou faible) sans lesquelles la matière ne pourrait exister.
Et pourtant, les conséquences des dysfonctionnements énergétiques de notre environnement sont d'autant plus importantes pour notre organisme que ces désordres sont sournois et généralement ignorés. Que de troubles, de fatigues, de douleurs ou d'affections diverses trouvent ainsi leur origine dans le climat énergétique qui règne dans nos habitations !
En 50 ans, nous avons multiplié la pollution énergétique par un milliard, mais nous n'avons pas pour autant tenu compte des risques liés à ces choix technologiques. C'est ainsi qu'en ce début de XXIe siècle, nos cerveaux sont littéralement soumis aux bombardements des micro-ondes et des téléphones portables, nos organismes sont inondés de rayonnements électromagnétiques tant dans les bureaux, que dans les ateliers ou les maisons...
Le but de cet ouvrage est d'apporter à ceux d'entre nous qui gardent un esprit critique et curieux toutes les réponses aux questions qu'ils se posent sur les effets de toutes ces perturbations énergétiques, leurs origines naturelles ou technologiques et, bien entendu, la manière de les détecter et de les traiter activement.

EXTRAIT DE LA TABLE DES MATIÈRES :